Der Prophet Hosea

Das Alte Testament Deutsch

Neues Göttinger Bibelwerk

In Verbindung mit Walter Beyerlin, Walther Eichrodt, Karl Elliger,
Erhard Gerstenberger, Antonius Gunneweg, Siegfried Herrmann, H. W. Hertzberg,
Jörg Jeremias, Diether Kellermann, Martin Metzger, Siegfried Mittmann,
Hans-Peter Müller, Martin Noth, Karl F. Pohlmann, Norman W. Porteous,
Gerhard von Rad, Helmer Ringgren, Werner H. Schmidt, Timo Veijola, Artur Weiser,
Peter Welten, Claus Westermann, Ernst Würthwein, Walther Zimmerli

herausgegeben von Otto Kaiser und Lothar Perlitt

Teilband 24/1

Der Prophet Hosea

Göttingen · Vandenhoeck & Ruprecht · 1983

Der Prophet Hosea

Übersetzt und erklärt

von

Jörg Jeremias

Göttingen · Vandenhoeck & Ruprecht · 1983

Plan des Gesamtwerkes

1. Einführung in das Alte Testament
2–4. Gerhard von Rad, Das erste Buch Mose/Genesis
5. Martin Noth, Das zweite Buch Mose/Exodus
6. Martin Noth, Das dritte Buch Mose/Leviticus
7. Martin Noth, Das vierte Buch Mose/Numeri
8. Gerhard von Rad, Das fünfte Buch Mose/Deuteronomium
9. Hans Wilhelm Hertzberg, Die Bücher Josua, Richter, Ruth
10. Hans Wilhelm Hertzberg, Die Samuelbücher
11,1. Ernst Würthwein, Die Bücher der Könige: 1.Kön. 1–16
11,2. Ernst Würthwein, Die Bücher der Könige: 1.Kön. 17 bis 2.Kön.25
12. Peter Welten, Die Bücher der Chronik, Esra, Nehemia
13. Artur Weiser, Das Buch Hiob
14. Artur Weiser, Die Psalmen 1–60
15. Artur Weiser, Die Psalmen 61–150
16,1. Helmer Ringgren, Sprüche. Walther Zimmerli, Prediger
16,2. Helmer Ringren, Das Hohe Lied. Otto Kaiser, Klagelieder. Helmer Ringgren, Das Buch Esther
17. Otto Kaiser, Das Buch des Propheten Jesaja Kap. 1–12
18. Otto Kaiser, Der Prophet Jesaja Kap. 13–39
19. Claus Westermann, Das Buch Jesaja Kap. 40–66
20. Artur Weiser, Der Prophet Jeremia Kap. 1–25,14
21. Artur Weiser, Der Prophet Jeremia Kap. 25,15–52,34
22,1. Walther Eichrodt, Der Prophet Hesekiel Kap. 1–18
22,2. Walther Eichrodt, Der Prophet Hesekiel Kap. 19–48
23. Norman W. Porteous, Das Danielbuch
24. Artur Weiser, Das Buch der zwölf Kleinen Propheten I: Die Propheten Hosea, Joel, Amos, Obadja, Jona, Micha
24,1. Jörg Jeremias, Der Prophet Hosea
25. Karl Elliger, Das Buch der zwölf Kleinen Propheten II: Die Propheten Nahum, Habakuk, Zephanja, Haggai, Sacharja, Maleachi

CIP-Kurztitelaufnahme der Deutschen Bibliothek

Das Alte Testament deutsch : neues Göttinger Bibelwerk / in Verbindung mit Walter Beyerlin ... hrsg. von Otto Kaiser u. Lothar Perlitt. – Göttingen : Vandenhoeck und Ruprecht
  Teilw. hrsg. von Artur Weiser
NE: Kaiser, Otto [Hrsg.]; Weiser, Artur [Hrsg.]
Teilbd. 24,1. → Jeremias, Jörg: Der Prophet Hosea

Jeremias, Jörg:
Der Prophet Hosea / übers. u. erkl. von Jörg Jeremias. – Göttingen : Vandenhoeck und Ruprecht, 1983.
  (Das Alte Testament deutsch ; Teilbd. 24,1)
  ISBN 3-525-51224-4 kart.
  ISBN 3-525-51225-2 Gewebe

Inhaltsverzeichnis

Vorwort 7

Abkürzungsverzeichnisse 9

Einleitung 17

Die Buchüberschrift (Hos 1,1) 23

Teil I: Die thematische Sammlung. Der Prophet und seine Familie als Symbol des gott-losen Gottesvolkes (Hos 1,2–3,5) 24
       Exkurs: Hoseas Stellung zum Königtum 31

Teil II: Die Sammlung der Prophetenworte in ihrer zeitlichen Abfolge 59
       1. Der Deutehorizont (Hos 4,1–3) 59
       2. Hoseas Frühzeit (Hos 4,4–5,7) 63
       3. Die Jahre um den syrisch-efraimitischen Krieg (Hos 5,8–9,9) . . . 78
          Exkurs: Das Stierbild in Bet-El 106
       4. Die Spätzeit (Hos 9,10–11,11) 119

Teil III: Die letzten Worte (Hos 12–14) 148

Vorwort

Als ich vor nunmehr sieben Jahren mit der Kommentierung des Hoseabuches begann, glaubte ich, es recht gut zu kennen. Ich ahnte damals nicht einmal ansatzweise, wie oft sich diese vorgängige Meinung am Text nicht bewähren würde, wie viele Überraschungen die vierzehn Kapitel für mich in sich bargen. Ich denke heute, daß der Reichtum dieses Prophetenbuches noch weithin ganz unbekannt in der Kirche ist. Dabei steht es an einem der großen Wendepunkte der Glaubensgeschichte Israels. Hosea ist der einzige unter den sog. Schriftpropheten, der aus dem Nordreich stammt; das Nordreich aber ging unmittelbar nach seinem Auftreten unter, und Flüchtlinge brachten Hoseas Botschaft in den Süden. Sie wurde hundert Jahre später vom jungen Jeremia entschieden aufgegriffen und bestimmte zugleich stark das deuteronomische Programm, das seinerseits wiederum weite Teile der Spätschriften des Alten Testaments prägte.

Hoseas Botschaft hat sich m.E. darum so häufig den Auslegern entzogen, weil diese sie von den dunklen ersten drei Kapiteln und von den Erfahrungen Hoseas mit seiner Ehe her entschlüsseln wollten. Ich bin der festen Überzeugung, daß der Weg zur Aufschlüsselung der Verkündigung nur der umgekehrte sein kann: von einer Analyse der weit eindeutigeren Kap. 4–14 aus zu den mehrdeutigen Anfangskapiteln zurückschreitend. Die Kap. 4–14 aber bieten nicht eine lose Spruchsammlung, sondern eine höchst durchdachte Zusammenfassung der Botschaft Hoseas, bei der ein Abschnitt auf dem vorhergehenden aufbaut, so daß der Leser genötigt ist, kontinuierlich weiterzulesen. Diese zielstrebige Zusammenfassung ist Werk von Schülern Hoseas, die in ständigem Kontakt mit ihrem Meister gestanden haben müssen; denn insgesamt begegnen mehr Worte Hoseas, die im Kreis der Vertrauten gesprochen wurden, als solche, die öffentlich verkündigt wurden. Die Kap. Hos 1–3 dagegen stellen eine thematische Sammlung dar, die nachträglich hinzugewachsen ist, auch wenn Einzelteile auf Hoseas eigene Hand zurückgehen mögen.

Die Auslegung des vorliegenden Bandes unterscheidet sich vor allem durch ein Dreifaches von ihrer Vorgängerin. Auf glänzenden philologischen Vorarbeiten, insbesondere von A. Wünsche, H. S. Nyberg und zuletzt W. Rudolph basierend, versucht sie zum einen, den anerkannt schwierigen Hoseatext möglichst ohne tiefe Eingriffe zu belassen. Zum anderen macht sie stärker als alle früheren Hoseakommentare ernst mit der Tatsache, daß das Hoseabuch als schriftlicher Text vorliegt, hinter dem die mündlich gesprochenen Worte nicht immer eindeutig erkennbar werden, geschweige denn stets rekonstruierbar sind; der Text aber ist darin fundamental vom gesprochenen Wort unterschieden, daß er nicht mehr auf die einzelne geschichtliche Stunde abzielt, sondern auf das bleibend Gültige der prophetischen Botschaft. Zum dritten versucht sie, dem Leser mehr Sachinformation zu bieten, wodurch der Umfang des Kommentars gewachsen ist. Für die Weiterarbeit ist mehrfach zu den Einzelabschnitten Spezialliteratur genannt, freilich bewußt nie mehr als zwei Titel; im übrigen möchte ich auf die Kommentare von H.W. Wolff und J.L. Mays verweisen, von denen ich am meisten gelernt habe, sowie auf den schon genannten – leider meist schwer erreichbaren – Kommentar von A. Wünsche, der die Auslegungen der großen jüdischen Exegeten des Mittelalters gesammelt hat.

Zu danken habe ich Frau Daniela Fischer für das mühevolle Schreiben eines mehrfach überarbeiteten Manuskripts und meinen Assistenten Herbert Specht und Aaron Schart für mancherlei technische Hilfe bis hin zum Korrekturlesen.

München, November 1982   Jörg Jeremias

Abkürzungsverzeichnisse

Textzeugen

MT	Massoretischer Text (hebräisch)
G	Septuaginta (griechisch)
'A	Aquila (griechisch)
Σ	Symmachus (griechisch)
Θ	Theodotion (griechisch)
E'	Quinta (griechisch)
S	Peschitta (syrisch)
T	Targum (aramäisch)
L	Vetus Latina (lateinisch)
V	Vulgata (lateinisch)
1 QH/1 QS	Hymnenrolle/Sektenschrift aus der Höhle 1 in Qumran (hebräisch)
4 QpHos[b]	Hoseakommentar aus der Höhle 4 in Qumran (hebräisch); vgl. JBL 78, 1959, 142–47
Vrs.	Die Versionen (Sammelbegriff für die antiken Übersetzungen des AT)

Zitierte Textausgaben

BHK	Biblia Hebraica, ed. R. Kittel, ³Stuttgart 1933 (Liber XII Prophetarum praep. O. Procksch)
BHS	Biblia Hebraica Stuttgartensia, ed. K. Elliger et W. Rudolph, Stuttgart 1970 (Liber XII Prophetarum praep. K. Elliger)
Ziegler, Duodecim prophetae	Duodecim prophetae. Septuaginta. Vetus Testamentum Graece, auctoritate Soc. Litt. Gott. ed. J. Ziegler, Vol. XIII, ²Göttingen 1967

Kommentare zum Zwölfprophetenbuch
(nur mit Autorennamen zitiert bzw. „z. St." = zur Stelle)

AncB: F. I. Andersen – D. N. Freedman, 1980 (Hosea); ATD: A. Weiser, (1950) ⁷1979 – K. Elliger, (1949) ⁷1975; BAT: H. Frey – R. v. Ungern-Sternberg – H. Lamparter, 1957 ff.; BK: H. W. Wolff, 1961 ff.; CAT: E. Jacob – C. A. Keller – S. Amsler – R. Vuilleumier, 1965–1971; COT: C. van Gelderen – W. H. Gispen – G. C. Aalders – P. A. Verhoef – J. L. Koole, 1933–72; EB: F. Nötscher, 1948; EtB: A. van Hoonacker, 1908; EzAT: O. Procksch, (1910–16) ²1929; HAT: Th. H. Robinson – F. Horst, (1938) ³1964; HK: W. Nowack, ³1922; HSAT: J. Lippl – J. Theis – H. Junker, 1937–38; ICC: W. R. Harper – J. M. P. Smith – W. H. Ward – J. A. Bewer – H. G. Mitchell, 1905–12 = 1948 ff.; KAT: E. Sellin, (1922) ²·³1929/30; W. Rudolph, 1966–76; KeH: F. Hitzig – H. Steiner, ⁴1881; KHC: K. Marti, 1904; NEB: A. Deissler, 1981 (Hosea-Amos); OTL: J. L. Mays, 1969 ff.; SAT: H. Greßmann

– H. Schmidt – M. Haller, ²1921–25; SB(F): G. Rinaldi, 1953–60; SB(PC): A. Deissler – M. Delcor, 1961–64; ohne Reihe: J. Wellhausen, Die kleinen Propheten (1892) ⁴1963; B. Duhm, Die Zwölf Propheten, in den Versmaßen der Urschrift übersetzt, 1910; ders., Anmerkungen zu den Zwölf Propheten, 1911.

Einzelkommentare zu Hosea

Wünsche = A. Wünsche, Der Prophet Hosea übersetzt und erklärt mit Benutzung der Targumim, der jüdischen Ausleger Raschi, Aben Ezra und David Kimchi, Leipzig 1869; Ward = J. M. Ward, Hosea. A Theological Commentary, New York 1966.

Abgekürzt zitierte Literatur

BrSynt	C. Brockelmann, Hebräische Syntax, Neukirchen 1956
Brueggemann, Tradition	W. Brueggemann, Tradition for Crisis. A Study in Hosea, Atlanta 1968
M. Buber	Bücher der Kündung, verdeutscht von M. Buber und F. Rosenzweig, Köln 1958
Buss, Prophetic Word	M. J. Buss, The Prophetic Word of Hosea. A Morphological Study, BZAW 111, Berlin–New York 1969
Dalman, AuS I–VII	G. Dalman, Arbeit und Sitte in Palästina I–VII, Gütersloh 1928–42 = Hildesheim 1964
Dalman, Wörterbuch	G. Dalman, Aramäisch-neuhebräisches Handwörterbuch, ²Frankfurt 1922
Donner, Israel	H. Donner, Israel unter den Völkern, VT Suppl. XI, Leiden 1964
Ehrlich, Randglossen V	A. B. Ehrlich, Randglossen zur hebräischen Bibel, Bd. V. Ezechiel und die kleinen Propheten, Leipzig 1912 = Hildesheim 1968
H. Gese, Die Religionen Altsyriens	H. Gese – M. Höfner – K. Rudolph, Die Religionen Altsyriens, Altarabiens und der Mandäer, in: Die Religionen der Menschheit, hg. C. M. Schröder, 10,2, Stuttgart–Berlin 1970
Jastrow	M. Jastrow, A Dictionary of the Targum, the Talmud Babli and Yerushalmi, and the Midrashic Literature, 2 Bde, New York 1903
J. Jeremias, Fs Wolff	J. Jeremias, Zur Eschatologie des Hoseabuches, in: J. Jeremias – L. Perlitt (Hg.), Die Botschaft und die Boten. Fs H. W. Wolff, Neukirchen 1981, 217–34
ders., Fs Würthwein	ders., Hosea 4–7. Beobachtungen zur Komposition des Buches Hosea, in: A. H. J. Gunneweg – O. Kaiser (Hg.), Textgemäß. Fs E. Würthwein, Göttingen 1979, 47–58
ders., SBS 100	ders., „Ich bin wie ein Löwe für Efraim ...“ (Hos 5,14). Aktualität und Allgemeingültigkeit im prophetischen Reden von Gott am Beispiel von Hos 5,8–14, in: „Ich will euer Gott werden.“ Beispiele biblischen Redens von Gott (hg. H. Merklein und E. Zenger), SBS 100, 1981, 75–95
Joüon, Gr	P. Joüon, Grammaire de l'Hébreu biblique, Rom 1923 = 1965
Kinet, Baal und Jahwe	D. Kinet, Baal und Jahwe. Ein Beitrag zur Theologie des Hoseabuches, Europ. Hochschulschriften XXIII,87, Frankfurt–Bern 1977
Koch, Um das Prinzip der Vergeltung	K. Koch, Gibt es ein Vergeltungsdogma im Alten Testament? (ZThK 52, 1955, 1–42) in: ders. (Hg.), Um das Prinzip der Vergeltung in Religion und Recht des AT, WdF Bd. 125, Darmstadt 1972, 130–80

E. König	E. König, Hebräisches und aramäisches Wörterbuch zum Alten Testament, Leipzig 1910
Kuhnigk, Hoseabuch	W. Kuhnigk, Nordwestsemitische Studien zum Hoseabuch, Biblica et Orientalia 27, Rom 1974
Levy	J. Levy, Wörterbuch über die Talmudim und Midraschim, 4 Bde, Berlin–Wien (1876) ²1924, mit Nachträgen von L. Goldschmidt
Lindblom, Hosea	J. Lindblom, Hosea literarisch untersucht, Acta Academiae Åboensis Humaniora V, Åbo 1927
Nyberg, Studien	H. S. Nyberg, Studien zum Hoseabuche, Uppsala Universitets Årsskrift 1935: 6, Uppsala 1935
Studies on the Books of Hosea and Amos	Studies on the Books of Hosea and Amos. Papers read at 7th and 8th meetings of Die O. T. Werkgemeenskap in Suid-Afrika, Pretoria 1964–65
H. Utzschneider, Hosea	H. Utzschneider, Hosea. Prophet vor dem Ende. Zum Verhältnis von Geschichte und Institution in der alttestamentlichen Prophetie, OBO 31, Freiburg/Schweiz – Göttingen 1980
J. Vollmer, Geschichtliche Rückblicke	J. Vollmer, Geschichtliche Rückblicke und Motive in der Prophetie des Amos, Hosea und Jesaja, BZAW 119, Berlin–New York 1971
I. Willi-Plein, Schriftexegese	I. Willi-Plein, Vorformen der Schriftexegese innerhalb des Alten Testaments. Untersuchungen zum literarischen Werden der auf Amos, Hosea und Micha zurückgehenden Bücher im hebr. Zwölfprophetenbuch, BZAW 123, Berlin–New York 1971
H. W. Wolff, Ges. St.	H. W. Wolff, „Wissen um Gott" bei Hosea als Urform von Theologie (EvTh 12, 1952/53, 533–54), Ges. St. z. AT, ²München 1973, 182–205; ders., Hoseas geistige Heimat (ThLZ 81, 1956, 83–94), ebd. 232–50
E. Zenger, Fs J. Schreiner	E. Zenger, „Durch Menschen zog ich sie …" (Hos 11,4). Beobachtungen zum Verständnis des prophetischen Amtes im Hoseabuch, in: L. Ruppert – P. Weimar – E. Zenger (Hg.), Künder des Wortes. Fs J. Schreiner, Würzburg 1982, 183–201

Allgemeines Abkürzungsverzeichnis

(nach S. Schwertner, Internationales Abkürzungsverzeichnis für Theologie und Grenzgebiete, Berlin 1974)

AncB	Anchor Bible, New York
ANET	Ancient Near Eastern Texts Relating to the Old Testament, ed. J. B. Pritchard, Princeton ²1954; ³1969
AOT	Altorientalische Texte zum Alten Testament, hg. H. Greßmann, ²Berlin – Leipzig 1926
ATD	Das Alte Testament Deutsch, Göttingen
BASOR	Bulletin of the American School of Oriental Research, Baltimore
BAT	Die Botschaft des Alten Testaments, Stuttgart
BBB	Bonner Biblische Beiträge, Bonn
Bib.	Biblica, Rom
BK	Biblischer Kommentar. Altes Testament, Neukirchen-Vluyn
BRL/BRL²	K. Galling (in 2. Aufl.: Hg.), Biblisches Reallexikon, HAT I 1; Tübingen 1937; ²1977
BWANT	Beiträge zur Wissenschaft vom Alten und Neuen Testament, Stuttgart–Berlin–Köln–Mainz
BZ	Biblische Zeitschrift (Neue Folge: N. F.), Paderborn

BZAW	Beihefte zur Zeitschrift für die Alttestamentliche Wissenschaft, (Gießen) Berlin – New York
CAT	Commentaire de l'Ancien Testament, Neuchâtel
CBQ	Catholic Biblical Quarterly, Washington D.C.
COT	Commentaar op het Oude Testament, Kampen
dtn	deuteronomisch
dtr	deuteronomistisch
DtrG	Deuteronomistisches Geschichtswerk
EB	Echter-Bibel, Würzburg
EtB	Études Bibliques, Paris
EvTh	Evangelische Theologie, München
EzAT	Erläuterungen zum Alten Testament, Calw und Stuttgart
Fs	Festschrift
fzb	Forschung zur Bibel, Würzburg
Ges.-B.	W. Gesenius, Hebräisches und aramäisches Wörterbuch über das Alte Testament, bearbeitet von F. Buhl, [17]Berlin – Göttingen – Heidelberg 1915 = 1962
Ges. St.	Gesammelte Studien
G-K[28]	W. Gesenius' Hebräische Grammatik völlig umgearbeitet von E. Kautzsch, [28]Leipzig 1909 = Hildesheim 1962
HAL	Hebräisches und aramäisches Lexikon zum Alten Testament (KBL[3]), neu bearbeitet von W. Baumgartner, Leiden 1967ff.
HAT	Handbuch zum Alten Testament, Tübingen
HK	Handkommentar zum Alten Testament, Göttingen
HSAT	Die Heilige Schrift des Alten Testaments, Bonn
HUCA	Hebrew Union College Annual, Cincinnati/Ohio
ICC	International Critical Commentary (on the Holy Scriptures …), Edinburgh
IEJ	Israel Exploration Journal, Jerusalem
Interp	Interpretation, Richmond/Virginia
JBL	Journal of Biblical Literature, Missoula/Montana
JSJ	Journal of the Study of Judaism in the Persian, Hellenistic, and Roman Period, Leiden
JSOT	Journal for the Study of the Old Testament, Sheffield
JThS	Journal of Theological Studies, Oxford
KAI	H. Donner – W. Röllig, Kanaanäische und aramäische Inschriften I–III, Wiesbaden 1962–64
KAT	Kommentar zum Alten Testament, (Leipzig) Gütersloh
KBL	L. Köhler – W. Baumgartner, Lexicon in Veteris Testamenti Libros, Leiden 1953
KeH	Kurzgefaßtes exegetisches Handbuch zum Alten Testament, Leipzig
KHC	Kurzer Hand-Commentar zum Alten Testament, Freiburg – Leipzig – Tübingen
KuD	Kerygma und Dogma, Göttingen
MPL	J.P. Migne, Patrologiae cursus completus, series Latina
Ms/Mss	Manuscriptum/Manuscripta
NEB	Neue Echter-Bibel, Würzburg
NedThT	Nederlandsche theologisch tijdschrift, Wageningen
OBO	Orbis Biblicus et Orientalis, Freiburg/Schweiz – Göttingen
Or	Orientalia, Rom
OTL	Old Testament Library, London
OTS	Oudtestamentische Studiën, Leiden
RevSR	Revue des sciences religieuses, Strasbourg
RGG	Die Religion in Geschichte und Gegenwart, [3]Tübingen 1957–1965
RHPhR	Revue d'histoire et de philosophie religieuses, Strasbourg

RHR	Revue de l'histoire des religions, Paris
SAT	Die Schriften des Alten Testaments, Göttingen
SB (F)	Sacra bibbia, Firenze
SB (PC)	Sainte bible, ed. L. Pirot et A. Clamer, Paris
SBS	Stuttgarter Bibelstudien, Stuttgart
Sem.	Semitica, Paris
s.v.	sub voce (unter dem Stichwort)
THAT	Theologisches Handwörterbuch zum Alten Testament, hg. E. Jenni – C. Westermann, München–Zürich 1971–76
ThLZ	Theologische Literaturzeitung, Berlin
ThWAT	Theologisches Wörterbuch zum Alten Testament, hg. G. J. Botterweck – H. Ringgren, Stuttgart–Berlin–Köln–Mainz 1970 ff.
ThWNT	Theologisches Wörterbuch zum Neuen Testament, hg. (G. Kittel –) G. Friedrich, Stuttgart–Berlin–Köln–Mainz 1933–78
UF	Ugarit-Forschungen, Kevelaer – Neukirchen-Vluyn
UT	C. H. Gordon, Ugaritic Textbook, Analecta Orientalia 38, Rom 1965
VT	Vetus Tesamentum, Leiden
WdF	Wege der Forschung, Darmstadt
ZA	Zeitschrift für Assyriologie und vorderasiatische Archäologie, Leipzig
ZAW	Zeitschrift für die alttestamentliche Wissenschaft, (Gießen) Berlin–New York
ZDPV	Zeitschrift des Deutschen Palästina-Vereins, (Leipzig) Wiesbaden
ZThK	Zeitschrift für Theologie und Kirche, Tübingen

Si in Explanationibus omnium prophetarum sancti Spiritus indigemus adventu ...: quanto magis in explanatione Osee prophetae orandus est Dominus, et cum Petro dicendum: *Edissere nobis parabolam istam* [*Matth*. XIII, 16]. (Hieronymus, MPL 25, 815)

Einleitung

1. Die Zeit. Hosea ist nach Amos der älteste der sog. Schriftpropheten; er wirkte von etwa 755/50–724 v.Chr. Den Anfang dieser Zeitspanne können wir nur ungefähr benennen, das Ende dagegen relativ exakt: Die vermutlich letzten Worte Hoseas (Kap. 13) ergehen unmittelbar vor dem Beginn der Belagerung Samarias, die 722 mit dem Untergang des Nordreichs endete; wo das Buch Anspielungen auf die Zeit danach enthält, stammen sie nicht mehr vom Propheten selber. – Innerhalb der drei Jahrzehnte heben sich drei Schwerpunkte des prophetischen Auftretens ab.

1) Hoseas Verkündigung beginnt mit den letzten Jahren der langen Friedensherrschaft Jerobeams II. (787–747), die die Zeit aufreibender Kriege mit den Aramäern beendet hatte. Wahrscheinlich gehören zu dieser Verkündigungsepoche Hos 2,4–15 und 4,4–5,7.

2) Die mittlere Periode ist durch die sich überstürzenden Ereignisse des Jahres 733/2 geprägt. Man spricht üblicherweise im Anschluß an Luthers anachronistische Bezeichnung vom „syrisch-efraimitischen Krieg" (hierbei steht „Efraim" im Gefolge Hoseas für das Nordreich, „Syrien" für die Aramäer). Seit der Thronbesteigung des mächtigen Tiglat-Pileser III. 745 hatten die Assyrer in großer Geschwindigkeit die Nachbarreiche unterworfen und ein Weltreich etabliert; seit 738 mußten die meisten Staaten Syrien-Palästinas hohen, die Wirtschaft stark belastenden Tribut an die Assyrer zahlen. Aus diesem Grund hatten die Aramäer und das Nordreich Israel eine Koalition gebildet, um einen Aufstand gegen die Assyrer zu wagen. Das Südreich Juda wollte man zum Beitritt zur Koalition bewegen; als sich König Ahas weigerte, schritt man zur Belagerung Jerusalems, um Ahas abzusetzen. Dieser aber rief die Assyrer zu Hilfe, die ohnehin dem Aufstand zuvorkommen wollten. Sie fielen von Norden ins Gebiet der Koalition ein, deren Heere die Belagerung Jerusalems sogleich abbrachen; dennoch wurden die fruchtbarsten Teile des Nordreichs – Jesreelebene, Galiläa, Küstenebene und Ostjordanland – schnell erobert und zu assyrischen Provinzen umgestaltet. Nur durch die Ermordung des Königs Pekach (der vierte Königsmord innerhalb von 1½ Jahrzehnten!) und die eilige Unterwerfung seines Nachfolgers Hosea ben Ela konnte die selbständige Existenz wenigstens eines Rumpfstaates auf dem Gebirge (ihn nennt Hosea ab 5,8ff. „Efraim") noch für elf Jahre gewahrt werden, während das Aramäerreich schon im Jahr 732 mit der Eroberung von Damaskus unterging. Höchstwahrscheinlich gehören die Worte aus Hos 5,8–9,9 den bewegten Ereignissen dieses und des folgenden Jahres an (im Buch Jesaja gehen die berühmten Kapitel 7–8 der sog. „Denkschrift" zeitlich parallel).

3) Die Zeit der Assyrerherrschaft nach 733/2 fand ihren wichtigsten Einschnitt mit dem Jahr 727, in dem Tiglat-Pileser III. starb. Ab diesem Jahr begann auch der letzte König, Hosea ben Ela, um des hohen Tributes an die Assyrer willen einen

Aufstand vorzubereiten, indem er immer offener Kontakte zu den Erzfeinden der Assyrer, den Ägyptern, knüpfte. Als er 724 die Tributzahlungen einstellte, kam es zur Gefangennahme des Königs und zur Belagerung Samarias durch ein assyrisches Heer. Zu diesen letzten Jahren der Wirksamkeit Hoseas (ca. 731–724) gehören vermutlich Hos 2,16 f.; 3,1–4 und 9,10–14,1. Nach drei Jahren der Belagerung fiel Samaria; damit war auch der Rumpfstaat „Efraim" zur assyrischen Provinz geworden. Die geistige und handwerkliche Oberschicht der Hauptstadt wurde deportiert; zugleich setzte eine Fluchtbewegung zum Südreich Juda ein, deren überraschendes Ausmaß uns erst Ausgrabungen und Oberflächenforschungen der letzten Jahre vor Augen geführt haben[1].

2. Das Buch. Mit den Nordreichsflüchtlingen sind auch die Tradenten der Hoseaworte nach Juda geflohen. Nur so ist die große und enge Vertrautheit des jungen Jeremia (Jer 2–4; 30 f.) mit Worten Hoseas noch nach über hundert Jahren zu erklären. Außerdem ist das Hoseabuch in seiner Endgestalt ein judäisches Buch. Das zeigt allein schon die Überschrift, die mit ihrer Nennung von nur einem Nordreichskönig, aber vier judäischen Königen deutlich auf judäische Leser zielt. Vor allem aber beweisen es zahlreiche kleinere judäische Zusätze zum Hoseabuch, die, aus unterschiedlichen Zeiten stammend, die Botschaft Hoseas für judäische Leser auslegen und aktualisieren wollen. (Sie sind in der Übersetzung durch Kursivdruck vom Grundbestand abgehoben.)

Freilich haben diese späteren Aktualisierungen die Gestalt des Buches insgesamt nur unwesentlich mitgeprägt. Es lag offensichtlich schon fertig vor, bevor es für Judäer neu ausgelegt wurde. Die schnelle Katastrophe des Nordreichs und die eigene Flucht nach Juda haben die Schüler Hoseas zu einer frühen Niederschrift der Prophetenworte veranlaßt, die sich im Untergang Samarias so bald als wahr erwiesen hatten. Die Schüler waren von der bleibenden Gültigkeit der Hoseaworte auch über das erfolgte Strafgericht Gottes hinaus überzeugt. Sie haben aus diesem Grunde in Kap. 4–11 die ihnen wichtigsten Hoseaworte, aufs Wesentliche verdichtet und verkürzt, zusammengestellt, und zwar in einer nicht nur inhaltlichen, sondern auch chronologischen Ordnung (Wolff). Für die ersten beiden der zuvor genannten Verkündigungsepochen Hoseas haben sie die Prophetenworte jeweils in eine größere, sorgfältig gegliederte und eine parallel laufende kleinere Komposition aufgeteilt (4,4–19 + 5,1–7 bzw. 5,8–7,16 + 8,1–13), wobei die Worte aus der zweiten Periode abgeschlossen werden mit einer Grundsatzpredigt des Propheten und seiner Verfolgung durch die Hörer (9,1–9). Lockerer gegliedert sind die Hoseaworte der letzten Periode; hier schließen sich Anklagen und Unheilsankündigungen stets an programmatische Geschichtsrückblicke an (9,10–11,11). Später ist eine selbständige Sammlung letzter Hoseaworte hinzugefügt worden (Kap. 12–14)[2].

---

[1] Vgl. etwa M. Broshi, The Expansion of Jerusalem in the Reigns of Hezekiah and Manasseh, IEJ 24, 1974, 21–26; M. Kochavi (Hg.), Judäa, Samaria und der Golan. Archäologischer Survey 1967–68 (hebr.), 1972, bes. 20–23.

[2] Die wesentlichen Eigenarten dieser Teilsammlung nennt H. W. Wolff (XXVf.; 268 ff.); vgl. E. Zenger, Fs J. Schreiner, 1982, 190 f.

In all diesen Spruchkompositionen üben die einst mündlich verkündeten Einzelworte Hoseas nur noch eine dienende Funktion innerhalb der Gesamtdarstellung der Botschaft aus. Das zeigt sich rein äußerlich schon daran, daß in Kap. 4–11 Rahmenformeln fehlen; der Leser wird vielmehr auch an inhaltlichen Einschnitten (wie sie besonders neu ergehende Imperative markieren: 4,1; 5,1; 5,8; 8,1; 9,1) durch verbindende Brückenverse (vgl. zu 7,13–16) zum ständigen Weiterlesen angehalten, bis er mit dem abschließenden Heilswort 11,8–11 den Zielpunkt erreicht hat. Ganz entsprechend laufen die später angefügten Kap. 12–14 auf das große Heilswort in 14,2–9 zu (nur daß dieses im Unterschied zu 11,8–11 nicht mehr unmittelbar auf Hosea zurückgeht, so gewiß es an seine Worte anknüpft). Ja, die Einzelworte in der zweiten Hälfte des Hoseabuches sind teilweise so dicht formuliert, daß sich ihr Inhalt nur mit Hilfe sachlich verwandter vorausgehender Hoseaworte erschließt, ohne sie aber unverständlich bleibt (vgl. etwa die Auslegung zu 8,1 oder zu Kap. 12); manche Begriffe in diesen Kapiteln sind aus früheren Zusammenhängen her mit festen Assoziationen „besetzt", die man nicht verstehen kann, wenn man die Worte isoliert liest. Die Schüler haben offensichtlich die Worte des Meisters nicht primär für Außenstehende zusammengestellt, sondern für sich selber bzw. für Leser, die mit der Botschaft Hoseas schon vertraut waren.

Für den Ausleger der Worte heißt all dies, daß er nur in seltenen Fällen unmittelbaren Zugang zur mündlichen Verkündigung des Propheten besitzt, sie zumeist allenfalls mit einem gewissen Grad an Wahrscheinlichkeit rekonstruieren kann. Aber nicht solche Rekonstruktionen, die nur heuristische Funktion haben, sind seine eigentliche Aufgabe, sondern die Deutung des überlieferten Hoseawortes, wie es die Schüler tradieren: als von der Geschichte schon bestätigtes, zugleich aber weit über den konkreten Geschichtsabschnitt hinaus wahres und gültiges Gotteswort[3].

Im Gegensatz zu Kap. 4–14 sind die Kap. 1–3 einzig aus thematischen Gründen zusammengefügt worden; sie kreisen ausnahmslos um Hoseas Ehe mit Gomer und Gottes „Ehe" mit Israel. Sie entstammen jedoch unterschiedlichen literarischen Zusammenhängen, wie schon an den beiden erzählenden Stücken erkennbar wird; berichtet in Hos 1 ein Vertrauter über Hosea in 3. Person, so ist Hos 3 im Ich-Stil formuliert, geht also auf Hosea selber zurück wie wahrscheinlich auch die Wortzusammenstellung in Hos 2,4–17. Da alle drei Kapitel je für sich von späteren judäischen Heilsworten abgeschlossen werden, sind sie vermutlich längere Zeit (wohl bis zur Umgestaltung von 1,2) unabhängig voneinander tradiert worden, müssen also auch weit stärker als in sich geschlossene Einzelworte gelesen werden, als das bei Kap. 4–14 möglich ist. Jedenfalls ist keines der drei Kapitel zwingend auf eine Fortsetzung hin angelegt, wenngleich die spätesten Heilsworte deutlich aufeinander

---

[3] Die neue Funktion der Hoseaworte im schriftlichen Text habe ich in zwei Aufsätzen näher darzulegen versucht: Fs E. Würthwein, 1979, 47–58; SBS 100, 1981, 75–95; vgl. Fs H. W. Wolff, 1981, 217–34; 231 ff. Schon G. von Rad vermutete 1960: „Der Prozeß der Komposition kleiner Sprüche zu größeren Einheiten scheint hier schon gleich mit der (schriftlichen?) Fixierung des Überlieferungsbestandes Hand in Hand gegangen zu sein." (Theol. des AT, Bd. 2, 150 = ⁶1975, 146).

bezogen sind (vgl. 1, 7 mit 2, 20 und 2, 1–3 mit 2, 23–25). Ebendarin aber laufen die Einzelkapitel auch den großen Überlieferungsblöcken in Kap. 4–11 und 12–14 parallel, daß sie wie diese auf Heilsworte abzielen und damit zeigen, daß für Hosea und seine Tradenten nicht der richtend-vernichtende Gott das letzte Wort behält, sondern der seinem Volk ohne dessen Verdienst und grundlos zugeneigte gütige Gott.

3. *Die Botschaft*. Damit stehen wir zugleich vor dem tiefsten Geheimnis der Botschaft Hoseas: Seinen immer härter werdenden Schuldaufweisen, seiner immer unerbitterlicher ergehenden Gerichtsverkündigung im Namen Gottes entspricht eine umfassende Heilserwartung. Dieser scheinbare Widerspruch wird noch verstärkt durch die Beobachtung, daß kein anderer Prophet im Alten Testament Israels Schuld so unmittelbar auf das Gottesverhältnis bezieht, so direkt als Bruch des ersten Gebots beschreibt wie eben Hosea. In der Frühzeit vor dem syrisch-efraimitischen Krieg hat er vornehmlich Israels Kult als Perversion wahren Gottesdienstes hingestellt, weil Israel den lebendigen Gott wie einen Baal feiert, und das heißt für Hosea: Gottes Wirken auf die Garantierung von Fruchtbarkeit, Wohlstand und Erfolg reduzieren, den eigenen Wohlstand statt den Geber der Gaben anbeten bzw. Wohlstandsanspruch mit Dankbarkeit verwechseln. In den Jahren um die dramatischen Ereignisse von 733 hat Hosea eine analoge Verfehlung Gottes durch Israel auch auf politischem Gebiet aufgewiesen, insofern dieses Israel von der Weltmacht Assyrien die „Heilung" erwartet, die ihm nur Gott als sein wahrer „Arzt" geben kann, ebenjener Gott, den es im Stierbild von Bet-El nur noch als Verkörperung von Staatsmacht anbetet und dessen Verehrung es mit ständigen Königsmorden glaubt vereinbaren zu können. In den letzten Jahren schließlich hat Hosea diese willentlichen Abweisungen Gottes in Israels Gottesdienst und Politik noch dadurch verschärft, daß er sie mit den ständigen Heilserweisen Gottes in Israels Geschichte konfrontierte und Israels Undankbarkeit bis zur allerersten Berührung mit dem Kulturland (9, 10), bis zur Berufung zum „Sohn" (11, 1), ja sogar bis zur Zeit noch vor seiner „Geburt" (12, 4) zurückverfolgte. Was konnte Gott mit diesem Volk anderes tun als ihm seine Gaben wieder zu nehmen (2, 11 ff.), es aus seinem – Gottes! – Land zu vertreiben, ihm damit die Heilsgeschichte aufzukündigen (9, 3–6) und es in Tod und Untergang zu stoßen (9, 11–17 etc.)?

Das Unbegreifliche an diesem Gott bleibt für Hosea, daß er von seinem störrischen Volk nicht lassen kann, auch wenn es von ihm nichts wissen will. Immer wieder bricht Gottes Klage darüber auf, daß Israel ihn daran hindert, das zu tun, was er tun möchte: es mit Güte umgeben und „heilen". Auch Hosea selber ist wie so viele seiner Vorgänger Zeichen dieses göttlichen Willens, ist doch seine primäre Aufgabe, das irregeleitete Gottesvolk mit dem heilvollen, lebensspendenden Gotteswillen zu konfrontieren (6, 5 f.; 9, 7–9; 12, 10–14). Unverständlicherweise aber stößt das Volk den Propheten von sich (9, 7), wie es letztlich auch Mose verstieß (12, 13 f.). Jetzt kann es nichts mehr retten – außer Gott selber, der in einem dramatischen Kampf seinen Zorn besiegt und sein Herz „umstürzen" läßt (11, 8 f.), der seine untreue, im Baalismus gefangene „Frau" zurückführt in die Wüste, um mit ihr eine neue „Verlobung" einzugehen, also eine neue Geschichte zu beginnen

(2,16f.), ja der in äußerster Konsequenz seines Heilswillens diese Frau von ihrem Starrsinn durch eine Neuschöpfung heilt (14,5). Hoseas Hoffnung für das Gottesvolk gründet letztlich einzig auf der festen Überzeugung, daß Gott noch sein Gericht an Israel – das in aller Heilsbotschaft vorausgesetzt bleibt – statt zur Vernichtung vielmehr zur Rettung seines Volkes gebraucht. Spätere Hoseaschüler haben diese Rettung als Umgestaltung des Landes zur Friedenswelt in kosmischen Dimensionen beschrieben (2,20.23–25).

Die Buchüberschrift (Hos 1,1)

Das Wort Jahwes, das an Hosea, den Sohn Beeris, erging, zur Zeit des Usija, Jotam, Ahas, Hiskija, der Könige von Juda, und zur Zeit Jerobeams, des Sohnes des Joasch, des Königs von Israel.

Die Überschrift des Hoseabuches ist aus zwei Elementen zusammengesetzt: aus der Formel „das Wort Jahwes, das an NN erging", und aus einer Zeitangabe, bei der herrschende Könige genannt werden. Das erste Element will die Vollmacht des Propheten und die Einheit seines Auftrags („Wort" im Sg!) betonen; es ist sehr wahrscheinlich nicht für das Hoseabuch allein, sondern schon für eine Sammlung von Prophetenschriften geschaffen worden, da es identisch oder leicht variiert in einer Vielzahl von (meist jüngeren) Büchern wiederkehrt. Das zweite Element hebt den Zeitbezug des Prophetenwortes hervor und ist um der Könige willen naturgemäß beschränkt auf Bücher vorexilischer Propheten. Wie einzig sonst in Am 1,1 werden Könige des Nord- und Südreichs genannt, weil Amos und Hosea im Nordreich verkündigten; da die Südreichskönige voranstehen und zudem in Hos 1,1 vier Könige des Südreichs nur einem König aus dem Nordreich gegenüberstehen, zielt die Überschrift deutlich auf spätere judäische Leser ab. Jerobeam II. herrschte nur während der Anfangszeit der Verkündigung Hoseas (vgl. die Einleitung), wird den judäischen Lesern aber als der berühmteste der sieben Könige, die Hosea im Nordreich erlebte, vorgestellt, zumal er ihnen aus Am 7,10ff. vertraut war. Die judäischen Könige decken sich mit denen, die Jes 1,1 nennt. Den ältesten Teil der Überschrift bilden die – auch außerbiblisch belegten – Namen des Propheten (ein Dankname „Jahwe hat geholfen", verkürzt aus *Hôša'jâ*, Jer 42,1; 43,2; Neh 12,32 bzw. *Hôša'jāhû*, KAI 193 und 200) und seines Vaters („mein Brunnen" im Sinne von „meine Erquickung"? Vgl. Gen 26,34). So betont die Überschrift mit nüchternen Daten, daß Gottes Wort zu bestimmter Zeit an bestimmte Personen ergeht, weil es geschichtliches Wort ist.

Teil I: Die thematische Sammlung.
Der Prophet und seine Familie als Symbol des gott-losen Gottesvolkes
(Hos 1,2–3,5)

1,2–2,3: Hoseas Kinder als Unheilszeichen

2 *Der Anfang des Redens Jahwes durch Hosea.*

Es sprach Jahwe zu Hosea:
„Auf, nimm dir eine *hurerische* Frau
und (zeuge) *hurerische* Kinder,
denn ganz und gar hurerisch
wendet sich das Land von Jahwe ab."

3 Da machte er sich auf und nahm Gomer, die Tochter Diblajims.

Sie wurde schwanger und gebar ihm einen Sohn.
4 Da sprach Jahwe zu ihm:
„Nenne seinen Namen ‚Jesreel',
denn in kurzer Zeit
ahnde ich die Blutschuld von Jesreel am Hause Jehus;
ich mache dem Königtum des Hauses Israel ein Ende.

5 *An jenem Tage geschieht's,*
da zerbreche ich den Bogen Israels
im Tale Jesreel."

6 Sie wurde wiederum schwanger und gebar eine Tochter.
Da sprach er zu ihm:
„Nenne ihren Namen ‚Ohne-Erbarmen',
denn ich will mich nicht länger
des Hauses Israel erbarmen;
ich kann ihnen (nicht mehr) vergeben[1].

7 *Aber des Hauses Juda will ich mich erbarmen:*
Ich will sie retten durch Jahwe, ihren Gott;
nicht will ich sie retten durch Bogen, Schwert und Kriegsgerät,
durch Rosse und Gespanne."

---

[1] Die extrem kurze Formulierung ist entweder als *apo-koinou*-Konstruktion zu erklären („ich will/kann nicht länger ..." regiert beide Verben), oder *ki* ist nach einer Negation analog etwa zu Jes 43,22 steigernd „geschweige denn daß" (Wünsche) zu verstehen. Die Deutung des Satzes als Ellipse (Wolff; Einheitsübersetzung) – „ich entziehe ihnen (mein Erbarmen)" – scheitert daran, daß die Wendung „das Erbarmen entziehen" sonst nicht belegt ist.

8 Als sie Ohne-Erbarmen entwöhnt hatte, wurde sie schwanger und gebar
  einen Sohn.
9 Da sprach er:
  „Nenne seinen Namen ,Nicht-mein-Volk‘,
  denn ihr seid nicht mein Volk,
  und ich bin nicht ,Ich bin‘ für euch.“

2,1 *Aber einst wird die Zahl der Israeliten sein wie der Sand am Meer,*
  unermeßlich und unzählbar.
  Dann wird's geschehen, daß man an ebendem Ort,
  an dem man von ihnen sagt: „Ihr seid nicht mein Volk",
  von ihnen sagen wird: „Söhne des lebendigen Gottes".

2 *Versammeln werden sich miteinander Judäer und Israeliten*
  und werden sich ein gemeinsames Haupt setzen
  und aus dem Land heraufziehen.
  Ja, groß ist der Tag von Jesreel!

3 *Nennt eure Brüder: ,Mein Volk‘,*
  eure Schwestern: ,Erbarmen‘!

Lit.: H. H. Rowley, The Marriage of Hosea (1956), in: ders., Men of God. Studies in Old
Testament History and Prophecy, 1963, 66–97; J. Schreiner, Hoseas Ehe, ein Zeichen des
Gerichts, BZ N.F. 21, 1977, 163–83.

Die erste Einheit des Hoseabuches enthält einen Bericht über vier sog. Zeichenhandlungen, d.h. über Aufträge Gottes an den Propheten, das zukünftige Handeln
Gottes an Israel (bzw. in 1,2 das gegenwärtige Verhalten Israels Gott gegenüber)
nicht nur im Wort anzukündigen, sondern in einer Tat symbolisch darzustellen.
Von einer solchen Zeichenhandlung spricht auch Kap. 3, aber mit zwei charakteri-
stischen Unterschieden; zum einen berichtet hier Hosea selber, während in Kap. 1
ein Dritter über Hoseas Erleben redet, und zwar aus größerem zeitlichen Abstand
heraus (s.u.), zum anderen geht es in Kap. 3 nur um eine, in Kap. 1 dagegen sogleich um vier Zeichenhandlungen. Dabei laufen die letzten drei dieser vier Handlungen einander genau parallel, und die geringfügigen Abweichungen zwischen
ihnen sind vom Autor bewußt gesetzte Akzente. Jeweils wird über die Geburt eines
Kindes berichtet, dem Hosea auf Gottes Befehl einen höchst ungewöhnlichen Namen zu geben hat, der nicht dessen eigenes Wesen und Geschick widerspiegelt,
sondern das Wesen und Geschick Israels. Sehr anderer Art ist dagegen der anfäng- 2b–3a
liche Befehl Gottes an Hosea – dessen Ausführung durch Hosea ausdrücklich ver-
merkt wird –, eine hurerische Frau zu heiraten, die die Schuld Israels gegenüber
Gott symbolisieren soll. Er hat um seiner Kürze willen Auslegern immer große
Schwierigkeiten bereitet. Im Kapitel hat er eine doppelte Funktion. Zum einen
bereitet er erzählerisch den Bericht von den Geburten vor, zum anderen will er mit
seiner Anklage gegen Israel im Deutewort die Begründung bieten für die so harten
Namen der Kinder Hoseas. Die letztgenannte Verbindung hat nun freilich etwas
Künstliches an sich. Das zeigt sich erstens darin, daß die Namengebung für das
älteste der Kinder mit einem eigenen Schuldaufweis verbunden ist, der ein ganz
anderes Vergehen berührt als V. 2; es zeigt sich zweitens darin, daß der Heiratsbefehl in sich schon auf die Kinder vorwegweist, indem er die „hurerische Frau“ und

„hurerische Kinder" in einem Atemzug nennt (grammatisch ein sog. Zeugma für:
„Nimm dir eine hurerische Frau und zeuge hurerische Kinder"). Künstlich aber
wirkt schon der Heiratsbefehl selber, wenn er isoliert gelesen wird; denn die dem
Propheten in 1,2 aufgetragene und von Jahwe gedeutete Zeichenhandlung der
Heirat bildet nicht – wie alle anderen Zeichenhandlungen der Propheten im Alten
Testament sonst – die bei Jahwe beschlossene Zukunft in der Handlung ab, sondern völlig singulär allein die gegenwärtige Schuld Israels (W. Rudolph). A. Deissler
hat nach Analogien gesucht, aber nur solche gefunden, in denen Zeichenhandlungen neben der Darstellung künftigen Unheils *auch* die der Anklage übernehmen
(Ez 5 und 24)[2]. Diese Beobachtungen weisen insgesamt in die gleiche Richtung:
Hos 1,2 ist von vornherein für seinen Kontext niedergeschrieben worden, hat dienende, die Namen der Kinder begründende Funktion. Der Bericht ist im Blick auf
die Benennung der Prophetenkinder verfaßt worden, darf von diesem Zusammenhang nicht abgelöst werden.

Hos 1,2 ist also kaum je eine für sich bestehende Zeichenhandlung gewesen, die
den Namengebungen der drei Kinder gleichwertig wäre. Das zeigt zusätzlich der
Sprachgebrauch des Verses. V. 2 benennt die zu suchende Frau mit einem Begriff
(„hurerisch"), wie er in sich selbst mehrdeutig ist, im näheren Kontext (Kap. 2)
aber eindeutig festgelegt wird, freilich ausschließlich bezogen auf das Verhalten
Israels gegenüber Jahwe. Es ergibt sich also der merkwürdige Tatbestand, daß die
Sachaussage, auf die die „symbolische Handlung" abzielt, voll verständlich ist, die
Handlung selber in ihrer Darstellung aber keineswegs[3]. Vom schuldhaften Verhalten der Frau ist sonst nur im Selbstbericht des Propheten Kap. 3 die Rede. Aus all
dem Genannten legt sich der Schluß nahe, daß V. 2 vorwegnehmend die Ereignisse
von Kap. 3 („nimm dir eine hurerische Frau") und von Kap. 1 („... und hurerische
Kinder") mit den Worten des Propheten in Kap. 2 („denn ganz und gar hurerisch
wendet sich das Land von Jahwe ab") verbinden und im voraus als zusammengehörigen Gotteswillen verstehen lehren will. V. 2 ist in seiner gegenwärtigen Gestalt
also wahrscheinlich als Einleitung nicht nur für Kap. 1, sondern für Kap. 1–3 im
ganzen gedacht.

Daß V. 2 (bis auf einen nicht mehr genau rekonstruierbaren Grundbestand) jünger ist als
der Kernbestand des Kapitels, ist schon länger vermutet worden (etwa von P. Humbert,
RHR 77, 1918, 157–71; A. Heermann, ZAW 40, 1922, 287–312), in letzter Zeit aber mit
neuen Argumenten untermauert worden von W. Rudolph (1966), J. Schreiner (1975, a.a.O.,
unter Beibehaltung der Bezeichnung der Frau als „hurerisch") und jüngst von L. Ruppert (Fs
J. Schreiner, 1982, 163–82 sowie BZ N.F. 26, 1982, 208–23) und B. Renaud (RevSR 56,
1982, 159–78). Besonders die Wendung „(sich abkehren) von Jahwe weg" (*mēʾaḥªrê
Jhwh*) ist spezifisch deuteronomistisch und bei Hosea ebensowenig sonst belegt wie die
Verbindung des Verbes „huren" mit der Präposition „hinter ... her" (*zānâ ʾaḥªrê* ist wieder-

---

[2] Die Interpretation von Hos 1,2–9 in den Hosea-Kommentaren von H. W. Wolff und
W. Rudolph im kritischen Vergleich, Fs J. Ziegler, Bd. 2, 1972, 130f.

[3] Die kaum noch überschaubare Auslegungsgeschichte hat S. Bitter, Die Ehe des Propheten Hosea. Eine auslegungsgeschichtliche Untersuchung, 1975, sehr geschickt dargestellt;
kürzere zusammenfassende Beschreibungen für die Neuzeit bieten etwa die Kommentare von
Harper (208–210) und Rudolph (40–46) sowie H. H. Rowley, a.a.O.; G. Fohrer, Die symbolischen Handlungen der Propheten, [2]1968, 76–78.

um vorwiegend dtr belegt); Entsprechendes gilt inhaltlich für die Rede vom „weghurenden Land" (so das Ende von V. 2 wörtlich). Beides versteht sich aber leicht als nachträgliche Deutung von 2,7.15 („den Liebhabern nachlaufen": *hālak 'aḥ°rê*) bzw. von 2,5.14 (das Land wird bestraft und versteppt deshalb). – Damit entfallen die spekulativen Entfaltungen von 1,2 in der Forschungsgeschichte, die bis zu Ansätzen eines Eheromans führten, aber auch die häufigen psychologischen Erwägungen im Gefolge der These J. Wellhausens, Hosea habe „erst nachträglich die göttliche Bedeutung seines häuslichen Schicksals erkannt" (Die kleinen Propheten 106). Zwischen prophetischem Erleben und Literatur gewordenem Bericht ist hier wie auch sonst streng zu scheiden. Ginge V. 2 auf Hosea selber zurück, böte sich am ehesten die heute zumeist im Anschluß an H. W. Wolff vertretene These an, die zu suchende Frau Hoseas hieße darum „hurerisch", weil sie an dem in Kap. 2 geschilderten „hurerischen" Kult beteiligt sei. Weit wahrscheinlicher bleibt aber die Herleitung des V. 2 in seiner Endgestalt von einem (exilischen) Tradenten, der die ursprünglich unabhängigen Kapitel 1–3 zusammenfügte.

Vorangestellt ist dem Gottesauftrag zur Heirat mit V. 2 a ein Satz, der als Überschrift   2a
über Kap. 1, eher aber wie V. 2b über Kap. 1–3 gemeint ist. „Anfang" ist in ihm deutlich im relativen Sinn zu verstehen (Wolff, Rudolph), also etwa wie unser deutsches „Es begann damit, daß ...", nicht aber im absoluten Sinn, als bilde V. 2 einen (Jes 6 oder Jer 1 vergleichbaren) Berufungsbericht. Nicht einmal der erste Zeitabschnitt der Verkündigung Hoseas muß im Blick sein. Möglich, aber wenig wahrscheinlich ist die Vermutung, daß der Satz Hosea als den ältesten der zwölf „kleinen" Propheten bezeichnen wolle (Hitzig) – dann müßte er zu den jüngsten Worten des Buches gerechnet werden. Eher könnte er den Anfang des Buches markieren wollen („hier beginnt ..."); dann würde er den Bestand einer älteren Sammlung an Hoseaworten – vermutlich Kap. 4–14 – voraussetzen, dem Kap. 1–3 mit der Überschrift vorgeschaltet wurden. „Reden durch" findet sich bei Hosea noch in 12,11.

1,2b–3a: Hoseas Heirat. Hosea muß auf Befehl Gottes eine „hurerische Frau"   2b
ehelichen; aber was mit dieser Bezeichnung gemeint ist, für die im Hebräischen der Abstraktplural *z°nûnîm* „Hurerei" steht, der zur Kennzeichnung einer Eigenschaft dient, ist nicht sogleich erkennbar. Das Hebräische kennt eindeutige Begriffe für die berufsmäßige Dirne (*zônâ*) und die Kultprostituierte (*q°dēšâ*; vgl. 4,14), die offenbar bewußt umgangen werden. Dafür begegnet der Abstraktplural *z°nûnîm* an herausgehobener Stelle im näheren (2,4.6) und weiteren Kontext (4,12; 5,4), und das Verb *zānâ* „huren", das zweimal im Deutewort des Auftrags steht, übt in Kap. 2 und 3 themagebende Funktion aus, allerdings durchweg im Blick auf das Handeln Israels. 1,2 will also offensichtlich überschriftartig, ja geradezu als ein Motto das Thema der folgenden Kapitel vorwegnehmen, will den gewichtigen Vorwurf Hoseas nur eben nennen, den die Kap. 2–3 und dann 4–5,7 ausführlich darbieten (später noch 6,10; 7,4; 8,9f.; 9,1f.10). Das Verhalten der Frau, das Kap. 3 näher erläutert, spielt hier nur eine nebensächliche Rolle. Der wesentliche Ton fällt mit dem Stichwort „hurerisch" auf die Schuld Israels. Worin bestand sie?

Auffallen muß, daß „das Land" als Subjekt des Hurens genannt wird (vgl. zu 2,5.7.10.14). Dahinter verbirgt sich die Tatsache, daß Hosea die – in Kap. 2 breit ausgeführte – Ehemetaphorik für Israels Gottesverhältnis kühn aus kanaanäischer Mythologie übernommen und abgewandelt hat. Hier ist das Land, das der Bauer beackert, wahrscheinlich als Schoß der Muttergöttin vorgestellt, der in der Regenzeit den Samen des Fruchtbarkeitsgottes Baal empfängt (direkte Belege aus Ugarit fehlen). Die in 4,11–14 näher geschilderten kultischen Sexualbräuche sind vermutlich als rituelle Vergegenwärtigung dieses kosmischen Geschehens zu verstehen, die das Geschehen gleichzeitig aufgrund des Zusammenhangs von irdischem Tempel und himmlischem Heiligtum, von Mikrokosmos und Makrokosmos bewirken und garantieren sollten (sog. heilige Hochzeit). Der normale israelitische Bauer war – spätestens seit Davids Großreichbildung, die die Vereinigung von Israeliten und Kanaanäern in einem Staat mit sich brachte – automatisch in diesem uralten mythischen Verständnis des Ackerbodens groß geworden. Für Hosea aber bedeutet ein Kult, der ein solches „Ehe"-Geschehen widerspiegelt und in solcher Gestalt sich vollzieht, Verwerfung des wahren Gottes. Wenn Hosea ihn mit „Hurerei" bezeichnet[4], entwirft er notwendig das Gegenbild der wahren „Ehe" zwischen Jahwe und seinem Volk, das auf der Grundlage alttestamentlichen Denkens nun schlechterdings nur als ein geschichtlich gewordenes, vom Heilshandeln und Willen Gottes bestimmtes Verhältnis gedacht werden kann. *Diese* „Ehe" steht am Anfang; baalistischer Höhenkult ist deshalb „Weghuren von ($mē'ah^ărê$) Jahwe".

Wenn das Hoseabuch in seiner Endgestalt mit dieser Anklage gegen Israel einsetzt, so wird damit in der Tat der zentrale Vorwurf des Propheten, aufs kürzeste verdichtet, an den Anfang gestellt. Seine ganze Verkündigung ist ohne ihn nicht verständlich, umgekehrt läßt sie sich aber von ihm aus darstellen: Israel verehrt seinen Gott, als ob es nichts von ihm wüßte, als ob er Baal, d.h. ein Fruchtbarkeitsgott wäre[5]. Um dieses Irrtums des Gottesvolkes willen wird Hosea in Kap. 3 von Gott die Heirat einer Ehebrecherin und in Kap. 1 die Vergabe grauenhafter Namen an seine Kinder zugemutet (deren Bezeichnung als „hurerisch" sich entweder an den Nachtrag 2,6 oder an die Bezeichnung „Bastarde" in 5,7 anlehnt). Hosea muß Israels Schuld nicht nur anprangern, sondern „verkörpern" und „verleiblichen" (M. Buber, Der Glaube der Propheten, 1950, 161), indem er sich – wie Jahwe – in denkbar engste Gemeinschaft mit der „weghurenden" Frau zu begeben hat.

3a   Hosea gehorcht. Von seinen Gefühlen, über die Ausleger so oft nachgedacht haben, sagt der Text nichts. Hosea ist ihm als Werkzeug des Gotteswortes wichtig (V. 2a), nicht als psychologischer Fall (der den Höhenkult verabscheut, aber nicht von ihm loskommt, der Gomer verachtet, aber leidenschaftlich liebt, und was an dergleichen Thesen mehr geäußert wurde). Die Tatsächlichkeit des Geschehens sichern die Namen der Frau und ihres Vaters; die häufigen Versuche, diese Namen von ihrer Etymologie her hintergründig symbolträchtig zu interpretieren, sind als gescheitert zu betrachten. Die Namen belegen einzig, daß der Erzähler Hoseas Familie gut kannte (vgl. V. 8a).

---

[4] Der Begriff war ihm offensichtlich schon vorgegeben, da in der Elischa-Überlieferung Jehu der Königin Isebel den Vorwurf der „Hurerei" angesichts ihrer Förderung des kanaanäischen Kultes macht. Allerdings war der Bedeutungsumfang des Begriffs hier ein begrenzterer; er bezog sich primär auf die Israel fremden und im AT stets mit Abscheu genannten Sexualriten; vgl. O.H. Steck, Überlieferung und Zeitgeschichte in den Elia-Erzählungen, 1968, 35 Anm. 1.

[5] Jeremia, Ezechiel und das DtrG greifen gut ein Jh. später das Thema ausführlich wieder auf und nutzen dabei die von Hosea vorgeprägte Wendung „huren" / „Hurerei".

1,3b–9: Hoseas Kinder. Wie auch Jesaja (Jes 7,3; 8,1–4) muß Hosea seinen Kindern zumuten, wandelnde Zeugen der Zukunft Gottes zu sein. Nur um ihrer Namen willen ist von ihnen die Rede, deren Sinn erst das deutende Gotteswort voll erhellt, und diese Namen sind fast unerträglich hart. Wie ungewöhnlich sie waren, zeigt sich daran, daß alle drei Namensbegründungen eine spätere Erläuterung, die auf judäische Hörer zielt, gefunden haben (1,5.7; 2,1–3). Die wichtigste ist die dritte und letzte; sie lehrt das von Hosea angesagte Gericht als ein Durchgangsstadium zu umfassendem Heil verstehen, wie es analog auch die Heilsworte der anderen beiden Überlieferungsblöcke in Hos 1–3 tun (2,16–25; 3,5). Im Sinne der Tradenten darf also 2,1–3 keinesfalls mit der Mehrzahl neuerer Kommentare von Kap. 1 als eigene Einheit abgetrennt werden; vielmehr will Kap. 1 als tradierter Text nicht ohne 2,1–3 gelesen sein. – Über Geburt und Namengebung ist im übrigen je analog erzählt, aber es finden sich Abweichungen, die zeigen, wie bewußt und durchdacht V. 3–9 gestaltet sind. Zum einen werden die Berichte über die Gottesreden immer kürzer. Sie beginnen mit: „Da sprach Jahwe zu Hosea" (V. 2), gehen über zu „Da sprach Jahwe zu ihm" (V. 4) sowie „Da sprach er zu ihm" (V. 6) und enden bei „Da sprach er" (V. 9); in diesen sich vermindernden Redeeinleitungsformeln spiegelt sich das wachsende Gericht wider. Zum anderen wird bei den nahezu stereotypen Formeln, mit denen von der Geburt der Kinder berichtet wird, der Satz „Sie wurde schwanger und gebar ihm" (V. 3) im folgenden verkürzt, insofern „ihm" in V. 6 und V. 8 fortfällt, in V. 8 zusätzlich das „wiederum" aus V. 6. Einzig V. 8a bringt eine wissenswerte Einzelheit. Schließlich kommt auch bei den parallel geformten Gottesworten („Nenne seinen/ihren Namen …, denn …") die Steigerung vielfältig zum Ausdruck: 1) in den Adressaten der Deuteworte: „Haus Jehus" (V. 4) – „Haus Israel" (V. 6) – „ihr", und zwar als „mein Volk" (V. 9); 2) in der positiven Formulierung des 1. Kindesnamens im Vergleich mit den beiden späteren in der Negation; 3) im Fehlen der Partikel ʿôd („denn in kurzer Zeit …", V. 4; „denn ich will mich nicht länger …", V. 6) im letzten Deutewort V. 9, das nicht wie V. 4 und V. 6 in die (nahe) Zukunft blickt, sondern ein schon gegenwärtig wirksames Urteil fällt.

Zweierlei geht aus diesen Formbeobachtungen hervor. Zum einen liegt der Akzent des Textes ausschließlich auf den sich steigernden Gottesworten; der erzählerische Rahmen hat keinerlei Eigengewicht. „Die Erzählung ist kerygmatisch, nicht biographisch" (J. L. Mays 23). Damit hängt das zweite zusammen. In Hos 1 wird nicht nur eine längere Zeitstrecke überschaut (Heirat und drei Geburten), sondern es werden auch die diesen Zeitraum gestaltenden Gottesworte in ihrer Bezogenheit aufeinander dargestellt. Das setzt zeitlichen Abstand voraus. Aufgrund von V. 2a und V. 4 (Name des 1. Kindes) hat man Hos 1 zumeist in Hoseas Frühzeit datiert. Der mitgeteilte Inhalt spricht entschieden dagegen, wenn man das Kapitel im Kontext der anderen Hoseaworte liest. Die Härte der Namen der beiden jüngeren Kinder, vor allem des jüngsten Sohnes, findet erst in den Kapiteln 9 ff., also in Hoseas Spätzeit, wirkliche Parallelen. Das gleiche gilt aber auch für die Deutung des ersten Kindesnamens in V. 4b (Ende des Königtums). Da die Erwähnung der Dynastie Jehus in V. 4b nicht zwingend auf Hoseas Frühzeit weist (s. u.), ist Kap. 1 mit hoher Wahrscheinlichkeit von einem Vertrauten Hoseas im letzten Jahrzehnt des Nord-

reichs oder aber – wahrscheinlicher noch – unmittelbar nach dessen Fall im Rückblick verfaßt worden.

3b–4   Der Name des ältesten Hoseasohnes ist am schwersten zu deuten, weil der Begriff „Jesreel" eine Fülle unterschiedlicher Assoziationen in sich birgt. Es ist von daher
keineswegs Zufall, daß dieser Kindesname in den ersten beiden Kapiteln des Hoseabuches nicht weniger als fünf verschiedene Auslegungen erfährt (1,4.5; 2,2.24.25).
Teilweise knüpfen sie an die Bedeutung des Begriffs an („Gott sät" 2,25), teilweise daran, daß die Ebene Jesreel der fruchtbarste Landstrich in Palästina und daher sprichwörtlich die Kornkammer Israels ist (2,24), teilweise daran, daß eben
um ihres reichen Wachstums und des flachen Geländes willen die Ebene Jesreel wie
keine andere Gegend in Palästina traditioneller Kriegsschauplatz war (1,5); nur
wenig vereinfachend läßt sich sagen, daß durch die lange Geschichte Palästinas
hindurch, auch soweit sie die Zeit vor Israels Einwanderung betrifft, der Besitz der
Ebene Jesreel über die Herrschaft des Landes entschied. Aber unter diesen vielfälti-
gen Deutungen des Namens Jesreel geht mit hoher Wahrscheinlichkeit nur die erste
in 1,4 auf Hosea selber zurück. Sie assoziiert mit „Jesreel" eine „Blutschuld" der
Jehu-Dynastie, die in der gleichnamigen Stadt (!), dem heutigen *zer'in*, geschehen
war und die Jahwe in Kürze ahnden würde, indem er dem Königtum des Nordreichs, d.h. dessen staatlicher Existenz, ein Ende bereitete.

Was ist gemeint? Üblicherweise deutet man die genannte „Blutschuld" auf die
Revolution Jehus, des Gründers der Dynastie. Von einem Schüler Elischas gesalbt,
hatte dieser General und Eiferer für Jahwe im Jahr 845 sämtliche Glieder des regierenden Königshauses ermordet und dazu mittels hinterlistigen Betrugs die gesamte
religiöse Oberschicht der Kanaanäer hinmetzeln lassen (2 Kön 9f.)[6]. Letzteres geschah in der Hauptstadt Samaria, ersteres zu wesentlichen Teilen in der zweiten
Königsresidenz der Omriden, in Jesreel. Aber diese Deutung der „Blutschuld"
befriedigt nicht recht; sie bliebe im ganzen Hoseabuch singulär, insofern der Prophet sonst nie die Strafe Gottes für weit (ein Jahrhundert!) zurückliegende Schuld
ankündigt, sondern stets für gegenwärtige Vergehen. Wo er frühere Geschichts-
ereignisse nennt – ab 9,10 in großer Zahl –, da tut er es, um gegenwärtige Schuld aufzudecken und zu beleuchten. Andernorts redet Hosea von Blutvergießen im Zusammenhang mit dem Königtum, wenn er auf die häufigen Revolutionen und Königsmorde seiner eigenen Zeit zu sprechen kommt (7,3–7). Aus diesem Grund hat man
gelegentlich 1,4 auf die Ermordung des letzten Gliedes der Jehu-Dynastie namens
Secharja im Jahr 747 (2 Kön 15,8) bezogen[7]. Aber diese Interpretation ist mit dem
Problem belastet, daß der Mord an Secharja nicht in der Königsstadt Jesreel geschah[8]. Die bei weitem wahrscheinlichste Lösung ist m.E. die, daß der Name „Jes-

---

[6] Diese rigoristische Lösung des Kanaanäerproblems, das seit der Schaffung des Groß-
reichs Davids ein innenpolitisches geworden war, hat letztlich dazu geführt, daß eine weit
intensivere Durchdringung des Jahweglaubens mit kanaanäischem Denken stattfand als
zuvor, da die Kanaanäer nun sozusagen geistlich führerlos geworden waren. Diese Situation
setzt das Hoseabuch allerorten voraus.

[7] A. Caquot, Osée et la Royauté, RHPhR 41, 1961, 123–46; 127 ff.

[8] Allenfalls könnte er am äußersten südlichen Rand der Ebene Jesreel in „Jibleam" (heute
ḥirbet bel'ameh) geschehen sein, wenn man der von einigen Kommentatoren bevorzugten,
aber schwach bezeugten Lesart der lukianischen Rezension von G folgt.

reel" zwar vordergründig auf die Revolution Jehus abzielt, diese aber nicht um ihrer selbst willen nennt, sondern als Ausgangspunkt bzw. Modell eines Blutvergießens, das die Gestalt des Königtums in Hoseas eigener Zeit prägt. Wenn häufig Erwägungen dazu angestellt werden, daß Hosea die Revolution Jehus offensichtlich sehr anders beurteilt hat als Elischa, so sind diese Überlegungen zwar grundsätzlich berechtigt, sie treffen den Kern der Aussage von 1,4 aber nicht; für Hosea steht nicht die Revolution Jehus zur Diskussion – über ihre inhaltlichen Ziele äußert er sich gar nicht, nur über ihre Mittel –, sondern das Gesicht des Königtums seiner eigenen Tage. Erst von der so verstandenen prophetischen Anklage her wird auch plausibel, warum Hosea im Namen Jahwes nicht das Ende der Jehu-Dynastie, sondern das Ende des Königtums im Nordreich anzusagen hat. Hosea geht es hier wie an allen Stellen, die er dem Königtum seiner Tage widmet, nicht um Vergehen einzelner Könige, sondern um die heillose Perversion einer Ordnung Gottes, die unter der Hand zu einer widergöttlichen Institution geworden ist.

Exkurs: Hoseas Stellung zum Königtum

Wenn in der Hoseaforschung[9] häufig die Frage diskutiert wurde, ob Hosea das Königtum als solches abgelehnt habe, weil es mit dem Jahweglauben unvereinbar sei, oder nur Mißstände im Königtum kritisiert habe, so hängt diese wenig sachgemäße Alternative mit einem besonderen Umstand im Hoseabuch zusammen. Hosea hat nämlich in seinen zahlreichen Äußerungen zum Thema (1,4; 3,4; 7,3–7; 8,4; 9,15; 10,3f.7.15; 13,9–11) einerseits stets ein Königtum im Blick, das durch eine permanente Abfolge blutiger Revolutionen gekennzeichnet ist – von den fünf Königen, die zwischen 747 und 732 den Thron bestiegen, starb nur einer eines natürlichen Todes –, andererseits aber ist (in den Kapiteln 7–13) bei ihm eine ständige Steigerung seines Urteils zu beobachten. Es gibt für Hosea zum einen keine Betrachtung eines Königtums „an sich", losgelöst von den konkreten Erfahrungen des Blutvergießens in seinen Tagen; zum anderen aber dürfte man die Reihenfolge seiner sich steigernden Äußerungen (in den Kapiteln 7–13) keinesfalls vertauschen. In dem ausführlichsten Text zum Thema, 7,3–7, der offensichtlich bald nach der letzten der Revolutionen gesprochen wurde, gipfelt der Vorwurf noch in dem Satz „keiner unter ihnen ruft mich an", also in der Anklage, daß hier ein Geschehen ohne jeden Kontakt mit Jahwe abläuft (in V. 4a ist im Stadium der Schriftlichkeit allerdings von „Ehebruch" die Rede, womit vermutlich die Revolutionen als Bruch des Gottesverhältnisses gekennzeichnet sind). Auch in 8,4: „Sie haben Könige gekürt, doch ohne meinen Auftrag ..." läßt die Negation „doch ohne ..." am ehesten eine Position als Gegensatz erwarten, also eine Königsdesignation unter Gottes Auftrag. Andererseits ist das eigenmächtige Königsküren nahtlos mit dem Herstellen von Götzenbildern (8,4b) in Parallele gesetzt. 9,15 redet insofern noch grundsätzlicher, als mit der Schuld von „Gilgal" vermutlich auf die Anfänge und damit auf das *Wesen* des Königstums geblickt wird. In Kap. 10 wird erstmalig die hohe Erwartung, die man auf das Königtum setzt (V. 3), seiner Ohnmacht (V. 7. 15) gegenübergestellt, und Kap. 13 beschreibt die Hoffnung auf Rettung durch den König am Höhepunkt der Argumentation als Bruch des ersten Gebotes (gleiches Verb in V. 10 und V. 4). Diese verschärfte Sicht führt dazu, daß alle Erfahrung mit dem Königtum – ob Gabe eines neuen Königs, ob der Tod eines bisherigen – für

---

[9] Vgl. zur Einschätzung des Königtums bes. J. de Fraine, L'aspect religieux de la royauté israelite, 1954, 147–53; A. Caquot, a.a.O.; W.H. Schmidt, Kritik am Königtum, Fs G. von Rad, 1971, 440–61; 450f.; H.-C. Schmitt, Elisa, 1972, 146f. Anm. 39; A. Gelston, Kingship in the Book of Hosea, OTS 19, 1973, 71–85; F. Crüsemann, Der Widerstand gegen das Königtum, 1978, 89–94; H. Utzschneider, Hosea 66ff.

den Propheten nicht nur Erfahrung von Verschuldung ist, sondern weit mehr Erfahrung tödlichen Gotteszornes (V. 11). Im Königtum wird der kommende Untergang des Gottesvolkes vorweggenommen.

Liest man Hos 1,4b auf dem Hintergrund der anderen Stellungnahmen zum Königtum, so ist die Ansage des Endes der staatlichen Existenz des Nordreichs am ehesten in Hoseas Spätzeit anzusetzen. Wie auch für Hos 3,4 gilt, daß Hos 10 die engste Parallele bietet (10,3 impliziert das Ende der Institution). Die Ahndung der Schuld „am Haus Jehus" bedeutet dann nicht, daß die Dynastie Jehus zur Zeit der Geburt des Prophetenkindes noch an der Regierung gewesen ist (bis 747), sondern daß die mit Jehu und seiner Dynastie einsetzenden und zu Hoseas Zeiten ständig praktizierten Königsmorde in der Beendigung des Königtums ihre göttliche Antwort finden werden. Andernfalls hätte man damit zu rechnen, daß der Sohn zwar noch zu Zeiten der ausgehenden Jehu-Dynastie geboren wäre, daß sich dem Propheten aber mit den Erfahrungen folgender Königsmorde die von Gott gemeinte Deutung des Kindesnamens „Jesreel" verschärft hätte. Mit *pāqad* „ahnden" wird ein Verb benutzt, das sehr häufig im Hoseabuch begegnet (2,15; 4,9.14; 9,7.9; 12,3) und insbesondere gern von den Schülern Hoseas zur Verknüpfung verschiedener Prophetensprüche verwendet wird. Aus dem weiten Sinnbereich der Wurzel [10] kommt im Hoseabuch nur jener Aspekt zur Geltung, der das (stets negative) Ergebnis einer (dienstaufsichtlichen) amtlichen Überprüfung zum Gegenstand hat und die sich aus ihr ergebenden Konsequenzen. Hier besagen sie, daß Israel noch weiterleben darf, aber nicht mehr in Gestalt eines Staates (vgl. 3,4).

6.8f.   Ungleich härter noch ist die Ankündigung in den Deuteworten der Namen der jüngeren Hoseakinder, die altersmäßig nicht weit auseinanderlagen (V. 8a)[11]. Auch im Vergleich dieser beiden Namen untereinander ist eine deutliche Steigerung zu beobachten. Der aufreizende Name der Tochter „Ohne-Erbarmen" (wörtlich: „Sie erfährt kein Erbarmen") signalisiert das Ende einer Zuneigung, die im Begriff *raḥ*ᵃ*mîm* (ursprünglich wohl „Eingeweide", als Sitz des Gefühls; vgl. das Substantiv *ræḥæm* „Mutterschoß") als eine stark emotionale gekennzeichnet ist; sie wird stets von einem Stärkeren einem Schwächeren gewährt und umgreift mit Gott als Subjekt neben Annahme und Liebe als deren Auswirkung etwa Schutz und Fürsorge. Von diesem liebevoll gewährten Schutz hat Israel bisher gelebt, wobei der Schluß des Verses, wenn wir ihn zutreffend übersetzt haben, speziell auf den Schutz vor dem eigenen Zorn angesichts geschehener Schuld abhebt (vgl. 11,8f. und 14,5). Wenn Jahwe nicht mehr vergibt, ist Israel verloren (vgl. Am 7,8; 8,2 mit dem entsprechenden „ich kann nicht länger …"). Aber noch ist es wie in V. 4 nur als

---

[10] Vgl. bes. J. Scharbert, Das Verb PQD in der Theologie des AT, BZ N.F. 4, 1960, 209–26 = Um das Prinzip der Vergeltung in Religion und Recht des AT, hg. K. Koch, 1972, 278–99; W. Schottroff, THAT II 466–68 (mit weiterer Lit.); H. Utzschneider, Hosea 70f. 165f.

[11] Das Stillen der Kinder dauerte nach 2 Makk 7,27 drei Jahre; die gleiche Zahl an Jahren, die auch in Ägypten und Babylonien belegt ist (F. Nötscher, Biblische Altertumskunde, 1940, 71 Anm. 1), ist nach I. Benzinger, Hebräische Archäologie, ³1927, 123f. noch im 20. Jh. in Palästina üblich gewesen. Die formal parallele Namengebung in V. 6 und 9 deutet darauf, daß eine vergleichsweise kurze, nicht eine lange (Wolff, Rudolph) Zeitspanne im Blick ist.

Staat („Haus Israel") bedroht. Erst V. 9 hat Israel als Gottesvolk im Blick, und erst er geht zur unmittelbaren Anrede über, die jeden einzelnen einschließt, auch den Propheten selber. Dieser grausame Höhepunkt kündet nun Unheil nicht mehr nur an, sondern konstatiert schon in der Gegenwart, daß Israels Gottesverhältnis aufgelöst ist. Amos (8,2) nennt den gleichen Sachverhalt „das Ende für mein Volk Israel", denn ohne Jahwe gibt es kein „Israel". Alle folgenden Kapitel bis einschließlich Hos 13 dienen zur Begründung dieses unerbittlichen Urteils, das an die Revozierung der „Ehe" in 2,4 erinnert. Wie ungewöhnlich die Aussage in V. 9 ist, erhellt aus dem Vergleich mit der formal ähnlichen Klage der sumerischen Göttin Inanna über die Schändung ihres Heiligtums in Uruk durch Feinde:

> Da sprach ich zu meinem Haus: „Mein Haus bist du nicht (mehr)",
> da sprach ich zu meiner Stadt: „Meine Stadt bist du nicht (mehr)".[12]

Inanna muß Uruk verlassen, weil sie durch die Macht stärkerer Feinde vertrieben wird, sich nicht gegen sie wehrt und auch nicht wehren kann; Jahwe zeigt sich als Herr der Geschichte, indem er seinem schuldigen Volk das Gottesverhältnis und damit die Existenzgrundlage nimmt. „Nicht mein Volk" impliziert schon die Revozierung der Heilsgeschichte, wie sie in 8,13; 9,3; 11,5 mit den Worten „zurück nach Ägypten" ausgedrückt wird. Auffallen muß, daß die beiden Teile des Deutewortes nicht parallel formuliert sind wie in den späteren Belegen der sog. „Bundesformel" (Ich, euer Gott – ihr, mein Volk; vgl. zu den mannigfaltigen Variationen R. Smend, Die Bundesformel, 1963); man hat deswegen häufig den zweiten Teil in Analogie zu „ihr seid nicht mein Volk" verbessert: „und ich bin nicht euer Gott". Aber die Textüberlieferung ist eindeutig. Der zweite Satz ist allerdings für sich genommen doppelsinnig. Er kann als Verbalsatz mit Ankündigung verstanden werden („und ich werde nicht für euch da sein"), ist aber eher mit G und der massoretischen Akzentsetzung in Opposition zum ersten Teil ebenfalls als Nominalsatz zu interpretieren, der das „Ich bin" aus der berühmten Erzählung von der Berufung des Mose („Sag zu den Israeliten: ‚Ich bin' hat mich zu euch gesandt", Ex 3,14) widerruft (MT: „und ich bin ‚Ich-bin-nicht' für euch"; besser noch G: „und ich bin nicht euer ‚Ich bin'"; d.h. ich bin nicht der, der für euch da ist und handelt). Es entsprechen sich also in den verneinten Sätzen „Volk" und „Ich bin" bzw. mit Pronomina „mein Volk" und „Ich bin für euch". Aller Ton liegt auf den Beziehungsworten „mein" und „für euch", denn erst damit wird die Aussage sinnvoll; daß Gott „existiert", wäre für Israel eine genauso sinnlose Aussage wie daß es selber „Volk" sei. Volk ist es im biblischen Sinn als Volk Gottes, Gott ist Jahwe als „Gott Israels".

Ohne König (V. 4) kann Israel leben, ohne Gottes Schutz (V. 6) nur in permanenter Angst vor dem Untergang, ohne Gott (V. 9) gar nicht. Wäre 1,9 Hoseas letztes Wort, gäbe es kein Israel und kein Hoseabuch, weil niemand die Worte Hoseas hätte überliefern können. Freilich spricht alle Wahrscheinlichkeit dafür, daß der späte Hosea das, was noch hinter diesem unerbittlichen „nicht mein Volk" liegt

---

[12] A. Falkenstein, in: ders. und W. von Soden, Sumerische und akkadische Hymnen und Gebete, 1953, 184, Z. 37 f.; vgl. dazu auch H. H. Schmid, Fs G. Bornkamm, 1980, 13 f.

(2,16f.; 11,8f.), nicht mehr öffentlich, sondern nur im Kreis der Vertrauten gesagt hat[13].

1,5.7; 2,1–3: Heil durch das Gericht hindurch. Die drei späteren Erläuterungen zu den Kindesnamen sind nicht zu gleicher Zeit entstanden. Aber sie wollen in der Endgestalt des Textes aufeinander bezogen gedeutet werden. So ist der mit üblicher

1,5.7 Verknüpfungsformel (vgl. 2,18.23) eingeführte V. 5 von Haus aus ein Drohwort gewesen, das „Israel" (im Gegensatz zu „Haus Israel" V. 4) eine vernichtende Niederlage im traditionellen Schlachtgebiet der Ebene Jesreel (Ri 4f.; 6,33ff.; 1 Sam 29; 31; 2 Kön 23,29) ankündigte. Man hat an die Situation des syrisch-efraimitischen Krieges gedacht, in dessen Folge die Ebene an die Assyrer ein für allemal verlorenging (Wolff). Verbunden mit V. 7 gelesen, der ein sehr viel später (nachexilisch) entstandenes Heilswort an Juda enthält und bewußt als Gegensatz zu V. 6 formuliert ist, gewinnt V. 5 aber eine neue Dimension. In V. 5 werden Israels Waffen „zerbrochen", V. 7 aber nennt diese Waffen als Gegenstand des Vertrauens, und zwar in Alternative zum Vertrauen auf Jahwes Hilfe. Der exklusive Gegensatz zwischen Jahwe und militärischer Rüstung hat im Alten Testament eine lange Tradition in sehr unterschiedlichen Textbereichen, angefangen bei Weisheitssprüchen wie Spr 21,31 über jüngere typisierte Erzählungen von der Frühzeit (David und Goliath, 1 Sam 17,45–47), über weisheitlich geprägte Psalmen wie Ps 33,16–18; 147,10f. bis hin zu Worten Jesajas (30,15f.; 31,1–3) und Sacharjas (4,6). In judäischen Zusätzen zum Hoseabuch begegnet er noch mehrfach (2,20; 8,14; 14,4). Insbesondere 2,20 ist wichtig als Brücke zwischen V. 5 und V. 7, begegnet in ihm doch das Verb „zerbrechen" aus V. 5 zusammen mit der Trias „Bogen, Schwert, Kriegsgerät" aus V. 7[14]. 2,20 entwirft deutlicher als 1,5 das Bild eines umfassenden Friedens, 1,7 die Vorstellung ungeminderten Gottvertrauens: damit ist für die Ergänzer des alten Prophetenwortes das letzte Ziel Gottes mit seinem Volk anvisiert, ob durch das Gericht hindurch (V. 5) oder in Verschonung vor ihm (V. 7).

2,1–3 Das judäische Heilswort aus (nach)exilischer Zeit, das sich an das härteste göttliche Deutewort der Kindesnamen in V. 9 in einer Art Kommentar anschließt, hat nicht nur wie 1,5.7 *einen* Kindesnamen im Blick, sondern alle drei Namen, die ausnahmslos heilvolle Assoziationen erhalten. Allerdings liegt der entscheidende Ton auf der Umwandlung des letzten Kindesnamens (V. 1). Die Formulierung ist auffällig umständlich und unpersönlich („*man* hat zu ihnen gesagt: ‚Ihr seid nicht mein Volk', *man* wird jetzt zu ihnen sagen: ‚Söhne des lebendigen Gottes'"). Die Umständlichkeit hängt damit zusammen, daß nicht der Prophetensohn umbenannt wird, sondern die vom göttlichen Deutewort betroffenen Israeliten; der unpersönliche Ton steht im Zusammenhang mit einer merkwürdigen Scheu, von Gottes Handeln zu reden, die das ganze Stück prägt (man vergleiche im Kontrast die ebenfalls nachhoseanischen Heilsworte in 2,18ff.). Es schildert in V. 1f. einen Heilszustand im Entstehen, kein Heilshandeln Gottes im strengen Sinn und fordert in V. 3 Men-

---

[13] Vgl. J. Jeremias, Fs H. W. Wolff, 1981, 217ff.; 234.
[14] Vgl. zu diesen Texten R. Bach, „…, Der Bogen zerbricht, Spieße zerschlägt und Wagen mit Feuer verbrennt", Fs G. von Rad, 1971, 13–26.

schen auf, diesen zukünftigen Heilszustand schon in der Gegenwart vorwegzunehmen. Auf diesem Hintergrund ist auch der neue und singuläre Name „Söhne des 1
lebendigen Gottes" statt des zu erwartenden „mein Volk" (so die Umbenennung in
2,25) zu sehen. „Lebendiger Gott" ist von Haus aus ein Begriff des Mythos vom
Fruchtbarkeitsgott, der mit dem Wiederaufleben der Vegetation seine Lebendigkeit
erweist. Bei Hosea selbst begegnen Anspielungen auf Gottes Lebendigkeit und
Lebenserhaltung um dieses sachlichen Hintergrundes willen nur in Worten, mit
denen er sich von der Auffassung des Volkes distanziert (6,2; 13,14). Im Alten
Testament ist „Lebendigkeit" Gottes sonst ein Begriff der Psalmensprache, besonders der Klage- und Danklieder, die mit ihm (wie Hos 6,2) Hoffnung auf Wendung
der Not bzw. Dank für diese Wendung verbinden, weil der Lebendige Leben zu
schenken vermag[15]. Darauf zielt der neue Name in 2,1, wobei gleichzeitig das
erneute „Ich bin" Gottes aus 1,9 mitgedeutet werden will. Die Wendung „Söhne
(des lebendigen Gottes)", die wohl im Anschluß an das Vater-Sohn-Bild in 11,1
geprägt ist, bezeichnet die Teilhabe jedes einzelnen am neuen Heil und zugleich
einen bewußten Gegensatz zu den „Hurenkindern" von 1,2. Das Heil selber wird
bestehen 1) in einer wunderhaften Mehrung der Israeliten, die im Anschluß an
jüngste (frühestens exilische) Ausprägungen der Väterverheißung (Gen 13,16;
15,5; 16,10; 22,17; 32,13) beschrieben wird – typisch alttestamentlich werden
den alten Verheißungsworten an die Väter neue Hoffnungsinhalte für eine veränderte
Gegenwart entnommen – und auf dem Hintergrund der Erfahrung grausamen
Sterbens (Hos 9,11ff.; 14,1) zu lesen ist; 2) in der neuen Vereinigung von Judäern 2
und Israeliten (in dieser Reihenfolge), deren sinnlosen Bruderkrieg Hos 5,8ff. beschreibt, und zwar 3) unter „gemeinsamem Haupt" (vgl. Num 14,4; Ri 11,8;
1 Sam 15,17 und sachlich vor allem Ez 37,15ff.) – der Königstitel wird im Blick auf
1,4; 3,4 und Hoseas Kritik am Königtum bewußt vermieden; 3,5 wird zu gleichem
Zweck von „David" reden –; und schließlich 4) in der Rückkehr aus dem Exil.
Nichts anderes wird die Wendung „aus dem Land heraufziehen" bedeuten, die
wörtlich in Ex 1,10 begegnet, da Israel für ein Kommen aus Ägypten (z.B.
Gen 13,1; 44,24), Assyrien (z.B. Jes 36,1.10), Babylonien (z.B. Esr 2,1; Neh 7,6)
aus eigener Sicht immer „heraufziehen" sagt[16]. Der Heilszustand wird also vom
Ergebnis her (V.1) zu seinen Voraussetzungen zurückverfolgt. Mehrdeutig ist der
Abschlußsatz in V.2: „Ja, groß ist der Tag von Jesreel." Sicher ist wohl, daß Jesreel der Ort ist, von dem V.1 andeutend sprach (in Zusammenziehung der Gottesworte aus Kap.1: Wie die Aufkündigung des Bundes in Jesreel geschah, so nun
auch die Geburt des neuen Gottesverhältnisses), sicher ist auch, daß V.2b den
Gegensatz zu 1,4f. beschreiben will, unklar dagegen, welche der vielen Assoziatio-

---

[15] Vgl. das vorzügliche Kapitel „Der ,lebendige' Gott" in: W.H. Schmidt, Alttestamentlicher Glaube in seiner Geschichte, [4]1982, 164–71 (mit Lit. und Belegen). Paulus gebraucht
den Namen im Zitat unserer Stelle für die zum Glauben gekommenen Heiden (Röm 9,26).

[16] Sprachlich gekünstelte Deutungen wie die auf eine Wallfahrt [(Frey): wohin?], auf eine
„Bemächtigung des Landes" (Wolff), ein „Wachsen aus dem Boden" (Rudolph), ein „Auf-
steigen aus der Unterwelt" (Holladay, VT 19, 1969, 123f.) haben zuletzt K. Rupprecht,
ZAW 82, 1970, 442–47 und W.H. Schmidt, Exodus, BK II/1, 1974, 3f. mit Recht ange-
zweifelt. Zudem nimmt V.2 die fast wörtlich gleiche Wendung in V.17 Ende auf.

nen des Namens „Jesreel" (vgl. zu 1,4) im Vordergrund steht: ob die Etymologie „Gott sät" (Menschen ins Land ein), die gut an die Ansage der Rückkehr aus dem Exil und an die Mehrungsverheißung von V. 1 anschließt, oder das neue „Haupt" für das wiedererrichtete Großreich im Gegensatz zu dem gescheiterten und verworfenen Königtum oder die siegreiche Befreiungsschlacht gegen die Feinde im Gegensatz

3 zur Niederlage in 1,5. Wie dem auch sei, das abschließende Mahnwort fordert die Leser auf, die große Zukunft von V. 2f. schon jetzt vorwegzunehmen in der Umkehrung der Unheilsnamen, weil die Begnadigung vor der Tür steht. Mit den „Brüdern" und „Schwestern" sind in exilisch-frühnachexilischer Zeit am ehesten die ehemaligen Bewohner des Nordreichs gemeint, mit denen man sich zu vereinigen hofft. Etwa ein Jahrhundert, nachdem 2,1–3 geschrieben wurde, brachen bei der Neukonstituierung der nachexilischen Gemeinde unter Nehemia neue Rivalitäten auf, die später zur endgültigen Abspaltung der Samaritaner führen sollten. Der Ruf zur Aussöhnung aber blieb als wesentliche Folgerung aus dem neuen Gottesverhältnis. Und mit ihm blieb der Text der erfahrbaren Wirklichkeit voraus.

2,4–25: Ehebruchsprozeß und neue Ehe

4 Verklagt eure Mutter, macht ihr den Prozeß,
denn sie ist nicht meine Frau,
und ich bin nicht ihr Mann!
Sie entferne ihre Hurenzeichen aus ihrem Gesicht,
ihre Ehebruchsmale zwischen ihren Brüsten!

5 Sonst ziehe ich sie nackt aus,
setze sie aus wie am Tag ihrer Geburt,
mache sie der Wüste gleich,
richte sie zu wie dürres Land,
lasse sie vor Durst umkommen.

6 *Aber auch ihrer Kinder kann ich mich nicht erbarmen,*
denn Kinder der Unzucht sind sie.

7 Ja, ihre Mutter trieb Unzucht,
schändlich trieb es, die sie gebar;
sprach sie doch:
„Ich will meinen Liebhabern nachlaufen,
die mir mein Brot und mein Wasser geben,
meine Wolle und meinen Flachs,
mein Öl und meine Getränke."

8 Darum versperre ich ihr jetzt ‚ihren'[1] Weg mit Dornen
und maure ihr einen Steinwall,
daß sie ihre Pfade nicht mehr findet.

9 Drängt sie dann ihren Liebhabern nach,
kann sie sie nicht erreichen,

---

[1] L. Suff. 3.fem.sg. mit G, S.

sucht sie, ohne (sie) zu finden.
Dann wird sie sagen:
„Ich will wieder zurück zu meinem ersten Mann,
denn damals ging es mir besser als jetzt!"

10 Aber sie weiß nicht,
daß ich es war, der ihr gab
Korn, Most und Olivensaft.
Das viele Silber, das ich ihr schenkte,
und das Gold – für Baal haben sie es verwandt!

11 Darum nehme ich wieder zurück
mein Korn zu seiner Zeit,
meinen Most zu seiner Frist,
entziehe meine Wolle, meinen Flachs,
womit sie ihre Blöße deckte [2].

12 Mehr noch, ich decke ihre Scham auf
vor den Augen ihrer Liebhaber,
und niemand kann sie meiner Hand entreißen.

13 Ich mache ein Ende all ihrer Freude:
ihrem Fest, Neumond und Sabbat,
all ihren Feiertagen.

14 Ich verwüste ihren Weinstock und Feigenbaum,
von denen sie sagte: „Die sind mein Dirnenlohn,
den mir meine Liebhaber gaben."
Ich wandle sie zum Gestrüpp,
daß wilde Tiere sie fressen.

15 So ahnde ich an ihr die Tage der Baale,
an denen sie ihnen Rauchopfer darbrachte,
sich Ring und Schmuck anlegte
und ihren Liebhabern nachlief –
mich aber vergaß, spricht Jahwe.

16 Darum will ich selbst sie nun verlocken,
sie in die Wüste führen und ihr zu Herzen reden.

17 Dann schenke ich ihr von dorther ihre Weinberge
und mache das Achor-Tal zur Pforte der Hoffnung.
Willig wird sie dorthin folgen wie in ihren Jugendtagen,
wie damals, als sie aus Ägyptenland heraufzog.

18 *An jenem Tag geschieht's, spricht Jahwe,*
da rufst du: „Mein Mann!"
und rufst mich nicht mehr: „Mein Baal!"

19 *Ich reiße die Namen der Baale aus ihrem Munde,*
daß man sie nicht mehr bei Namen nennt.

20 *Ich schließe an jenem Tag einen Vertrag zu ihren Gunsten*
mit den wilden Tieren, den Vögeln am Himmel und dem Gewürm
                                                    am Boden.

---

[2] 4QpHos^b liest (wie G) ein *min* vor dem Inf.: „... so daß sie ihre Blöße nicht mehr
decken kann".

*Bogen, Schwert und Kriegsgerät vertilge ich aus dem Land
und lasse sie so in Sicherheit ruhen.*

21 *Ich gewinne dich mir zur Frau für alle Zeiten:
Ich gewinne dich mir zur Frau um Heil und Recht,
um Hingabe und Erbarmen.*
22 *Ich gewinne dich mir zur Frau um Treue;
so wirst du Jahwe erkennen.*

23 *An jenem Tag geschieht's, spricht Jahwe, da erhöre ich:
Ich erhöre den Himmel,
er erhört die Erde,*
24 *die Erde erhört Korn, Most und Olivensaft,
und sie erhören Jesreel.*
25 *Da säe ich sie mir ein ins Land,
erbarme mich der „Ohne-Erbarmen"
und spreche zu „Nicht-mein-Volk": „Mein Volk bist du!"
und er wird sagen: „Mein Gott!"*

Lit.: H. Krszyna, Literarische Struktur von Os 2,4–17, BZ N. F. 13, 1969, 41–59; B. Renaud, Genèse et unité rédactionelle de Os 2, RevSR 54, 1980, 1–20.

V. 4–25 bilden deutlich eine thematische Einheit, die durchgehend in der Gottesrede gestaltet ist. Jedoch sind nur die Verse 4–17 auch formal engstens miteinander
18–25 verbunden, während sich ab V. 18 mehrere locker verknüpfte Einzelsprüche anfügen mit einer Überleitungsformel, die sonst im Hoseabuch (außer im Nachtrag 1,5) fehlt: „(Geschehen wird's) an jenem Tag" (V. 18.20.23). Auch die Gottesspruchformel, andernorts im Hoseabuch nur zweimal zu finden (2,15 und 11,11), begegnet gleich doppelt (V. 18.23). Die Objekt-Suffixe wechseln ständig, von der 3. Pers. fem. sg. (V. 19) zur 3. Pers. mask. pl. (V. 20) zur 2. Pers. fem. sg. (V. 21 f.; vgl. V. 18) und wieder zurück zur 3. Pers. fem. sg. (V. 25). V. 18–25 sind nachträglich an V. 4–17 angefügt worden, unter Aufnahme kurzer Einzelworte, die je für sich aus verschiedenen Zeiten stammen, ausnahmslos aber nachhoseanisch sind.

4–17 Aber auch V. 4–17 stellen keine Einheit mündlicher Verkündigung dar, obwohl die Verse den Eindruck literarischer Geschlossenheit machen. In V. 4 f. werden Söhne in der Anrede zu einer ultimativen Vermahnung ihrer Mutter aufgerufen, um schlimmste Folgen einer Gerichtsverhandlung zu vermeiden. Ab V. 6 ist von den Söhnen plötzlich in 3. Pers. die Rede, aber auch das nur bis zum Anfang von V. 7, dann nur noch von der Frau. Der Prozeß findet jetzt offensichtlich statt, bei dem vor dem (fiktiven) Gerichtshof geredet wird und Jahwe gleichzeitig Ankläger und Richter ist. Dreimal folgen jetzt mit „darum" (*lākēn*) eingeleitete Ankündigungen des göttlichen Richters (V. 8.11.16). Schon ihre Dreizahl ist ungewöhnlich, mehr noch, daß sie teilweise die Anklageworte gegen die Frau (V. 7.10) unterbrechen, und vor allem, daß sie ganz unterschiedliche Urteile fällen: Neben eine pädagogische Strafmaßnahme, die zur Einsicht der Frau führt (V. 8 f.), tritt eine zweite, die nur Bestrafung enthält (V. 11–15), und zuletzt die dritte, die ausschließlich heilvollen Inhalt hat (V. 16 f.) Liest man den Text von hinten her, so ergibt sich zunächst, daß die dritte und letzte „Darum"-Ankündigung in V. 16 f. nicht die Folgerung aus der Anklage V. 7.10 zieht, sondern die Folgerung aus der Strafansage in V. 11–15, die mit der Gottesspruchformel einen eindeutigen Abschluß findet: Ist es durch die Verödung des Landes der Frau in Zukunft unmöglich, sich an die Baale zu halten (V. 11–15), kann ein neues Liebeswerben Gottes um die bislang so uneinsichtige Frau erfolgen (V. 16 f.). Die Verse 16 f., die mit dem heilsgeschichtlichen Thema auch inhaltlich eine neue Deutekategorie in das Kapitel einführen, sind entweder einmal ein Einzelwort gewesen, oder sie sind – mir wahrscheinlicher – eine später (vom Propheten; s. u.) zugefügte Deutung zu den Versen 11–15. Letztere bilden die mittlere „Darum"-Ankündigung; sie sind klar gegliedert, einheitlich und unlöslich auf die Anklage in V. 7.10 bezogen. Die größten Schwierigkeiten bereitet das erste „Darum"-Wort in V. 8 f., da es diese Ansage ist, die die beiden inhaltlich zusammengehörigen Anklageworte in V. 7 und 10 unterbricht. Man hat sie daher oft hinter V. 15 umgestellt (etwa Sellin, Weiser, zuletzt Rudolph), aber diesem Vorschlag ist nicht nur deshalb mit Skepsis zu begegnen, weil solche Umstellungen stets allenfalls ultima ratio sein können, auch nicht nur, weil die Verse 16 f. sich nicht an V. 8 f. anschließen lassen[3], sondern auch, weil die Willensäußerung der Frau in V. 9 einen betonten Kontrast zu ihrer Absichtserklärung in V. 7 darstellt; beide Reden sind bewußt antithetisch formuliert. V. 8 f. haben zudem im weiteren Kontext wichtige Funktion: Als Heilswort rahmen die Verse zusammen mit dem zweiten Heilswort V. 16 f. alle Strafansagen Gottes in V. 11–15 und zeigen von Anbeginn das Ziel der Wege Gottes mit Israel bei seinem Gerichtshandeln auf. Aus den genannten Beobachtungen ergibt sich, daß V. 4 f. und V. 7.10–15 vermutlich zwei ursprünglich eigenständige Worte mündlicher Verkündigung bildeten, die bei der Niederschrift durch die Heilsworte V. 8 f. (wohl auch von Haus aus ein selbständiges Wort, das jetzt allerdings ganz auf seinen Kontext hin gestaltet ist) und V. 16 f. einen interpretierenden Rahmen erhielten. Das ganze komplizierte Gebilde ist jetzt aber in einer Weise zu einer engen literarischen Einheit verbunden, wie sie im Hoseabuch analogielos ist und wohl nur (wie nachweislich Kap. 3) auf den Propheten selber zurückgeführt werden kann[4].

Aus der Fülle der literarischen Stilmittel, wie sie etwa Krszyna (und vor ihm schon Cassuto) aufgewiesen hat, seien nur einige exemplarisch genannt. 1) Die Perikope ist geprägt von den Leitverben „gehen" und „geben". Beide kommen in V. 16 f. zu ihrem Höhepunkt. Zweimal wird dargestellt, wie die Frau „hinter ihren Liebhabern hergeht" (V. 7.15), bevor Jahwe sie „in die Wüste gehen läßt", d. h. dorthin führt (V. 16); dreimal wird davon gesprochen,

---

[3] Israels „Rückkehr" (V. 9) wäre wie nie sonst im Hoseabuch als etwas nur Vorläufiges hingestellt, als bloße Bereitschaftserklärung, die erst Gottes „betörendes" Handeln herausfordern würde; vgl. zur Widerlegung des Umstellungsversuchs in jüngster Zeit E. Galbiati, La struttura sintetica di Osea 2, Fs G. Rinaldi, 1967, 317–28; H. Krszyna, a. a. O., bes. 53 f.; U. Cassuto, The Second Chapter of Hosea [1927], in: ders., Biblical and Oriental Studies I, 1973, 101–140; D. J. A. Clines, Hosea 2: Structure and Interpretation, in: Studia Biblica I, JSOT Suppl. Ser. 11, 1979, 83–103; B. Renaud, a. a. O., bes. 10 f.
[4] So Wolff z. St. und auf seinen Beobachtungen aufbauend J. Jeremias, Fs H. W. Wolff, 1981, 223; vgl. auch B. Renaud, a. a. O. 12 f. Allerdings sind beide Kapitel in ihrer Aussage recht verschieden, so daß ihre Verbindung eher auf den Sammler von Kap. 1–3 zurückgeht als auf Hoseas selber.

wie die Frau vergessen hat, daß Jahwe die Gaben des Landes „gibt" (V. 10), und statt dessen meint, die „Liebhaber" wären die „Geber" (V. 7.14), bevor Jahwe ihr nach neuem Wüstenaufenthalt das Land wieder „gibt" (V. 17). 2) Mit zwei Wendungen bzw. Bildern sind die Verse 16f. zudem mit dem Beginn der Perikope verbunden (sog. Inklusion). Die „Wüste" ist in V. 5 Bild lebensfeindlicher Öde, in V. 16 Bild ungetrübter Gottesbegegnung; der „Tag der Geburt" ist in V. 5 Chiffre für Hilflosigkeit, die „Jugendtage" von V. 17 sind Zeiten glücklicher Vertrautheit (vgl. zum Kontrast die „Tage der Baale" V. 15). 3) Aber auch künstlerische Stilformen finden sich wie der Chiasmus in V. 7–11. Werden dort eingangs (V. 7.10) zunächst u. a. Wolle und Flachs, dann Korn und Most „gegeben", so werden in V. 11 beim „Nehmen" erst Korn und Most, dann Wolle und Flachs genannt. Im übrigen sei auf die über 50 Wortwiederholungen innerhalb von Hos 1–3 verwiesen, die F. I. Andersen–D. N. Freedman in ihrem Kommentar (S. 133–137) notieren; ein Großteil von ihnen findet sich speziell in Kap. 2.

Als mündliche Verkündigung gehörten die Worte V. 4 f. und V. 7.10–15 (auch V. 8 f. für sich genommen) je in die Frühzeit Hoseas, wie die Parallelen in Kap. 4–5,7 und das Fehlen der politischen Thematik zeigen. Sie setzen friedliche, reiche Jahre voraus, in denen man das eigene Glück ungehindert in Gottesdiensten feiert (V. 11 ff.). Als schriftliche Komposition, also mit den Rahmenversen 8 f. und 16 f., wird V. 4–17 eher in die beginnende Spätzeit Hoseas anzusetzen sein, wie die Sachparallelen zu 2,16 f. in 9,10; 11,1.11; 12,10.14; 13,4 f. nahelegen. Als Zielgruppe eines solchen aktualisierenden Rückblicks auf die Frühzeitverkündigung kommt wie für Kap. 11 zuerst der Schülerkreis in Frage; man vergleiche den Schluß der sog. „Denkschrift" Jesajas in Jes 8,16–18. Im öffentlichen Auftreten Hoseas sind so hoffnungsvolle Ansagen wie 2,8 f. und 2,16 f. nicht nachweisbar.

4   **2,4–15: Jahwes treulose Frau.** Leidenschaftlich und affektgeladen beginnt die Perikope mit einem Aufruf eines Vaters an Kinder, die eigene Mutter unter gerichtliche Anklage zu stellen, weil sie durch ihr ehebrecherisches Verhalten die Ehegemeinschaft aufgelöst hat. Jedoch zeigt die Fortsetzung, daß nicht die öffentliche Verurteilung der Mutter das Ziel des Aufrufs ist, sondern eine von den Söhnen erhoffte ultimative Vermahnung der Frau, durch die die drohende Strafe des Gatten gerade vermieden werden soll. Die Imperative „verklagt", „macht den Prozeß" (im Hebräischen identisch *rîbû*, das erste Mal mit der Präposition *b^e*, von Haus aus Fachwort für die Durchführung eines Prozeßverfahrens [*rib*; vgl. 4,1]) sind also im uneigentlichen Sinn gebraucht und meinen kein Reden vor Gericht, sondern ein Zur-Verantwortung-Ziehen der Schuldigen, das diese in letzter Stunde zur Einsicht führt und ein Gerichtsverfahren erspart. Die Sprache der Prozeßeröffnung wird gewählt, um die Anklage einzuführen, derentwegen das Urteil eines Prozesses von vornherein feststünde: Die Frau hat die Ehe gebrochen, müßte der Strafe der Ehebrecherin entgegensehen, der Mann wäre frei von allen Ehepflichten zur Versorgung der Frau. Der Ton fällt auf die vollzogene Auflösung der Ehe durch das Verhalten der Frau. Nur wenn sie sich besönne, könnte die Ehe erhalten bleiben. Dazu müßte sie sich aber ganz von ihrem bisherigen Treiben lossagen; die Beseitigung der Hurenzeichen am Körper meint nicht nur die Entfernung von gewissen Erinnerungsmalen, sondern das Ablegen der Hurerei überhaupt.

Der Text schillert vielfältig. Schon in das Ehegleichnis selber gehen Erfahrungen Hoseas aus der Ehe mit Gomer ein (1,3; 3,1 ff.), Erfahrungen aus dem Sexualkult auf Israels Höhen (2, 13 ff.; 4, 13 f.) und zugleich Erfahrungen aus der geschichtlichen Bindung Gottes an Israel. Die Formel „denn sie ist nicht meine Frau, und ich bin nicht ihr Mann" ist nicht als juristisch geprägte, reziproke Scheidungsformel zu deuten (Wolff) und als solche nicht belegt, sondern Negation der geläufigen und wesenhaft reziproken Heiratsformel: „Sie ist meine Frau, und ich bin ihr Mann"[5]. Die Sachebene durchdringt sogleich die Bildebene: Das Gottesvolk hat aufgehört, Gottes Volk zu sein (vgl. die reziproke Formulierung in 1, 9), hat Gott in seinem Verhalten verworfen. Mit den „Hurenzeichen" und „Ehebruchsmalen" ist vermutlich auf sichtbare Merkmale des baalistischen Höhenkults angespielt, am ehesten auf Amulette, die, am Hals (V. 4b) oder auch als Schmuck an der Stirn getragen (vgl. V. 15), die Wirkung des Kultfestes für den Alltag sichern sollten, in der Abwehr alles Bösen. Mit deren Ablegung wäre das hurerische Israel ungeschützt und neu auf die Fürsorge des Gatten angewiesen. Der Ehebruch der Frau besteht in der Art ihres Gottesdienstes.

Kühn ist vor allem die Unterscheidung Ehebrecherin–Kinder. Man darf hier – schon im Blick auf V. 5 und V. 7 – gewiß nicht an eine Scheidung Volksganzes/einsichtige Glieder, Volksführung/klarsichtige Jugend o. ä. denken (gegen Rudolph). Vielmehr ist Israel gegen Israel aufgerufen, jeder einzelne gegen die Gesamtheit, deren Taten und Geschick die seinen sind. Das Kollektivdenken beherrscht das Kapitel von Anfang bis Ende; Rettung ist nur denkbar, wenn die Mutter das „Huren" läßt. Wohl aber weist die Unterscheidung Frau/Kinder auf eine Dimension des Textes, die auch in V. 5 dargelegt wird und zuvor schon in 1, 2 zur Sprache kam. Angeklagt ist in V. 4ff. teilweise das Volk, teilweise aber auch das Land, das nach kanaanäischer Mythologie von Baal den Samen des Regens empfängt. Gewiß läßt sich die Differenzierung Land/Volk nicht restlos in das Bild Mutter/Kind aus V. 4 überführen – das „Entfernen der Hurenzeichen" könnte notfalls als Beseitigen der baalistischen Höhenkulte gedeutet werden, nicht aber wäre die Aussage „meine Frau" übertragbar –, aber sie hat zur Bildung des Bildes mit beigetragen und steht im Hintergrund, wenn V. 4 die totale Distanzierung der „Kinder" von der „Mutter" erhofft.

Lockt V. 4 zur Einsicht, so droht V. 5 Strafe für die Beibehaltung des gegenwärtigen Verhaltens an. Wieder schillert der Text; die Frau ist hurerische Ehefrau, geschichtliches Israel und das Land Israel zugleich. Als Frau, die die Ehe löst, erfährt sie die Verstoßung durch den Ehegatten: Vertreibung ohne Lebensunterhalt und Kleidung, die sie zuvor von ihrem Mann erhielt und zu der dieser als Ehegatte

---

[5] So etwa im Elephantine-Papyrus Cowley (Aramaic Papyri of the Fifth Century, 1923) Nr. 15, Z. 4; weitere Belege bei Kuhl, ZAW 52, 1934, 102 ff. Die Formel ist noch heute bei Beduinen in Palästina geläufig. Vgl. im AT die wiederum wesenhaft reziproken Adoptionsformeln: „Ich will sein Vater sein, und er soll mir Sohn sein" (2 Sam 7, 14); „ich bin Israels Vater geworden, und Efraim ist mein Erstgeborener" (Jer 31, 9) und dazu R. Smend, Die Bundesformel, 1963, 26 f. Dagegen ist die übliche Ehescheidungsformel in Mesopotamien a) eingliedrig, b) in der Anrede gehalten: „Du bist nicht meine Frau" (Kuhl, a. a. O.; vgl. den Scheidebrief aus den Höhlen von Murabbaʿat am Toten Meer und dazu Rudolph z. St.). Über diese Unterschiede geht die neueste Arbeit zum Thema Ehescheidung (M. J. Geller, JSJ 8, 1977, 139–48) aufgrund einer einzigen (erklärbaren) Ausnahme in den Elephantine-Papyri, die in 3. Pers. von der Frau redet (ebd. 140), zu schnell hinweg.

verpflichtet war[6]. Als Israel erfährt sie die Tilgung aller Heilsgeschichte mit Gott, die „am Tag ihrer Geburt" einsetzte (vgl. V. 17 sowie 11, 1 ff.); zurückversetzt in die Wüste (vgl. 12, 10), bevor Gott sie „fand" (9, 10), geht sie unversorgt elend am Wassermangel zugrunde. Als Land wird ihr aller Segen entzogen und sie zur Wüste verwandelt. Die Gedankenebenen greifen nahtlos ineinander, keine ist voll durchgeführt (die rechtliche Strafe von Ehebrecherinnen etwa war Verbrennung oder Steinigung), keine ist isoliert ohne die andere verständlich; je für sich werden sie in V. 11–15 (und 16 f.) ausgeführt. Zusammengehalten sind sie im Gedanken hilflosen Zugrundegehens, wenn der „Gatte" die Fürsorge einstellt. In der Ausdeutung der Frau als Land wird die erwähnte kanaanäische Mythologie polemisch aufgegriffen: Nicht Baals Regen-Sperma bestimmt das Gedeihen des Landes, sondern der geschichtliche Wille des Gottes Israels; unter hurerischem Gottesdienst, in dem dieses Grunddatum verkannt wird, verkommt das Land und wird zur Wüste.

6 f.   V. 7 schloß vermutlich ursprünglich unmittelbar an V. 4 f. an, indem er – mit erneutem *kî* „ja, denn" das *kî* von V. 4 aufnehmend – näher darlegte, worin der Ehebruch der Frau bestand. Faktisch wird damit der Vermittlungsvorschlag von V. 4 f. als gescheitert vorausgesetzt; der eigentliche Prozeß beginnt (vgl. die bedingte Drohung in V. 5 a mit der Strafankündigung in V. 11). Die Söhne sind auch darum nicht mehr angeredet, weil V. 4 b–5 im Ineinander von Bild- und Sachebene längst die Identifikation von Mutter und Kindern (die Frau als Volk) bei gleichzeitiger Unterschiedenheit (die Frau als Land) vollzogen hat, in V. 7 aber nun die Mutter ganz als das geschichtliche Israel, also identisch mit den Söhnen, erscheint. In V. 6 verdeutlichen spätere Judäer dies im typischen Nachtragsstil (vgl. 1, 7), indem auch den Kindern das Erbarmen Gottes entzogen wird (in Anlehnung an 1, 6), weil sie als „Kinder der Unzucht" (Anlehnung an 5, 7; vgl. 1, 2) nicht nur von einer Dirne abstammen, sondern selber der Unzucht schuldig sind. Das Paradox des affektgeladenen Aufrufs in V. 4 wird damit frühzeitig ad absurdum geführt. Bei Hosea selbst blieb es erhalten, indem die angedrohte Schändung der hurerischen Frau (V. 5) nahtlos mit ihrem unzüchtig-schandbaren Verhalten (V. 7) konfrontiert wurde: Alles, was ihr Leben ausmacht – Speise und Kleidung (Wolle für die Kälte, Flachs für die Hitze) im Alltag sowie Luxusgüter (Salböl zur Verschönerung und Kräftigung sowie Rauschtrank, vgl. 4, 11) für die Feste, je in einem Wortpaar beschrieben[7] –, dankt sie nicht dem Gatten, der sie gab, sondern außerehelichen Liebhabern, an die sie sich deshalb halten will. Mit dem Zitat, das der Frau in den Mund gelegt ist, wird auf der Sachebene das begierig gesuchte Festtreiben auf den Höhen Israels (V. 13–15) als Gottesdienst entlarvt, der nicht Jahwe, den man bei Namen nennt (vgl. 5, 6; 7, 14; 8, 2; auch 2, 18), sondern faktisch den Baalen gilt (vgl. V. 15 und vor allem 4, 11 ff.). „Nachlaufen" bezeichnet dabei – das Bild der Dirne übersteigernd –

---

[6] Auch in den von Kuhl, a. a. O., und Gordon, ZAW 54, 1936, 277 ff., beigebrachten akkadischen Parallelen wird die Frau, die die Ehe auflöst, nackt vertrieben. Der zumeist verwendete Terminus *eriššu* bedeutet zugleich „mittellos".

[7] Nahrung, Kleidung und Öl gelten dem Alten Orient durchgehend als unverzichtbare Lebensbedürfnisse, auf die jede Frau Anspruch hat (L. Dürr, Altorientalisches Recht bei den Propheten Amos und Hosea, BZ 23, 1935/36, 150 ff.; 154 ff.; E. Kutsch, Salbung als Rechtsakt, 1963, 1 f.); vgl. die ähnliche Trias in V. 10 (11.14).

den Eifer, mit dem sich die Frau an die „Liebhaber" (d.h. die Kultfeiern) hält, denn sie kann sich auf diese Weise die genannten Gaben regelrecht verdienen (darauf zielt der Begriff „Dirnenlohn" V. 14; vgl. weiter 8,11; 10,1f. zu Hoseas Verurteilung der Vermehrung von Kultstätten und Gottesdiensten).

Daß bei solcher Abirrung nicht schon Israels Einsicht (V. 4), sondern erst Gottes **8f.** Tat die Frau zur Besinnung führen kann, verdeutlichen V. 8f. Sie setzen mit einem „darum" ein, das nach einem Schuldaufweis die folgende Strafankündigung einleitet (vgl. V.11), hier aber überraschenderweise eine erzieherische Strafe zum Heil. Dabei werden im Bild all jene Ankündigungen vorweggenommen, die ausführlich erst in V. 11–15 dargelegt werden: Verwüstung des Landes und Entzug aller Erntegaben. Wieder liegen Bild- und Sachebene unlösbar ineinander; dabei beherrscht das Wortpaar „suchen" – „finden" den Gedankengang (vgl. 5,6). Die Frau wird ihren üblichen Weg zu den Kulthöhen nicht mehr gehen können, weil im verwüsteten Land nur noch Dornen wachsen und die Grenzmauern der früheren Weinberge zusammengefallen sind und jegliche Orientierung verhindern. Sie wird ihre „Liebhaber" weiter „suchen" – also auf der Sachebene: den fehlgeleiteten Gottesdienst auf den Höhen –, wird sie aber nicht mehr „finden"[8]. Die Stichworte „suchen" und „finden" lösten für die damaligen Hörer verschiedene Assoziationen aus; sie erinnerten an Liebes- und Hochzeitslieder (Hld 3,1ff.), stärker aber noch an kanaanäische Festsprache: Klageriten begleiteten dort das vergebliche „Suchen" des in der Trockenzeit abwesenden Wetter- und Fruchtbarkeitsgottes (UT 49:IV:44 *bqt*, das *bqš* in Hos 2,9 entspricht), Festjubel sein neues „Aufleben" in der beginnenden Regenzeit. Entspricht nun im verwüsteten Land allem noch so leidenschaftlichen „Suchen" nach Pflanzenwachstum als Zeichen göttlicher Zuwendung (vgl. ohne Bildsprache: 7,14) endgültig kein „Finden" mehr, hört also alle Wohlstandsfeier Israels in einem baalisierten Gottesdienst notwendig auf, weil es nichts mehr zu feiern gibt, wird die Frau sich besinnen und einen Entschluß fassen, der V. 7 genau entgegengesetzt ist: Rückkehr zum „ersten Mann" in Erinnerung an seine Fürsorge in der Ehe (gemeint ist die Zeit vor der Landgabe; vgl. 9,10; 13,4–6). Wieder schillert die Sprache: Die Rede vom „ersten Mann" setzt eigentlich Scheidung voraus, die Rede von den „Liebhabern" dagegen Ehebruch (ähnlich 3,1). Worauf der Ton bei dieser Wortwahl liegt, verdeutlicht später im Anschluß an Hosea Jeremia (Jer 3,1ff.): Was unter Menschen unmöglich ist – Rückkehr zum ersten Gatten nach der Scheidung (vgl. Dtn 24,1ff.) –, ist bei Gott möglich. Die Termini des Bildes dürfen nicht überstrapaziert werden; es geht nur um eines: Gott erreicht durch sein Strafhandeln, wozu das Gottesvolk selber unfähig ist. Es bedarf äußerster Not, damit Israel einsichtig genug wird zu begreifen, wo Grund, Ursache und Sinn seines Lebens liegen[9].

---

[8] Dieses Verschwinden der „Liebhaber" wird im hebräischen Text mit einer syntaktischen Feinheit auf der Ebene der Wortfügung zum Ausdruck gebracht; das Objekt in V. 9 wird immer kürzer: „ihre Liebhaber", „sie (Langform: *'otām*)", „sie (Kurzform: Suffix)", Verb ohne Suffix („finden"); vgl. van Gelderen z. St. – Das Verb *rādaph* „nachjagen" impliziert bei Hosea schon die Vergeblichkeit eines geschäftigen Tuns; vgl. 6,3 und bes. 12,2.

[9] Wenn nach V. 8f. im gegenwärtigen Kontext V. 10 folgt, so könnte dies besagen, daß die Erfahrung Hoseas mit Israels unzureichender Absichtserklärung zur Rückkehr zu Jahwe im

10   V. 10 – in der mündlichen Ausrichtung des Wortes direkte Fortsetzung von V. 7 (s. o.) – kehrt zur Gegenwart zurück und damit zur Schuld der Frau. Ihr Abirren zu den Liebhabern, d. h. die Verfehlung Jahwes in gottwidrigen Formen des Gottesdienstes, ist nur möglich, weil der Dirne Israel das Wissen abhanden gekommen ist, wem sie ihre Existenz verdankt. Das die Einheit abschließende „mich aber vergaß sie" kommt in den Blick. Mit dem Verb „Wissen" fällt ein erstes Mal eines der zentralen Stichworte der Theologie Hoseas, das insbesondere in Kap. 4 eine tragende Rolle spielt. Objekte solchen Wissens sind, wie besonders H. W. Wolff gezeigt hat, bei Hosea wesenhaft die Geschichte Gottes mit Israel und der Wille Gottes (vgl. zu 4,1). 4,4ff. verdeutlichen, daß es Aufgabe der Priester in ihrer Lehre wäre, dieses Wissen wachzuhalten, das ein Leben in Dankbarkeit ermöglicht, mit dem zugleich aber intime Gottesgemeinschaft (2,21f.) steht und fällt. In V. 10 betrifft das Wissen ähnlich wie in V. 7 den Umgang mit den Grundlagen des Lebensnotwendigen und des Angenehmen, die jetzt aber speziell als die Erträge des Bodens erscheinen: „Korn, Most (im Sinne des ‚Heurigen') und Olivensaft" gelten im Alten Testament als die Landesgaben schlechthin. Hosea beschränkt sich zumeist wie in V. 11 auf die ersten beiden Glieder (7,14; 9,1f.; anders 2,24), die Dreier-Reihe ist aber schon vorisraelitisch in Ugarit belegt (in der Gestalt: „Brot [*lḥm*], Wein [*jn*], Öl [*šmn*]" UT 126:III:14–16, also im Blick auf die Fertigprodukte) und wird im Gefolge Hoseas im Deuteronomium geradezu formelhaft gebraucht (Dtn 7,13; 11,14; 12,17 u. ö.) [10]. Diesen Gaben galten die drei großen Jahresfeste (V. 13), verbunden mit heilsgeschichtlichen Rückblicken („ich gab"). Wo letztere ausbleiben und damit das Wissen um den Ursprung der Gaben verlorengegangen ist, werden diese Gaben zu „Dirnenlohn" (V. 14), zu Produkten, die man in einem urtümlich magischen Verständnis unmittelbar einem mechanisierten Gottesdienst zuschreibt, der mit Klagefeiern durch Dürrezeiten hindurchträgt (7,14) und in Freudenfesten der Ernte gipfelt (9,1f.); Hosea wird später diese Verwechslung Jahwes mit einem Fruchtbarkeitsgott wie Baal noch abgründiger die Vergötzung des Wohlstands nennen (10,1f.; 13,6).

11f.   Wo Israel das elementarste Wissen abhanden gekommen ist, von wem es lebt und warum es ihm so gut geht, entzieht der Geber die Gaben wieder (zweites „darum", jetzt für eine reine Stafankündigung); denn sie sind „sein Korn", „sein Most", die nun zur festgesetzten Zeit, d. h. zur üblichen Ernte- und Festzeit, an Halmen und Reben ausbleiben. V. 11b lenkt zusammen mit V. 12 von der Sachebene wieder zur Bildebene zurück, im Anschluß an die Drohung in V. 5. Wie V. 5 betont V. 11

---

syrisch-efraimitischen Krieg schon hinter ihm liegt; vgl. 6,1–3 mit den identischen Verben „zurückkehren" und „nachjagen" sowie „suchen" im Vers zuvor (5,15). Jedenfalls wird nach Hos 2 die volle Gottesgemeinschaft Israels erst durch das neue Gotteshandeln in V. 16f. erreicht.

[10] Zur Verknüpfung mit der späteren Polemik Hoseas gegen das Stierbild in Bet-El und in Anlehnung an sie (vgl. 8,4; 13,2) fügen Schüler „Gold und Silber" hinzu; der Zusatz wird schon daran deutlich, daß a) V. 10b keine Entsprechung in V. 11 hat, b) V. 10b den Plural gebraucht und somit das Gleichnis verläßt, c) Hosea in Kap. 2 den Plural „Baale" gebraucht, nicht den Singular (V. 15; vgl. V. 19), d) Hosea selber die Themen „Stierbild" und „Baal" nie so in eins setzt, auch nicht in 13,2, wo sie direkt nebeneinander stehen.

im Bild der Nacktheit die Hilflosigkeit der unversorgten Frau; V.12, mit „nun aber" = „nicht genug damit, sondern ..." (vgl. 13,2) neu einsetzend, steigert das Bild zur öffentlichen Schändung der Frau als Ehebrecherin (vgl. Ez 16,37ff.; Nah 3,5). Zugleich werden dabei die „Liebhaber" (V.7) der Frau als machtlos entlarvt; wie sie sich in der Not als unerreichbar erwiesen (V.9), weil sie nur im Wohlstand existieren, so müssen sie jetzt Zeugen der Bestrafung werden, ohne sie verhindern zu können.

V.13 kehrt zur Sachebene zurück: Mit dem Entzug der Landesgaben, dem im 13 Bild die Entblößung der Frau entspricht, hat das vielfältige ausgelassene Feiern Israels ein Ende. Durch die ständig wiederholten Suffixe der 3.Pers. fem. wird verdeutlicht, daß der wahre Gott mit diesen Gottesdiensten, dem Hauptanlaß seiner eigenen Verwerfung durch Israel, nichts zu schaffen hat. Überraschenderweise werden nicht nur die drei großen Ernte- und Jahresfeste (ḥag) genannt (vgl. Ex 23,14–17; 34,18–23), sondern auch kleinere Feste, unter denen Neumond und Sabbat (zusammen auch Am 8,5; Jes 1,13) als monatliche und wöchentliche Festtage in absteigender Linie herausgehoben werden. Wir vermögen die Einzelriten der Tage nicht mehr genau auszumachen, können aufgrund sonstiger alttestamentlicher Nachrichten nur vermuten, daß die großen Jahresfeste als Wallfahrtsfeste an den bedeutenden Heiligtümern (etwa: Bet-El, Gilgal, Beerscheba, vielleicht auch Mizpa, Tabor etc.; vgl. 4,15; 5,2) gefeiert wurden, die kleineren an den lokalen Höhen (4,11ff.); daß mit der Vermehrung der Heiligtümer (8,11f.; 10,1) auch eine Vermehrung der Festzeiten Hand in Hand ging und ältere Bräuche – der Sabbat ist sonst als Tabu- und Ruhetag belegt (etwa Ex 23,12; 34,21) – durch eine Fülle lokaler (baalistischer) Traditionen zu Festbräuchen umgeprägt wurden[11]. Feste wird 14 es nicht mehr geben, weil kein Anlaß zur Feier mehr da ist; mit der Rücknahme der Landesgaben wird fruchtbarstes Land zur Wildnis. Damit wird ein wieder anderer Aspekt von V.5 näher dargelegt. Weinstock und Feigenbaum stehen als Urbild von Friedenszeiten und privatem Wohlstand (vgl. 1 Kön 5,5; Mi 4,4; Sach 3,10), zugleich als Anlaß für das Fest aller Feste, das herbstliche Lese- oder Laubhüttenfest, der Feigenbaum ($t^e\bar{e}n\hat{a}$) schließlich im Wortspiel für den Charakter der Feste. Denn in unvermittelter Rückkehr zur Bildebene wird in neuem Zitat der Frau ihre frühere Absichtserklärung von V.7 verschärft: Die Landesgaben dankt sie den außerehelichen „Liebhabern" als „Dirnenlohn" ('ætnâ, eine um des Wortspiels willen singuläre Form statt des üblichen 'ætnan: so 9,1; vgl. 8,9f.). Der Kult dient nur noch der Förderung von Wohlstandsmehrung, der Produktion der Landesgaben! Erst damit ist die Perversion des Gottesdienstes, wie ihn der Prophet als Ausdruck der Dankbarkeit gegenüber dem Geber der Gaben erwartet, in vollem Ausmaß sichtbar (vgl. zu V.10).

---

[11] Darauf deutet besonders der Plural „Baale" in V.15 (vgl. V.19 und 11,2). Er ist zum einen darauf zurückzuführen, daß der kanaanäische Kriegs- und Wettergott Baal in einer Fülle lokaler Ausprägungen verehrt wurde (das AT nennt u.a. den Baal von Samaria, den Baal Karmel, den Baal Hermon, den Baal Peor), zum anderen darauf, daß Hosea keine anderen kanaanäischen Götter, vor allem keine Göttinnen nennt, vielmehr Baal als Gattungsbezeichnung verwendet.

15   V. 15 summiert und verläßt die Bildebene weithin. Die Verwüstung des Landes wird mit einem häufig von Hosea gebrauchten Terminus des Verwaltungsrechts (*pāqad* „aufgrund dienstaufsichtlicher Überprüfung zur Verantwortung ziehen, ahnden"; vgl. zu 1,4) als Strafe des Landesherrn beschrieben. Seine „Überprüfung" ergibt, daß die Gottesdienste, die eigentlich ihm gelten sollten, in der Realität zu „Baal-(Fest)tagen" wurden (zum Plural „Baale" vgl. Anm. 11) mit zweierlei äußerlichen Kennzeichen eines abgöttischen Kultes: a) dem Rauchopfer von ganz dargebrachten Tieren und von Vegetabilien (vgl. 2 Kön 16,13.15; bei Hosea immer Zeichen des baalisierten Gottesdienstes; vgl. zu 4,13), b) dem festlichen Schmuckanlegen („Ringe" werden an Nase und Ohr getragen, das nur hier gebrauchte Wort für „Schmuckstücke" meint vielleicht Stirngeschmeide), wobei der Schmuck vermutlich als Amulett diente, das die „Kraft" des Festes für den Alltag sicherte (vgl. zu V. 4). Vielleicht verbirgt sich hinter der Wendung „hinter den Liebhabern herziehen" ein drittes Kennzeichen (Umzüge hinter Kultstandarten); sehr wahrscheinlich ist das nicht, da die Wendung in V. 7 allgemeiner gebraucht ist. Aber nicht diese Einzelheiten tragen den Ton, sondern die verzweifelte kurze Schlußwendung, die alle Anklagen auf einen Begriff bringt und Gottes Leiden an Israels Verwirrung darlegt: „Mich aber hat sie vergessen". Sowenig wie in V. 10 („aber sie weiß nicht …") ist damit ein rein intellektueller Vorgang bezeichnet, denn „Vergessen" (auch 4,6; 13,6; vgl. 8,14) ist bei Hosea Oppositionsbegriff zur „Gotteserkenntnis", dem umfassenden Begriff intakter Gottesgemeinschaft in Dankbarkeit für Gottes Taten und in entschlossenem Gehorsam gegenüber seinem Willen (vgl. zu 2,22 und 4,1). Welch abgründige Enthüllung, daß die Abweisung Gottes, die zum Gericht des Gottesvolkes führt, sich entscheidend in seinem Gottesdienst vollzieht! Nirgends sonst wird für den frühen Hosea eine Theologie („Gotteserkenntnis") derart auf die Probe gestellt wie in ihrem Verständnis vom Gottesdienst; Israel ist an diesem Test kläglich gescheitert.

16 f.   **2,16–25: Noch einmal Verlobung.** Die Gottesspruchformel hatte (wie in 11,11) im Gedankengang eine Zäsur gesetzt. Aber Gottes Weg mit seinem Volk ist mit dem Entzug seiner Gaben, mit der Versteppung des Landes und mit der Beendigung allen fehlgeleiteten Kultes nicht zu Ende, wie schon eingangs die Verse 8 f. gezeigt hatten. Mit einem kühnen dritten „darum" setzt als Höhe- und Zielpunkt der durchdachten Komposition (vgl. o. S. 39 f.) das neue Gotteswort ein, kühn deshalb, weil dieses Wort der Prozeßsprache nun anders als in V. 8 f. nicht mehr ein erzieherisches Strafhandeln Gottes einführt, sondern ein reines Heilshandeln. Aber auch die verwendeten Vorstellungen sind andere als in 8 f., insofern die mannigfaltigen, ständig ineinandergreifenden Horizonte der vorausgehenden Verse (die Frau als Ehebrecherin, als Volk Israel, als Land; vgl. zu 4 f.) hier nicht begegnen. Insbesondere die mythologische Dimension (die Frau als Land) fehlt; damit setzt sich rein heilsgeschichtliches Denken durch. Nicht im verwüsteten Land kommt die Frau zur Besinnung, wem sie in Not ihre Existenz verdankt (V. 8 f.), sondern der Gatte beginnt ein neues Liebeswerben dort, wo die Liebe zwischen Mann und Frau begonnen hatte, in einer „Wüste", in die die Frau erst wieder geführt werden muß. Bisher hatte sie ihren Weg selbst bestimmt und war trotz aller Wohltaten Gottes „hinter ihren Liebhabern hergegangen" (V. 7.15), jetzt führt sie Jahwe (wörtlich: „Er ver-

anlaßt sie zu gehen"). Ob Hosea an eine nochmalige nomadische Existenz denkt oder etwa an Exilierung, ist nicht mehr auszumachen, für die Textaussage aber auch unerheblich. Deren Ton liegt auf etwas anderem: Die gesamte bisherige Geschichte Gottes mit Israel gilt als getilgt (vgl. zu V. 5), weil die Frau vom Gatten nur immer weiter fortgelaufen war, je besser es ihr ging. Aber die Auslöschung dieser Geschichte bedeutet nicht ihr Ende, sondern vielmehr die Möglichkeit für Gott, diese Geschichte mit seinen Menschen noch einmal neu zu beginnen. Das ist die Weise, in der Hosea selber auch andernorts − allerdings durchgehend in Texten seiner Spätzeit − vom Heil Gottes redet (bes. Kap. 11; vgl. 12,10; 14,5)[12]; es ist Heil durch das Gericht hindurch. Gott ist für Hosea ein hoffnungslos Verliebter, der von der geliebten Frau nicht lassen kann, auch wenn sie ihm mit „Liebhabern" davonlief. Er bringt die Frau an die Stätte der ersten Liebe, wo es noch keine Gefährdung dieser Liebe durch die Baale gab. Hier, wo Israel der Reichtum genommen ist und es das fruchtbare Land nicht mehr vergöttern kann, wird es wieder für Gott ansprechbar. Aber damit dies geschehen kann, muß Gott es erst „verlocken". In überaus gewagter Sprache wird Jahwe mit diesem Verb als betörender Verführer seiner Geliebten gezeichnet; *pātâ* pi. hat gemeinhin im Alten Testament negative Assoziationen (es wird Ex 22,15 für die Verführung einer Jungfrau gebraucht, Jer 20,7 für die Nötigung Jeremias zum Prophetendienst durch Gott, Ez 14,9 sogar für Gottes Betörung zum Ungehorsam). Es ist Gottes äußerstes Mittel, um mit Israel zum Ziel zu kommen, verbunden allerdings mit einem „Zu Herzen Reden", das oft für die Sprache der Liebe steht (z.B. Gen 34,3), in jedem Fall aber den Entschluß des Partners (das „Herz" ist der Sitz des Verstandes) zu bewegen versucht (Ri 19,3 mit dem Ziel der Rückkehr, Jes 40,2 mit dem Ziel neuen Mutes).

Aber die Wüste ist nicht Selbstzweck, sondern nur Anfangssituation. Als Brautgeschenk erhält die Frau (in der Reihenfolge der Darstellung: vor ihrem Ja-Wort!) noch einmal im Aufbruch von der Wüste das fruchtbare (nicht das verwüstete) Land als „ihren" (d.h. den ihr fest von Gott zugedachten, ja geradezu ihr zustehenden) Besitz und als Quelle neuen Wohlstandes und neuer Freude (dafür stehen die Weinberge[13]) − Israel kann und soll das Land und seine Erträge nach Gottes Willen haben, aber ausschließlich als sein unverdientes Geschenk. Und wieder wird es der gleiche Weg sein wie damals, vom Ostjordanland durch die Jordanebene ins verheißene Land.

Aber wird dieser Weg Gottes mit der geliebten Frau nicht wieder notwendig scheitern wie zuvor? Worin das Neue des zweiten Weges liegt, zeigt zunächst die Erwähnung des „Tales Achor", am Beginn des Aufstiegs zum westjordanischen Bergland kurz hinter Jericho gelegen[14]: Gerade der Ort, an dem in der ersten Ge-

---

[12] Entsprechendes gilt für die Nennung der Wüste als idealer Anfangszeit (9,10; 13,5), für das Bild von der Jugendzeit (11,1; vgl. 9,10; 10,11), für die Erwähnung des Landes Ägypten als Beginn der Gottesgeschichte (12,10; 13,4; vgl. 11,1; 12,14).

[13] Weinberge sind auch der Brautpreis, den die Mondgöttin Nikkal bei ihrer Heirat mit dem Mond erhält (UT 77,22). − Für den Jahwisten beginnt nach dem Gericht der Sintflut das alltägliche Leben damit, daß Noah Weinberge pflanzt.

[14] Die genaue Lage ist noch umstritten, weil Hos 2,17 und Jos 15,7 je für sich auf die Gegend nördlich bzw. südlich Jerichos deuten; vgl. neben den Kommentaren von Wolff und

schichte Gottes mit Israel aufgrund des Ungehorsams Achans der Zorn Gottes über
Israel ein erstes Mal im neuen Land entbrannte (daher der Name „Unglückstal"
Jos 7,24–26), wird zum Hoffnungszeichen (vgl. als Gegensatz dazu 9,15: „Ihre
ganze Bosheit [erwies sich schon] in Gilgal", unmittelbar in der Nähe der Ebene
Achor). Bei der ersten Landnahme zeigte sich von Anbeginn Israels Ungehorsam
gegen Gott; jetzt ist die zweite Landnahme ganz vom Thema „Hoffnung" geprägt.
Denn die neu zur Frau gewonnene Geliebte wird jetzt nicht mehr Liebhabern nachlaufen (V. 7), sondern willig dem Gatten folgen (wörtlich: „Sie wird dorthin antworten", wobei „antworten" – das zentrale Stichwort von V. 23–25 – die Einwilli-
gung in die Ehe und das gehorsame Tun zugleich umfaßt) wie damals ausschließlich
„in ihren Jugendtagen", d.h. in der Zeit erster Liebe nach der Befreiung aus ägyptischer Knechtschaft, nicht aber im Land selber (vgl. den intendierten Kontrast zu
den „Tagen der Baale" V. 15 und zur Unterscheidung von Gehorsam während der
Wüstenzeit und Ungehorsam im geschenkten Land, wie sie typtisch für Hosea im
Gegensatz zum Pentateuch ist: 9,10; 10,11–13; 13,4–6 sowie im Gefolge Hoseas
Jer 2,2ff.). Das Neue an der wiederholten Geschichte Gottes mit seinem Volk liegt
also nicht in den Taten Gottes – sie bleiben dieselben, wie Gott derselbe bleibt. Es
liegt im neuen Verhalten Israels als der geliebten Frau, an deren Untreue Gott lei-
det. Sie wird jetzt, mit ihrem „Herzen" (V. 16) gewonnen, den Gatten und seine
Gaben nicht mehr „vergessen" (V. 15) können. Was der dringende Appell an Israel
(V. 4) nicht erreichte, was das Strafhandeln Gottes mit seiner Befreiung von Israels
Irrwegen (V. 8f. mit 10ff.) nur vorbereitete, das gelingt der bedingungslos schen-
kenden Liebe Gottes (V. 16f.). Es gelingt ihr in der Wüste als dem Ort, wo das
Gottesvolk seine totale Angewiesenheit auf Gott wieder erfährt und sie für alle
Zeiten im Gedächtnis behält. Wie solche Dankbarkeit sich auswirkt, versuchen
V. 18 und 21f. zu beschreiben.

18–25   Auf die neue Ehe Gottes mit Israel (V. 16), auf die mit ihr geschenkten Heilsga-
ben (V. 17a) und auf die mit ihr beginnende ungeteilte Verbundenheit Israels mit
Gott (V. 17b) beziehen sich alle Einzelsprüche in V. 18ff., die von Späteren an
Hoseas Niederschrift als deren Deutung angefügt wurden (s.o. S. 38). Sie setzen
ausnahmslos die Schuld Israels voraus, einige unter ihnen auch schon das erfolgte
Strafgeschehen. Im Unterschied zu V. 4–17 reden sie die Frau teilweise an
(V. 18.21f.), verlassen sie teilweise die Gleichnisrede (V. 20: 3.Pers.pl.; V. 23f.),
beziehen sie sich teilweise wie V. 1–3 auf Kap. 1 zurück (V. 20.23–25). Sechs Einzelworte sind zu unterscheiden: V. 18.19.20.21f.23f.25, wobei V. 19 und V. 25 am
ehesten schon als Kommentierungen der Auslegungen V. 18 und V. 23f. zu verstehen sind. Die oft diskutierte Frage der Verfasserschaft ist wohl so zu beantworten,
daß sich zwar alle Einzelworte terminologisch und vorstellungsmäßig an Hoseas
Verkündigung anschließen (am unmittelbarsten die vergleichsweise ältesten Worte
in V. 18 und 21f., die noch auf Schüler Hoseas zurückgehen können), in ihrer

---

Rudolph zuletzt M. Weippert, Die Landnahme der israelitischen Stämme, 1967, 30f.
Anm. 2; F.M. Cross, Canaanite Myth and Hebrew Epic, 1973, 109f. Anm. 57. Von
Hos 2,17 aus würde Wolffs Vorschlag des *wadi en-nuwē'ime* gut passen; Jos 15,7 spricht
mehr für M. Noths Vorschlag der *buqē'a* südlich von Jericho (ZDPV 71, 1955, 42–55).

gegenwärtigen Formulierung und Ausrichtung aber Werk von Judäern sind, die Hoseas Heilsbotschaft für ihre Zeit aktualisieren, wobei die jüngsten und sicher nachexilischen Worte in V. 20 und V. 23—25 die Hoffnung Hoseas bis hin zu einer Umgestaltung der Welt ausweiten[15]. Freilich setzt ein solches Urteil des Historikers eine theologiegeschichtliche Gesamtsicht des Alten Testaments voraus und kann daher nicht mehr als eine gewisse Wahrscheinlichkeit für sich beanspruchen.

Die neue Geschichte Gottes mit Israel läßt keine Verwechslung Jahwes mit Baal 18f. im Bekenntnis Israels (als der „Antwort" von V. 17) mehr zu. Deutlicher als V. 4ff. drückt V. 18 aus, daß der fehlgeleitete Gottesdienst auf den Höhen der Intention Israels nach Jahwe galt, freilich einem mit Baal gleichgesetzten Jahwe[16]. Diese Identifikation, die die Verse 4ff. als Treubruch gegenüber Jahwe enthüllt hatten, wird nun als Irrtum erkannt und endgültig aufgegeben (vgl. V. 9b). Erst auf der Sachebene ergibt sich die Unterscheidung der beiden Anreden, auf die der Text abhebt; auf der Bildebene sind sie nahezu identisch (*ba'al* bezeichnet die rechtliche Stellung des Ehegatten gegenüber der Frau: Ex 21,22 u.ö.) und allenfalls im Ton unterschieden: „Mein Mann" ist die intimere, persönlichere Anrede. — V. 19 verläßt die Anrede wieder und spricht statt vom Baal von den Baalen im Plural. Da ihre vielen Namen erwähnt werden, ist deutlich, daß „Baal" hier Gattungsbezeichnung ist, die nicht nur lokale Ausprägungen Baals, sondern vermutlich auch seine weibliche Entsprechung, seine Schwester und Geliebte Anath bzw. Astarte, die in Sidon und Ugarit den Beinamen „Name Baals" trägt, mitumfaßt. Die einzelnen Götter bleiben freilich wie auch sonst ungenannt; die Gefährdung Israels liegt im kanaanäischen Kult überhaupt. V. 19 präzisiert V. 18 aber vor allem darin, daß es Gottes Tat ist, nicht Israels eigene Entscheidung, die dieses fehlgeleitete Bekenntnis für alle Zukunft dem Gottesvolk unmöglich macht (vgl. zum Kontrast V. 4, wo mit „sie entferne …" die gleiche Wurzel begegnet). V. 19b hebt mit dem Fachausdruck „bei Namen nennen" auf den kultischen Anruf im Gebet ab; die einzige enge Sprachparallele zur Aussage, daß der kultische Gebrauch von Götternamen aufhört (verneintes *zākar* ni.), bietet der spätnachexilische Vers Sach 13,2. Sachlich ist auch Ex 23,13b zu vergleichen: „Den Namen anderer Götter sollt ihr nicht nennen (d.h. anrufen)." Jetzt werden die Baale „vergessen" wie zuvor in V. 15 Jahwe.

Deutlicher noch als V. 19b verläßt V. 20 die Bildebene ganz. In Umkehrung des 20 Themas von 1,5 und der Verwüstungsankündigung von 2,14 verheißt der Vers dem Land Israels einen paradiesischen Tier- und Völkerfrieden (vgl. zur Verbindung beider Motive im Exil und danach Lev 26,6 und Ez 34,25—28) und Israel selber ein Leben in absoluter Sicherheit und Geborgenheit. In einem feierlichen Vertragsab-

---

[15] Dabei ist zu beachten, daß V. 20 antithetisch (nicht nur auf V. 14, sondern auch) auf 4,3 bezogen ist (M. DeRoche, VT 31, 1981, 400ff.) und daß V. 23—25 unter Bezug auf 2,1—3 gestaltet sind (U. Cassuto, a.a.O. 105; B. Renaud, a.a.O. 3—5).

[16] Auch die mancherlei Eigennamen des Zeitalters Hoseas, besonders auf den Ostraka von Samaria, die das Element Baal enthalten, meinten kaum einen anderen Gott als Jahwe, waren jedenfalls nicht als Distanzierung von Jahwe gemeint; vgl. M. Noth, Die israelitischen Personennamen, 1928 = 1966, 120f. Schon Saul und David gaben ihren Söhnen teils jahwe-, teils baal-haltige Namen.

schluß verpflichtet Jahwe die Tiere zu Israels Gunsten zu einem friedlichen Verhalten (*šālôm* „Intaktheit", „Unversehrtheit", „Friede" zwischen Partnern ist das Ziel jeden Vertrages bzw. Bundes); sie dürfen Israels Fruchtland nicht mehr Schaden anrichten [17]. Zugleich wird das Land von allem Krieg verschont bleiben, wenn Jahwe die Waffen der Feinde (vermutlich der Perser) vernichtet (wörtlich: „... zerbricht [und] aus dem Lande [verbannt]"). Die Trias „Bogen, Schwert und Kriegsgerät" ist identisch mit 1,7, das Verb „zerbrechen" mit 1,5; das Leben im Land „in Sicherheit" ist ein Ideal der entwurzelten Exilsgeneration; vgl. etwa Lev 25,18f.; 26,5; Ez 34,25–28; 38,8.11.14; 39,26.

21f.   Die Verse 21f. greifen die Gleichnisse von V. 4ff. und die Form der Anrede von V. 18 wieder auf. Deutlicher als alle Heilsworte seit V. 16 spricht dieses Wort vom neuen Gottesverhältnis Israels als einer neuen Ehe, die die alte gebrochene ablöst sowie im Gegensatz zu ihr beständig bleibt, und nimmt darin die späteren alttestamentlichen Prophetenworte vom neuen Bund (Jer 31,31ff.) sachlich schon vorweg. *'āraś* pi., meist mit „verloben" übersetzt, bezeichnet im Alten Testament den rechtsgültigen Beginn der Ehe, bei dem der Brautpreis bezahlt wird, auch wenn das Mädchen bis zum Vollzug der Ehe noch im Haus ihres Vaters wohnen bleibt. Es der Anfang der Ehe, auf den es dem Prophetenwort ankommt. Deren unauflöslicher Bestand im Unterschied zur ersten Ehe (*le'ôlām* „für immer" nur hier im Hoseabuch) wird durch das ungewöhnliche Brautgeld bzw. die Brautgaben gesichert. Die Sachebene sprengt dabei die Bildebene: Nicht der Brautvater, sondern die Braut selber empfängt sie. Die Ausdrucksweise schillert, insofern die Gottesgaben teilweise stärker Gottes eigenes Handeln beschreiben, teilweise stärker Israels neue Gottes- und Menschengemeinschaft als Resultat dieses Handelns, ohne daß beide Aussagerichtungen sich jeweils reinlich scheiden ließen. Die Begrifflichkeit ist zumeist hoseanisch; aber die einzelnen Wendungen werden unpräziser gebraucht als bei Hosea und auch in einer Häufung, die in seinen Worten nicht begegnet. So wird Israel im ersten Wortpaar, bei dem – wie auch beim zweiten – beide Begriffe eine sachliche Einheit bilden, die Lebens- und Rechtsordnung (*mišpāṭ*) geschenkt (vgl. zu 6,5), deren Verwirklichung die Grundlage aller intakten Gemeinschaft und allen „Heils" (*ṣædæq*, hier wie in 10,12 die Folge rechten Verhaltens) ist, die aber von Israels Führern (5,1; 10,4) und den Assyrern (5,11) außer Kraft gesetzt wurde. Im zweiten Wortpaar ist mit „Hingabe und Erbarmen" primär die alle Normen sprengende huldvolle Lebensfürsorge Gottes für die Seinen gemeint (vgl. 1,6); aber *ḥæsæd* („Hingabe, Güte") bezeichnet bei Hosea selbst immer Israels Verhalten gegenüber Gott und Mitmensch (vgl. zu 4,1 und 6,6), das hier wohl als Folge der göttlichen Fürsorge mitbedacht ist. Ebenso ist in V. 22 mit „Zuverlässigkeit, Treue" (*'æmûnâ*) die göttliche Verläßlichkeit wie zugleich Israels neue Beständigkeit

---

[17] Vgl. zu dieser Deutung der Wendung „einen Vertrag schließen mit ... (= jmd. eine vertragliche Verpflichtung auferlegen) zugunsten von ..." E. Kutsch, Verheißung und Gesetz, 1973, 14. Formal liegt eine Vertragsvermittlung vor, die Jahwe zwischen zwei verfeindeten Partnern vollzieht (vgl. H. W. Wolff, Jahwe als Bundesvermittler, VT 6, 1956, 316–20 = Ges.St., ²1973, 387–91). Aber sie vollzieht sich so, daß nur ein Partner – die Tiere – „Verpflichtungen" auf sich nimmt, während der andere Partner – Israel – nur Nutznießer des Vertrages, bei dessen Abschluß aber nicht einmal anwesend ist.

(sonst nur im Schülerwort 4,1; vgl. aber den Kontrast der Flüchtigkeit in 6,4) als Geschenk Gottes gemeint. In jedem Falle aber blickt der abschließende Folgesatz ganz auf Israel: Die neue „Erkenntnis Jahwes", das Ziel aller Gottesgaben, schließt als der umfassendste theologische Begriff Hoseas die Anerkenntnis des Gebers der Gaben (vgl. die Opposition in V. 10), willigen Gehorsam (4,6) und vertrauensvolle Gottesgemeinschaft mit ein[18]. Kurz: Das neue Verhalten des nunmehr treuen Gottesvolkes ist allein von Gottes Tat hervorgerufen und beständig wie Gottes Tun selber. Darum kann der neue Zug ins Land aus der Wüste nicht wieder in der Schuld enden wie der erste. Spätere Propheten reden entsprechend vom „neuen Herzen" und „neuen Geist", die Israel von Gott geschenkt werden (Jer 31,33; 32,39; Ez 11,19; 36,26f.).

Das letzte Heilswort der Sammlung spricht als Folge der neuen Gotteserkenntnis 23–25 von einer großen „Erhörung", die zuletzt zur Umkehrung des Gerichtshandelns Jahwes führen wird, das die Namen der Kinder Hoseas angezeigt hatten. Für „Erhören" steht das gleiche Wort, das in 2,17 das willige Folgen der Frau ausdrückt; von Gott ausgesagt, bezeichnet es zumeist die positive Antwort auf Klagegebete (vgl. im gegenteiligen Sinn 7,14; 8,2f.). Das Gericht im Sinne von 1,3ff. und 2,5.11ff. ist als eingetroffen vorausgesetzt, wird aber nun in sein Gegenteil verwandelt. Denn Gottes „Erhören" setzt eine Kette von „Erhörungen" in Gang, die der Natur abgeschaut sind (Regen vom Himmel – Erdboden des Fruchtlandes – die Landesgaben – die Menschen; Reihenbildungen dieser Art sind andernorts in altorientalischen Beschwörungen belegt) und zu neuem Erntesegen führen. Polemik gegen Baals Anspruch, Segen zu spenden, schwingt mit. Jahwes Segen gilt speziell „Jesreel" (vgl. zu den mannigfaltigen Assoziationen des Namens die Auslegung zu 1,4). Diesem Namen wird im Kontext erneut ein mehrfacher Sinn abgewonnen. Er steht einmal in V. 24 für die Kornkammer Israels, die fruchtbare Jesreelebene, zum anderen darüber hinaus in Umkehrung von 1,4 für den Ort des Heils schlechthin wie in 2,2 und für die Menschen im Heil, schließlich aber im Übergang zu V. 25 nach seiner Etymologie („Gott sät") bildhaft als Objekt einer Aussaat, mit der sachlich die Rückkehr der Exulanten gemeint ist. Sprachlich schließt sich V. 25 nur schwer V. 23f. an und ist vermutlich ein Nachtrag zu diesen Versen. Im überraschenden Feminin-Suffix („ich säe mir sie ein") wirkt am ehesten ein letztes Mal das Gleichnis der Ehefrau nach, obwohl es nach 1,4 ein Sohn Hoseas war, der den Namen „Jesreel" trug. Mit der Rückkehr der Verbannten aus dem Exil ins wieder blühende Land beginnt dann ein grundlegend neues Gotteshandeln, das seinem Strafhandeln, wie es in den Namen der jüngeren Kinder zum Ausdruck kam

---

[18] Man kann schwanken, wie weit die Assoziationen des Ehegleichnisses reichen (vgl. einerseits E. Baumann, EvTh 15, 1955, 420, andererseits H.W. Wolff, EvTh 12, 1952/53, 548f. und 15, 1955, 429). Im menschlichen Bereich bedeutet „Erkennen" von Mann und Frau auch intimste (körperliche) Gemeinschaft (Gen 4,1 u.ö.). Bei Hosea selbst liegen diese Assoziationen beim Begriff des „Erkennens" fern (vgl. zu 4,1), hier in der Ausdeutung des hoseanischen Ehegleichnisses durch die Schüler liegen sie näher. Wie immer es damit steht, das Objekt des „Erkennens" („Jahwe" statt „mich" in der Gottesrede) zeigt, wo der Ton liegt: auf dem wahren Gott, dessen Antlitz nicht mehr durch baalistische Züge verstellt ist (vgl. V. 18).

(1,6.9), genau entgegengesetzt ist: In gütiger Fürsorge (vgl. V. 21) wendet sich
Jahwe neu Israel zu, läßt es wieder sein Volk sein und erfährt das vertrauensvolle
Bekenntnis „mein Gott" (vgl. – beschränkt auf den Propheten – 9, 17). So endet die
Spruchfolge mit dem Thema des neuen Gottesverhältnisses im rechten Bekenntnis
zu Jahwe, das die verschiedenen Worte wie ein roter Faden durchzog
(V. 18.19b.22b.25b).

Hos 3, 1–5: Liebe zur Ehebrecherin

1 Da sprach Jahwe zu mir: „Mach dich noch einmal[1] auf und liebe eine Frau,
die einen anderen liebt[2] und Ehebruch treibt, wie Jahwe die Israeliten liebt, die
doch *sich anderen Göttern zuwenden und* Rosinenkuchen lieben!" 2 Da erwarb
ich sie[3] mir für fünfzehn Silberschekel sowie einen Hómer Gerste und einen
Letech Gerste[4] 3 und sprach zu ihr: „Viele Tage sollst du mir (zu Hause)
sitzen, ohne zu huren und ohne einem Mann zu gehören; auch ich (verhalte
mich) dir gegenüber entsprechend."[5] 4 Denn viele Tage werden die Israeliten
dasitzen – ohne König und Führer, ohne Opfer und Mazzebe, ohne Efod und
Terafim.
*5 Danach werden die Israeliten umkehren und Jahwe, ihren Gott, suchen [und
David, ihren König,] und sich zitternd Jahwe und seinem Heil nahen [am Ende der
Tage].*

Lit.: vgl. zu Kap. 1.

Im Unterschied zum Fremdbericht in Hos 1 enthält Hos 3 einen Selbstbericht des
Propheten, nicht über mehrere Aufträge Gottes, sondern nur über einen. Der Prophet hat eine Zeichenhandlung zu vollziehen, durch die das künftige Handeln Gottes nicht nur im Wort angekündigt, sondern in einer Tat gleichnishaft abgebildet
und vorweggenommen wird, um den Zeitgenossen erhöhte Aufmerksamkeit mit
allen Sinnen abzuringen. Solche symbolische Handlungen verlangen den Propheten
tiefgehende Eingriffe in ihr persönliches Leben ab (vgl. etwa Jes 20; Jer 16, 1 ff.;
Ez 4, 4 ff. und oben zu Kap. 1).
Der übliche Aufbau eines Berichts über eine Zeichenhandlung (Auftrag – Ausführung – Deutung im Wort) ist auffällig doppelt abgewandelt: 1. Schon in den
göttlichen Auftrag V. 1 fließt die Deutung mit ein. 2. Der allgemein gehaltene Auftrag „liebe" wird in der Ausführung in zwei Akte zerdehnt (Erwerb der Frau, V. 2;

---

[1] „Noch einmal" ist grammatisch auch auf das Reden Jahwes beziehbar, aber inhaltlich
eher auf das folgende ausgerichtet; vgl. G.
[2] G, S, V vokalisieren das Partizip aktivisch, MT passivisch („die von einem anderen
geliebt wird"); die aktivische Deutung fügt sich besser zu V. 1b.
[3] Verbform von *krh II* oder von *nkr*? An der Bedeutung ändert sich nichts.
[4] Für „einen Letech Gerste" bietet G „einen Schlauch voll Wein".
[5] Oder – falls ein *lo'* versehentlich ausfiel –: „Auch ich verkehre nicht mit dir"; der Sinn
bliebe der gleiche.

ihre Isolierung, V. 3). Der zweite Akt erfährt die eigentliche Ausdeutung (V. 4); um der Parallelität zu dieser Deutung willen wird er nicht als Handlung geschildert, sondern in Gestalt der Ankündigung an die zuvor erworbene Frau. Die Komplikation des Aufbaus liegt in der Gestalt des 1. Verses begründet (dessen zweite Hälfte deshalb oft, zuletzt etwa von J. Schreiner, BZ 21, 1977, 175 f., als nachgetragen gedeutet wurde, aber ohne zureichende Gründe). Mit der Aufforderung „liebe" gibt er keine genaue Handlungsanweisung, sondern zeigt den Horizont an, unter dem die doppelte Handlung des Propheten (V. 2–3) verstanden werden will, ebenso aber die Handlung Gottes an Israel (V. 4), die in sich auch dieses Interpretationshorizontes bedarf und ohne ihn mehrdeutig bliebe. Daß Liebe das Thema der Zeichenhandlung ist, wäre aus V. 3 und V. 4 selber nicht zu entnehmen. In V. 1 liegt der Hauptton auf dem Objekt der Liebe (*diese* Frau soll Hosea lieben, weil Jahwe *dieses* Israel liebt), in V. 2–4 auf der konkreten Weise, in der sich „Liebe" zu *dieser* Frau bzw. zu *diesem* Volk verwirklicht. In V. 5 schließlich endet das Kapitel mit einem Vers, der nur Deutung enthält und keine Entsprechung in der Zeichenhandlung hat. Wie unten genauer zu zeigen sein wird, geht er auf eine Neuauslegung der prophetischen Zeichenhandlung in Juda zurück.

Umstritten ist in der Forschung vor allem, ob die Frau der Gleichnishandlung mit der Frau Hoseas in 1, 2 f. identisch ist. Sicherheit ist hier nicht zu erlangen, aber mit einem hohen Maß an Wahrscheinlichkeit gilt, daß 3, 1 voraussetzt, daß die Frau Hosea gegenüber die Ehe brach. Jedenfalls schließt unter dieser Voraussetzung die Begründung in V. 1b präziser an V. 1a an (Jahwe liebt ein Volk, das *ihm* davonläuft). Dies gilt um so mehr, als Kap. 3 Kap. 2 fortsetzt, das ganz vom Thema Ehebruch bestimmt ist und dessen leidenschaftliche Diktion verständlicher ist, wenn Erfahrungen Hoseas das Gleichnis vom ehebrecherischen Gottesvolk mitbestimmen. Dann aber ist die am nächsten liegende Lösung, daß Kap. 3 Ereignisse meint, die nach Kap. 1 erfolgten und die gleiche Frau betrafen. Freilich muß sich jeder Ausleger bei solchen Überlegungen, die im Extremfall bis zu Ansätzen für einen Eheroman führen, im klaren sein, daß er den Bereich der Spekulation betritt. Es hängt letztlich nichts Wesentliches für das Verständnis des Textes an solchen Vermutungen, mögen sie auch noch so heiß in der Forschungsgeschichte diskutiert sein. Hosea selbst geht es entscheidend um die Darstellung des göttlichen Handelns. Der Fremdbericht in Kap. 1 hat einen anderen Skopos und ist keineswegs auf eine Fortsetzung in Kap. 3 hin angelegt. Andererseits ist mir M. Bubers Argument (Der Glaube der Propheten, 1950, 162) immer gewichtig erschienen: „Kann man denn Liebe gebieten …? Das Wort kann nur zu einem gesprochen sein, der schon liebt." Immerhin ist „Liebe" für Hosea kein Allerweltswort, wie daraus hervorgeht, daß er nur von Gottes Liebe zu Israel spricht, nie von Israels Liebe zu Gott. – Zur Datierung von Kap. 3 vgl. die Auslegung zu V. 4.

Nicht die Art und Weise, wie der göttliche Auftrag ihn traf, bestimmt den Propheten in seiner Darstellung; Klarheit und Verständlichkeit sind einfach vorausgesetzt. Vielmehr liegt der Ton auf dem ungeheuerlichen Inhalt. „Noch einmal" (entweder, wie hier angenommen, Hinweis auf Hoseas Frau oder nachträgliche Verbindung mit Kap. 1) soll der Prophet sich der Frau zuwenden, die ihrerseits in ehebrecherischer Liebesverbindung mit (einem oder mehreren) anderen lebt (*rē'a* als Bezeich- 1 nung des Geliebten wie Jer 3, 1; Hld 5, 16 kann auch kollektiv sein). Die Implikation dieser Zumutung verdeutlicht Dtn 24, 1–4 mit dem Verbot, eine geschiedene, zwischenzeitlich wiederverheiratete Frau erneut zu ehelichen. Nun spricht V. 1 nicht von Ehescheidung, aber V. 2 setzt mit der Zahlung des Kaufpreises voraus, daß die Frau sich rechtskräftig in anderen Händen befand. Man hat vermutet, sie habe sich als Sklavin verdingen müssen oder habe sich als Kultprostituierte (vgl. zu 4, 14) einem Tempel geweiht, nachdem sie Hosea verlassen hatte. In der Tat ist die letztgenannte Möglichkeit vom weiteren Kontext her nicht von der Hand zu weisen. Aber da Hosea über die Situation der Frau vor dem Kauf schweigt, muß auch jeder Ausleger seine Neugier zügeln. Entscheidend ist nicht, in wessen Hand sich die Frau befand, erst recht nicht, ob Hosea seine Frau noch immer liebte oder ob der göttliche Auftrag für ihn eine schwer zu ertragende Last war – alle Spekulationen in dieser Richtung gehen am Anliegen des Textes vorbei. Entscheidend ist vielmehr, daß dem Propheten eine offensichtlich rechtlich und kultisch anstößige Handlung zugemutet wird[6]. Erst dieser letztere Aspekt sichert ihr weitreichende Aufmerksamkeit, und erst er erzwingt, daß schon in den Auftrag selber die Deutung mit einfließt. Für sich allein ist die Handlung unverständlich; eine nur später erwachte Erkenntnis des Propheten für ihren Symbolgehalt ist um ihrer Anstößigkeit willen ausgeschlossen. Einzig als Gleichnis für das Handeln Gottes ergibt sie Sinn, der deshalb in der eigenen Rede betont mit Namen erscheint. Unbegreiflich, allen guten Sitten, ja aller Heiligkeit Gottes selber widersprechend ist Gottes Liebe zu Israel (vgl. Jer 3, 1 ff.), die zunächst in V. 1 als ein beharrliches Festhalten an einem ehe- und treubrüchigen Volk ausgelegt wird, bevor ihre Konkretion in V. 4 erfolgt.

Denn statt seinen Gott zu lieben, „liebt" Israel Rosinenkuchen. Mit dieser „Liebe" ist lustvolles Begehren gemeint wie schon in V. 1a bei der Charakterisierung der Frau. „Die Thora ... weiss von einer so süssen Opferspende und leckern Speise nichts" (A. Wünsche). Aber nicht auf lukullischem Genuß liegt die Betonung; die aus getrockneten und gepreßten Trauben gebackenen Kuchen sind vielmehr in 2 Sam 6, 19; 1 Chr 16, 3 (vielleicht auch Jes 16, 7) als Festspeise im Kultmahl belegt (in Hld 2, 5 als Liebessymbol) und vielleicht identisch mit den Opferkuchen, die Jeremia mit einem Lehnwort aus dem Akkadischen *kawwān* nennt (Jer 7, 18; 44, 19) und die in Juda der Himmelskönigin, d. h. der babylonisch-assyrischen Ischtar dargebracht wurden[7]. Hosea spielt also offensichtlich auf den Kult der kriegerischen Liebes- und Fruchtbarkeitsgöttin (Anath) Astarte an und weist damit auf einen Aspekt des israelitischen Höhenkults, den 2, 7.14 nur andeuteten. Es geht um einen Kult, der die Wohlstandsvermehrung und den politischen Erfolg zum Ziel hat, weil man sich bei ihm die Produktion der Landesgaben verdienen kann; daher spielen die Häufigkeit der Feiern (2, 13; 8, 11; 10, 1) und die Sexualri-

---

[6] Zu beachten ist, daß das AT für den Ehebruch mit einer verheirateten Frau die Todesstrafe kennt (Lev 20, 10; Dtn 22, 22).

[7] Den aramäischen Ursprung dieses Kults hat M. Weinfeld wahrscheinlich gemacht (UF 4, 1972, 133–54). Auf mögliche archäologische Zeugnisse für ihn in der Ausgrabung von Bet Schean verweist M. Rose, Der Ausschließlichkeitsanspruch Jahwes, 1975, 258 Anm. 1.

ten (4,11–14) eine wesentliche Rolle. Dort, im Gottesdienst auf den Höhen, vollzieht sich Israels Ehebruch; insofern schließt Kap. 3 inhaltlich gut an Kap. 2 an. Spätere verdeutlichen und verallgemeinern die inzwischen nicht mehr verständliche Anspielung mit dem Hinweis auf das erste Gebot: „sich anderen Göttern zuwenden". Hosea kennt nachweislich das erste Gebot, aber noch in einer sprachlich früheren Gestalt (13,4).

Wie der Prophet dem göttlichen Befehl nachkommt, sagt V. 2 und legt den Ton 2 auf die Faktizität des Geschehens. Einer immer wieder versuchten allegorischen Deutung des Kapitels stellt die Genauigkeit und Umständlichkeit der Beschreibung unüberwindliche Hindernisse in den Weg. Die von Hosea zwischenzeitlich getrennte Frau – die Formulierung „ich erwarb sie" deutet darauf hin, daß nicht eine beliebige Frau gemeint ist – wird durch Gabe von Geld und Naturalien zurückgewonnen, und zwar zu etwa gleichen Teilen[8]. Nicht gesagt wird, ob dieser Preis der neue Brautpreis ist, der Preis zur Lösung aus Schuldsklaverei oder der Preis für den Erwerb einer Kultprostituierten. Die zwischenzeitliche Geschichte der Frau ist für Hosea unwesentlich, soweit sie nicht gleichnishaft Israels Verhältnis zu Gott symbolisiert (V. 1 „die einen andern liebt und Ehebruch betreibt"). Erst die Verse 3 f. 3 f. führen aus, welche konkrete Gestalt die Liebe zur Ehebrecherin annimmt. Ihre genaue Parallelität verdeutlicht, daß die symbolische Handlung der Isolation der Frau (V. 3) nur von ihrer Deutung her (V. 4) verständlich wird. Gottes Volk wird „isoliert" werden von Institutionen, ohne die es sich seine Existenz gar nicht denken kann. Entscheidend für die Auslegung beider Verse ist, wie die Zeitangabe „viele Tage" interpretiert wird. Meint sie eine kürzere, zumindest aber überschaubare Durchgangszeit, bevor etwas Neues einsetzt, das dann schwerlich die Rückkehr zum Bisherigen – also für die Frau zum erneuten „Huren", für Israel zum erneuten Leben im Staat und mit dem Höhenkult – bedeuten kann, sondern nur die Wende zum Guten? So versteht die spätere Aktualisation des Hoseawortes in V. 5 die Ankündigung. Oder meint die Zeitangabe eine unbestimmte, nicht eingegrenzte Zukunft, wie das hebräische *rabbîm* nahelegen könnte, das im Unterschied zum deutschen Wort „viele" auch die unüberschaubare Menge bezeichnen kann, die Gesamtheit, wie sie aus einer großen Zahl einzelner Teile zusammengesetzt ist[9]? Mit hoher Wahrscheinlichkeit trifft diese letztgenannte Möglichkeit den ursprüngli-

---

[8] Späteren Zeiten galt das nur hier im AT belegte Letech als die Hälfte eines Hómer. Für 1¹/₂ Hómer hat man ca. 600 Liter errechnet. Aus 2 Kön 7,1 erfahren wir, daß Gerste, vornehmlich als Viehfutter und zum Bierbrauen genutzt, halb so teuer war wie Weizen und in Notzeiten 2 Sea Gerste (= ¹/₁₅ Hómer) einen Schekel kosteten, 1¹/₂ Hómer somit 22¹/₂ Schekel. Vgl. im einzelnen K. Galling, BRL und ders. (Hg.), BRL², je s.v. „Maße". War der Preis in Friedenszeiten geringer, käme man als Gesamtkaufpreis auf etwa 30 Schekel, was nach Ex 21,32 dem Kaufpreis eines Sklaven und nach Lev 27,4 dem Preis zum Freikauf einer Frau entspricht.

[9] Bekanntes Beispiel: Die Wendung „viele Völker" in Jes 2,2f.4; Mi 4,1f.3 steht in Jes 2,2; Mi 4,5 parallel zu „alle Nationen"; vgl. die Gottesknechtslieder Deuterojesajas: „Die Vielen" entsetzen sich über den Knecht (Jes 52,14), „den Vielen" aber schafft er im Leiden Gerechtigkeit (53,11f.). Vgl. im NT das Wort Jesu vom „Lösegeld für die Vielen" (Mk 10,45) sowie die Abendmahlsworte und zum Ganzen Joachim Jeremias, Die Abendmahlsworte Jesu, ³1960, 171ff.; ders., ThWNT VI 536–45.

chen Sinn der Verse, so daß sie in erster Linie Strafe ansagen wollen (Rudolph, Willi-Plein, Schreiner). Für die erste, begrenzte Auffassung der „vielen Tage" hat man häufig 2,8f. als Parallele ins Feld geführt, ein vermutlich frühes Hoseawort, das im Bild beschreibt, wie die treulose Frau am Kontakt mit ihren Liebhabern gehindert wird (d.h. auf der Sachebene: Israel an seinen Höhengottesdiensten) und so zur Besinnung kommt und den Entschluß zur Rückkehr zu ihrem Ehegatten faßt. Das Gericht an Israel hat hier unbestreitbar pädagogischen Zweck, es dient zur Rückgewinnung der Frau. Aber 3,3f. ist bei näherem Zusehen von dieser Parallelstelle abzurücken. Denn 1) wird die Frau in 3,3 nicht nur von aller Möglichkeit des Hurens (vgl. zu 1,2) abgeschnitten wie in 2,8f., sondern auch von ihrem Mann; dieser auf der Sachebene nicht explizit ausgeführte Zug mußte für jeden Leser besagen, daß Israel im Entzug all ·dessen, was ihm bisher Stütze war (V. 4), Gottesferne erfährt. Vor allem aber sind 2) die Vertrauensobjekte in Kap. 3, die Israel entzogen werden, zahlreicher geworden: König und Beamte, Opfer und Mazzeben, Efod und Terafim, d.h. staatliche Organisation, Opfergottesdienst und Orakelwesen [10]. Auch wenn mit zwei Wortpaaren der Höhenkult, auf den ja schon in V. 1 die Rosinenkuchen wiesen, weiterhin im Zentrum steht, so ist doch mit *zæbaḥ* „Schlachtopfer" ein Begriff genannt, der ab dem syrisch-efraimitischen Krieg für die weit grundsätzlichere Problematik eines sich von Gott lösenden Gottesdienstes dient (6,6; 8,13; vgl. das zugehörige Verb in 11,2 und 12,12). Vor allem aber ist die Zusammenstellung von Königtum und Kult als Vertrauensgegenstand erst ab dem syrisch-efraimitischen Krieg belegt (8,4ff.; 10,1ff.), und das gleiche gilt für die in späteren Worten übliche Nebeneinanderordnung von König und den König vertretenden Beamten (*śārîm*); vgl. 7,3.5; 8,4; 13,10 und auch 9,15. Man beachte, daß in V. 4 die gesamte staatliche Ordnung dem entspricht, was in der Zeichenhandlung V. 3 „Hurerei" heißt; sie ist also als widergöttliche Ordnung bezeichnet, die Israel von Jahwe trennt!

Alle diese Indizien sprechen dafür, daß 3,1–4 nicht wie 2,8f. in die Frühzeit Hoseas gehört, sondern in die Zeit nach dem syrisch-efraimitischen Krieg. Die engste Sachparallele bietet 10,1–8, ein Stück, das die Beseitigung aller verführerischen Vertrauensstützen zum Gegenstand hat und dabei in einem kunstvollen konzentrischen Aufbau Höhenkult (V. 1f.8), Königtum (V. 3f.7) und Staatskult (V. 5f.) nennt, außerdem den einzigen Beleg für Mazzeben neben 3,4 bietet und das in 3,4 vorausgesetzte fehlgeleitete Vertrauen Israels auf seinen König anprangert (sonst nur 13,9–11). Ebendiese Parallele aber verdeutlicht, daß sich an 3,4 im ursprünglichen Sinn schwerlich ein Heilswort angeschlossen haben kann; wie anders als 3,5 Hoseas Heilsverkündigung in seiner Spätzeit ausgesehen hat, verdeutlichen 11,8–11 (vgl. 14,5). Von Haus aus war Hos 3,1–4 am ehesten reines Gerichtswort, das Israel eine Zeit (vermutlich in Gestalt des Exils; vgl. 8,13; 9,3ff.) ankün-

---

[10] Zum Königtum vgl. den Exkurs zu 1,4, zum Opfergottesdienst die Auslegung zu 6,6. Die Mazzeben symbolisieren als heilige Steine die göttliche Gegenwart am Kultort (vgl. Gen 28,10ff.), Efod und Terafim sind technische Mittel zur Erfragung des göttlichen Willens (vgl. 1Sam 23,9ff.; 30,7ff. bzw. Ez 21,26; Sach 10,2; beide Begriffe zusammen Ri 17,5; 18,14–20); vgl. dazu 4,12.

digte, in der es von allem bisherigen institutionellen Halt im Leben abgeschnitten sein würde, gleicherweise aber auch von Gott selber.

Freilich sind die Verse 3 f. auch nicht wie etwa 1,9 als endgültige Vernichtung deutbar; weder die Zeichenhandlung in V. 3 noch die unbestimmte Zeitangabe „lange Zeit" lassen ein solches Verständnis zu, vor allem aber ist es aufgrund von V. 1b ausgeschlossen. Indem nämlich die Verse 3 f. unter der Überschrift „Liebe" aus V. 1 stehen, wird ihre Aussage einerseits verschärft und erhält andererseits etwas Schwebendes. Verschärft wird sie insofern, als Hosea deutlich macht, daß das Gericht Gottes an seinem abtrünnigen Volk nichts anderes ist als notwendige Konsequenz der Liebe. Um es mit Hos 5,12–14 und 13,4–8 zu sagen: Israel bekommt es so oder so mit Jahwe zu tun, wenn nicht mit ihm als Arzt bzw. als Retter, dann mit ihm als tötendem Raubtier. Das Gericht ist die notwendige Kehrseite unverdienter Zuneigung, wo sie abgewiesen wird. Aber diese zuletzt genannten Bilder des Todes sind schärfer als 3,4 f.; es bleibt ein Überschuß vom Stichwort „Liebe" aus V. 1 her, das in der reinen Gerichtsdeutung nicht aufgeht. Dieses Überschüssige wäre auf der Bildebene mit der Erziehung der Frau zur Entwöhnung sicherlich zu drastisch ausgelegt; vielleicht kann man auf der Sachebene formulieren, daß der Entzug der falschen Stützen insofern schon in sich Tat der Liebe ist, als er die Voraussetzung für ein neues Gespür Israels bildet, wo der Halt seines Lebens liegt. Jedenfalls ist in Kap. 3 die Schuld Israels im Vergleich zu Kap. 2 gewachsen, so daß eine so helle Aussage wie 2,8 f. nicht mehr begegnet, andererseits aber unterschwellig verborgene, nicht voll zur Sprache gebrachte Hoffnungselemente kaum zu leugnen sind.

Sie werden in V. 5, der keine Entsprechung auf der „Bildebene" der symbolischen 5 Handlung hat, eindeutig in Richtung auf eine eschatologische Heilszeit hin ausgelegt. Im überlieferten Text müssen V. 3–4 von V. 5 aus als eine pädagogische Maßnahme gedeutet werden, und vermutlich hat, wie oben angedeutet, 2,8 f. als Modell gedient. Freilich ist V. 5 in sich nicht einheitlich; die beiden späteren Wendungen „und David, ihren König" sowie „am Ende der Tage", beide schon stilistisch im Satzgefüge schwerfällig nachklappend, stellen eine Ausweitung der behutsameren Heilshoffnung des Grundbestandes dar. Dieser Grundbestand steht Hosea zeitlich nicht allzu fern, insofern mit „umkehren", „suchen" und „zitternd nahen" bewußt hoseanische Begrifflichkeit aufgenommen wird, allerdings in deutlich veränderter Gestalt; die engste Sachparallele bietet der nachgetragene Vers 7,10b, und die Wendung „Jahwe, ihr Gott" findet außer in 7,10b nur in der judäischen Aktualisierung 1,7 eine Parallele. Andererseits scheint schon der junge Jeremia Hos 3,5 gekannt zu haben (Jer 2,19 in seiner ältesten Textgestalt, wie sie S und L belegen)[11]. V. 5 beschreibt Israels „Rückkehr" als Ziel der züchtigenden Liebe Gottes; andere Worte im Hoseabuch bestreiten, daß Israel zu ihr von sich aus willens (7,10; 11,5) oder auch nur in der Lage ist (5,4; 11,7; 14,5). Jetzt wird sie möglich, weil Israel von allen illusionären Hoffnungsstützen abgetrennt ist. Wahrscheinlich ist

---

[11] Die Gründe für die genannten Unterscheidungen und für die Abtrennung des V. 5 von V. 1–4 habe ich andernorts im einzelnen dargelegt (Fs H.W. Wolff, 1981, 224–26). Zu Jer 2,19 vgl. etwa W. Rudolph, Jeremia, ³1968, z. St.

der Begriff „umkehren" absolut gebraucht, um die Rückkehr aus dem Exil mit zu bezeichnen. Ebenso vergeblich hatte Jahwe auf Israels „Suchen" nach ihm in der Not gewartet (5,15); solches Suchen, das Gotteserkenntnis zum Ziel hat (6,3), geschah in Israel nur auf den irrigen Wegen vermehrten Opfergottesdienstes oder doch in Opfermentalität (5,6; 6,6). Jetzt wird echtes Suchen einsetzen, begleitet von einer ehrfürchtigen Scheu vor Jahwe, wie sie ähnlich 11,11 als Kennzeichen der Rückkehr aus dem Exil beschreibt. Sie wird nach 3,5 von dem Wissen geleitet sein, daß bei Jahwe die Fülle der Heilsgaben ist (vgl. als Gegensatz 2,10), wie mit einem Begriff der Psalmensprache (vgl. zu ṭûb „Güte", „Glück", „Heil" etwa Ps 25,7; 27,13) gesagt wird, der auch in Jer 2,7; 31,12; Sach 9,17 wie in Hos 3,5 die Kulturlandgaben kennzeichnet (vgl. die Ausmalung in 14,6ff.). Gott und seine Gaben gehören zusammen, wenn Jahwe wieder „Jahwe, *ihr* Gott" ist und wahre Gottesgemeinschaft am Feiertag wie im Alltag gelebt werden kann (vgl. 2,18–25). Freilich – so sagt es die jüngste Stimme in Kap. 3 nach dem Exil – diese Gottesgemeinschaft verwirklicht sich im Eschaton (vgl. zur Formel „am Ende der Tage" Jes 2,2; Mi 4,1; Jer 23,20; Dtn 4,30 u.ö.), wenn statt der schuldigen Könige zur Zeit Hoseas der neue David als Messias Gott voll repräsentieren wird und Suche nach Gott mit der Suche nach dem neuen David identisch ist (vgl. die zurückhaltendere Formulierung in 2,2). In dieser letzten Gestalt hat das späte Wort Jer 30,9 unseren Vers aufgegriffen.

Es ist ein feiner Zug des Kapitels in seiner Endgestalt, daß das Ziel der Liebe Gottes nur auf der Deutungsebene des göttlichen Handelns erscheint, nicht auf der Ebene der symbolischen Handlung selber. Hoseas Handeln an der ehebrecherischen Frau ist und bleibt nur Abbild der Liebe Gottes, unfähig, deren volle Dimensionen darzustellen. Das Wachstum der Perikope aber zeigt, wie schon zu Zeiten der Entstehung des Alten Testaments selber versucht worden ist, sich diesen Dimensionen in der Beschreibung zu nähern, indem das Wort Hoseas von immer neuen Gotteserfahrungen her gelesen wurde.

Teil II:
Die Sammlung der Prophetenworte
in ihrer zeitlichen Abfolge

1. Der Deutehorizont (Hos 4, 1–3)

4, 1–3: Gottes Prozeß mit Israel

1 Hört Jahwes Wort, ihr Israeliten!
Einen Prozeß hält Jahwe mit den Landesbewohnern,
denn keine Zuverlässigkeit, keine Hingabe
und keine Gotteserkenntnis gibt es im Lande.
2 Fluchen und Betrügen,
Morden, Stehlen und Ehebrechen sind ausgebrochen;
es reiht sich Blutschuld an Blutschuld.
3 *Daher verdorrt die Erde,*
verschmachtet alles, was auf ihr wohnt,
samt dem Wild der Flur, den Vögeln des Himmels;
selbst die Fische im Meer gehen ein.

Lit.: I. Cardellini, Hosea 4, 1–3, eine Strukturanalyse, Fs G. J. Botterweck, BBB 50, 1977, 259–70.

Der ausführliche Mittelteil des Hoseabuches in Kap. 4–11 besteht im Unterschied zu Kap. 1–3 nur aus Hoseaworten und bildet eine strenge Einheit, aus der kein Einzelteil isoliert werden darf (s.o. S. 18 f.). Sie wird in 4, 1–3 programmatisch eingeleitet mit einem Stück, das vermutlich nie als mündliches Wort für sich bestanden hat, sondern mit seinem summierenden Charakter von den Schülern des Propheten, die seine Worte überlieferten, von Anbeginn als Überschrift für Kap. 4–11 gedacht war. Es stellt die folgenden Kapitel unter eine doppelte Deutungskategorie: Sie sind ihrer Herkunft nach „Wort Jahwes" und ihrem Inhalt nach Worte des „Prozesses Jahwes mit Israel". Unter diesem doppelten Vorzeichen wollen alle Worte Hoseas gelesen werden. Das erste ist im göttlichen „Ich" der Einzelworte ständig präsent, wird aber erst dort wieder hervorgehoben, wo dem Leser eine Atempause vergönnt ist, am Schluß von Kap. 11 („Spruch Jahwes"). Das zweite leitet ebenso programmatisch die Schlußsammlung Kap. 12–14 (in 12,3) ein und begegnet gleichfalls am Anfang von Hos 2,4–25, dem Zentralstück der Eingangssammlung; sonst findet es sich nur noch in 4,4 als Überleitung von der Überschrift 4,1–3 zum Hauptteil 4,4ff. Es ist also in Kap. 4–14 *kein* Thema der Einzelworte, sondern bezeichnet deren übergreifende Verständnisebene; das zeigt sich auch darin, daß die Szenerie einer Gerichtsverhandlung einzig in 2,4ff. genauer erkennbar wird. V. 1bβ und 2 nennen dementsprechend umfassende Anklagepunkte des „Prozesses", die Hauptstichworte der Theologie Hoseas (V. 1bβ) bzw. dekalogartige Reihenbildungen (V. 2) aufgreifen, sämtlich aber erst in folgenden Einzelworten belegt werden: fehlende „Gotteserkenntnis" erstmals in 4,4ff., fehlende „Hingabe" erstmals in 6,4–6, „Fluchen", „Morden" und „Stehlen" in 6,7ff., „Betrügen" in 7,3ff., „Ehebrechen" (neben Kap. 3) schon in 4,11ff. Die Verse 1bβ–2 bilden die Anklageschrift des Prozesses in stichwortartiger Zusammenfassung der Vorwürfe, die Kap. 4–11 im einzelnen ausführen werden. V. 3 ist eine jüngere judäische Zufügung, die zur Rundung des Wortes die unermeßlichen Folgen der großen Schuld darlegt.

1   Der programmatische Charakter des Stückes wird sogleich am Eingang deutlich. Die feierliche Proklamationsformel in V. 1a: „Hört das Wort Jahwes" (vgl. etwa 2 Kön 18,28: „Hört das Wort des Großkönigs, des Königs von Assyrien") ist von dem einfachen Aufruf zur Aufmerksamkeit wie in 5,1: „Hört folgendes" (vgl. Am 3,1; 4,1; 5,1; Mi 3,1.9 u.ö.) zu unterscheiden. Nur in 4,1 begegnet (außer in 1,1) der Begriff „Jahwes Wort", wie überhaupt in Hos 4–11 Rahmenformeln, die gehäuft in den späteren Büchern Jeremia und Ezechiel auftreten, fast völlig fehlen und Gottes- und Prophetenrede oft nahtlos ineinander übergehen. Aber gerade damit wird zum Ausdruck gebracht, daß Hosea nicht nur dann im Namen Gottes zu reden beanspruchte, wenn er das „Ich" Gottes im Munde führte; insofern trifft die Überschrift „Wort Jahwes" die Intention Hoseas voll (ob sie nun von Anbeginn Bestandteil des Stückes war oder später vorangestellt wurde, wie Wolff meint), wie ja auch in V. 1–3 trotz des Begriffs „Wort Jahwes" nirgends das „Ich" Jahwes begegnet. Mit der Anrede „ihr Israeliten", die in Kap. 4–11 fehlt, wird Kap. 4 mit Kap. 3 verbunden (3,1.4.5); wenn die Angeklagten parallel dazu „Landesbewohner" heißen, so wird damit weniger über sie ausgesagt als über ihren Prozeßgegner. Er ist der Herr des Landes, das daher „Land Jahwes" (9,3), ja sogar „Haus Jahwes" (8,1; 9,15) genannt werden kann; damit ist das Land als verpflichtende Gabe für Israel bezeichnet, mit der es nicht beliebig umgehen kann, und vor allem ist die Notwendigkeit hervorgehoben, daß Israel sich an das Recht des Landesherren (5,2; 6,5) hält. Aber alles Verhalten, das Jahwe Rechtens erwarten konnte, bleibt aus. Für das Recht des Landesherren stehen die beiden theologischen Begriffe Hoseas, die man als das Herzstück seiner Verkündigung bezeichnen darf. Der erste hat mit „Zuverlässigkeit" noch eine im Alten Testament häufige Qualifikation erhalten („zuverlässige Hingabe"), die bei Hosea sonst fehlt (vgl. aber die ähnliche Qualifikation in 2,22 und den Oppositionsbegriff in 6,4: „Eure Hingabe ist flüchtig wie Morgengewölk"). Ḥæsæd („Hingabe", „Güte", „Huld")[1] ist ein Relationsbegriff, üblicherweise für zwischenmenschliche Beziehungen. Er bezeichnet ein Handeln, das der Verpflichtung zu Rücksichtnahme und Hilfe in vorgefundenen oder einmal eingegangenen Bindungen – Familie, Sippe, Beruf, Stadt, Staat – voll nachkommt, und zwar in einer dauerhaften und verläßlichen Weise, was der qualifizierende erste

---

[1] Vgl. H. J. Stoebe, THAT I 600–621; H. J. Zobel, ThWAT III 48–71 (je mit Lit.).

Begriff hervorhebt. Solche selbstverständliche, keinen Schwankungen unterlegene, gefühlsmäßige und willentliche Verbundenheit mit anderen orientiert sich nicht an Pflichtenkatalogen, sondern schließt unerwartete und unverdienbare Großherzigkeit, Güte und Liebe ein und ist nie Ausdruck bloßer Gesinnung, sondern äußert sich stets in der Tat. Sie ist primär auf Menschen bezogen, betrifft aber ebendarin auch Gott, weil sich in Vollzug oder aber Unterlassung solchen Tuns intaktes oder zerbrochenes Gottesverhältnis widerspiegelt. Speziell in 6,4.6, dem gewichtigsten Beleg für Hoseas Deutung dieses Zentralbegriffs, ist unmittelbarer noch als hier auf das Gottesverhältnis angespielt; aber damit ist kein grundlegender Unterschied gesetzt, sondern nur eine geringfügige Gewichtsverlagerung vollzogen. Denn jeweils, in 6,4.6 wie in 4,1 (und im Gefolge Hoseas bei Jeremia; vgl. 9,33; 22,15f.), ist „Hingabe" Ausfluß von „Gotteserkenntnis" (da'at 'ᵉlohîm)[2], mit ihr untrennbar verbunden. „Gotteserkenntnis" zu lehren, ist primäre Aufgabe des Priesters (4,6); sie impliziert ein Vierfaches: 1. das Wissen darum, wem Israel seine Existenz und die Gaben des Landes verdankt (2,10), wem Bewahrung und Rettung aus Not im Zuge seiner Geschichte (11,3); 2. daraus folgend die Erkenntnis, daß es außer Jahwe keinen Helfer für Israel gibt (13,4), so daß Abfall zu und „Unzucht treiben mit" anderen Göttern und Mächten als das Sinnlos-Böse schlechthin sichtbar wird (5,4); 3. als notwendige Konsequenz der Tat jene „Hingabe" an den wahren Gott und zugleich an den bedrängten Nächsten aus enger Lebensgemeinschaft heraus, die der Parallelbegriff ḥæsæd meint und die sich aus solcher Erkenntnis notwendig von selbst ergibt[3]; schließlich 4. die Konkretion solcher Hingabe in Einzelweisungen für den Alltag, die wiederum der Priester zu geben hat und die als Lebens- und Orientierungshilfen zusammen „die Weisung Gottes" (4,6 par. zur „Gotteserkenntnis") ausmachen. So fassen die Schüler Hoseas seine Botschaft vom Willen Gottes mit zwei der zentralen Termini Hoseas zusammen, die in ihrer Weite und Tendenz am ehesten mit Jesu Antwort an den Schriftgelehrten auf dessen Frage nach dem wichtigsten Gebot (Mk 12,28ff. par.) vergleichbar sind.

Wo „Gotteserkenntnis" ihre handlungsleitende Funktion für Israel verliert, bricht 2 Gemeinschaft zusammen – das Verb pāraṣ („eine Bresche schlagen, einreißen") bezeichnet von Haus aus das Durchbrechen einer Befestigungsmauer –, bleibt Israel nicht mehr Gottesvolk. Mit fünf Infinitiven umschreibt V. 2 paradigmatische Vergehen, wobei die letzten drei im Anschluß an Verbote des altisraelitischen Rechts, die auch im Dekalog begegnen, formuliert sind. Die ersten beiden Verben finden allerdings terminologisch im Dekalog keine und auch in Israels sonstigen Geboten so gut wie keine Entsprechung (nur „Betrügen" in Lev 5,21f.; 19,11). „Fluchen" meint bei Hosea die mißbräuchliche Verwendung des Namens Jahwes (vgl.

---

[2] Die gewichtigsten Beobachtungen zu diesem Zentralbegriff Hoseas finden sich bei H. W. Wolff, Ges.St. 182–205 (vgl. die kritischen Anfragen E. Baumanns in EvTh 15, 1955, 416–25 und Wolffs Antwort ebd. 426–31); vgl. weiter J. L. McKenzie, Knowledge of God in Hosea, JBL 74, 1955, 22–27 sowie W. Schottroff, THAT I 682–701 und (Bergmann-) G. J. Botterweck, ThWAT III 479–512, je mit Lit.

[3] Deshalb steht die Forderung Jahwes nach „Hingabe" ganz natürlich am Anfang der Geschichte Gottes mit Israel (10,12; 12,7), die für Hosea Gegenstand der „Gotteserkenntnis" ist; vgl. in Hoseas Gefolge Jer 22,15f.

im Dekalog Ex 20,7) als Rechtsmittel zur Sicherung einer Vereinbarung oder eines Vertrages (sog. Flucheid), die dann dennoch gebrochen werden (10,4; vgl. 6,7); „Betrügen" bezieht Hosea nur einmal auf zwischenmenschliches Verhalten (7,3), zweimal dagegen auf das Verleugnen und Umgehen Jahwes in Innen- und Außenpolitik, im Handel und vor allem im Kult (10,13; 12,1). Die folgenden drei Verben sind identisch mit denen des 5.–7. (bzw. nach reformierter Tradition: 6.–8.) Gebots des Dekalogs (Ex 20,13–15; Dtn 5,17–19)[4]. Die Schlußstellung des „Ehebruch"-Vorwurfs hängt vermutlich mit dem Gewicht zusammen, den diese Thematik bei Hosea sowohl im zwischenmenschlichen Bereich als auch für das Gottesverhältnis besitzt (vgl. zuletzt 3,1 und im folgenden 4,11–14); Mord und Diebstahl spielen in 6,7–7,2 eine Rolle, Mord darüber hinaus bei allen Belegen zum Thema Königtum (vgl. den Exkurs zu 1,4). Aber weniger auf die Einzelheiten kommt es V. 2 an, sondern auf die grundlegende Zerrüttung des Gottesverhältnisses und aller zwischenmenschlichen Beziehungen. Das verdeutlicht der Schlußsatz, der nicht einen neuen Vorwurf nennt, also nicht wie in 1,4 konkrete Bluttaten bezeichnet, sondern wie in 12,15 die (von Haus aus priesterliche) Kategorie, unter der die zuvor genannte Schuld hier gesehen wird. „Blutschuld" ist nach priesterlichem Verständnis nicht nur Mord, sondern auch ein schwerwiegender Verstoß gegen Opfervorschriften (vgl. etwa Lev 17,4), weil im Blut als Sitz des Lebens Jahwe, der Geber allen Lebens, direkt betroffen ist. Hosea verschärft dieses Verständnis einschneidend: Schon eine das Leben des Nächsten gewaltsam bedrohende und schädigende Tat ist „Blutschuld", mehr noch sind es die mannigfachen „Kränkungen" Jahwes durch verschiedenartigen „Betrug" (12,1.15). Als „Blutschuld" sind die genannten Taten todeswürdige Kapitalverbrechen. Mit diesem Satz des Anklägers, der zugleich der Richter ist, ist das Urteil im Prozeß schon im Vorgriff gesprochen.

3   Auffälligerweise schließt sich aber keine Ankündigung zukünftiger Strafe durch den Richter an wie zumeist in anklagenden Prophetenworten, sondern ein Hinweis auf schon gegenwärtige Wirkungen der Schuld. „Daher" (ʿal-kēn) bezeichnet bei Hosea (4,13; 6,5; 13,6) wie auch sonst üblicherweise die (notwendige) Folge einer Tat. Jedoch wird nicht einfach eine erfahrene Dürre beschrieben, sondern das Endstadium eines schon im Vollzug begriffenen totalen Sterbens, bei dem aller Boden seinen Ertrag verweigert (ʾæræṣ meint hier nicht nur wie in V. 1 das entweihte „Land", sondern – wie die Fortsetzung zeigt – die gesamte bewohnte „Erde"), so daß Mensch und Tier wie Pflanzen „dahinwelken" (so die wörtliche Bedeutung des zweiten Verbs). Vorstellungsmaterial und Terminologie entstammten kultprophetischer Verkündigung (vgl. etwa Nah 1,4f.; Jes 33,9; 24,3f.), die im Zuge der Überlieferung auch in die Bücher Amos (1,2b; 8,8; 9,5), Jeremia (4,28a; 12,4; 23,10a) und Zefanja (1,2f.) Eingang fand. Nach ihr führt gestörte Gemeinschaft im Gottesvolk zur Zerrüttung der gesamten Weltordnung, zum Beben der „Säulen", auf denen die Erde ruht

---

[4] Damit ist allerdings keineswegs bewiesen, daß Hosea schon den fertigen Dekalog kannte. Die Dreierreihe des 5.–7. Gebots, schon in ihrer Kurzform von den anderen Geboten unterschieden, ist eine der Teilreihen, aus denen der Dekalog zusammengesetzt ist. Daß sie lange Zeit für sich bestanden hat, beweist die Tatsache, daß von den sechs möglichen Positionen der drei Verben im Verhältnis zueinander nicht weniger als fünf belegt sind: 5–6–7: Ex 20/Dtn 5; 5–7–6: Hos 4,2; 6–7–5: Ex 20 G; 6–5–7: Dtn 5 G; Luk 18,20; Röm 13,9 u. ö.; 7–5–6: Jer 7,9. Der zuletzt genannte Beleg steht vermutlich in hoseanischer Tradition; auch in ihm wird die Dreierreihe mit typisch jeremianischen Vorwürfen verbunden.

(Ps 11,3; 75,4; 82,5 u.ö.); diese Zerrüttung zeigt sich primär im Bereich der Natur, die ihre heilsamen Kräfte verweigert, so daß alle Lebewesen auf, über und unter der Erde dahinsiechen (die komplizierte Schlußkonstruktion beruht darauf, daß die Meeresfische an sich nicht von der Dürre betroffen sind). Geschichte und Natur sind in unlöslichem Zusammenhang miteinander gesehen (vgl. Röm 8,19ff.)[5].

2. Hoseas Frühzeit (Hos 4,4–5,7)

4,4–19: Gottesdienst ohne Gott

4 Jedoch: Nicht irgendeinen soll man verklagen,
  nicht irgendjemand verurteilen[1],
  sondern ‚dir mache ich den Prozeß‘[2], Priester!
5 Am hellichten Tag[3] wirst du stolpern,
  mit dir stolpert auch der Prophet bei Nacht;
  ich richte deine Mutter[4] zugrunde[5],
6 ging doch mein Volk zugrunde[5],
  weil ihm die Erkenntnis fehlt.
  Weil du die Erkenntnis verworfen hast,
  verwerfe ich dich[3] als meinen Priester;
  weil du die Weisung deines Gottes vergessen hast,
  bin ich es nun, der deine Söhne vergißt.

7 Je mehr ihrer wurden, desto mehr verfehlten sie sich gegen mich:
  Ihre Ehre tauschten ‚sie‘[3] gegen Schande ein,
8 nähren sie sich doch von der Verfehlung meines Volkes,
  gieren ‚sie‘[3] doch nach seiner Verschuldung.

9 Dann ergeht's Volk wie Priester:
  Ich ahnde seinen Wandel an ihm,
  lasse seine Taten sich an ihm auswirken.
10 *Sollen sie sich nähren – ohne satt zu werden,*
   Unzucht treiben[3] – ohne sich auszubreiten,
   denn Jahwe haben sie verlassen, um der Unzucht die Treue zu halten[6].

---

[5] Vgl. zum Vorstellungshintergrund J. Jeremias, Kultprophetie und Gerichtsverkündigung in der späten Königszeit Israels, 1970, 129ff.

[1] Grammatisch möglich ist auch die Übersetzung: „Aber wenn niemand anklagt, niemand verurteilt ..." (Junker, BZ N.F. 4, 1960, 166). Aber dann hätte in V. 4b der Ton auf das Ich Jahwes fallen müssen, nicht auf das „dir".

[2] L. *'immᵉkā rîbî* (BHS). Die überschüssigen Buchstaben *km* wollten wohl (als Wahllesart zu „dir") die Kollektivität der Anrede sichern („euch mache ich den Prozeß, ihr Priester"); so Junker, a.a.O.

[3] S. BHS.

[4] So MT und alle Übersetzungen; Rudolph vokalisiert *'ummₑkā*, „deine Sippen".

[5] *dmh III* wie auch in 10,7.15; vgl. HAL s.v.

[6] Das erste Wort von V. 11 wird ursprünglich zu V. 10 gehört haben; vgl. G, S. Entsprechendes gilt vermutlich vom ersten Wort in V. 12 (G).

11 Wein und Most
 rauben meinem Volk[6] den Verstand.
12 Sein Holz befragt es,
 sein Stab soll ihm Auskunft geben!
 Ja, ein Geist der Unzucht hat (sie) irregeführt,
 so haben sie sich um der Unzucht willen von ihrem Gott abgewandt.
13 Auf Bergesgipfeln opfern sie,
 auf Anhöhen räuchern sie,
 unter Eiche, Pappel und Terebinthe,
 weil ihr Schatten so wohltut.
 So kommt es, daß eure Töchter Unzucht treiben,
 eure Schwiegertöchter die Ehe brechen.
14 Nicht ahnde ich's an euren Töchtern, daß sie Unzucht treiben,
 nicht an euren Schwiegertöchtern, daß sie die Ehe brechen:
 Sie selber gehen ja mit Huren beiseite,
 feiern Schlachtopfer zusammen mit Tempeldirnen!
 So kommt unverständiges Volk zu Fall.
15 *Wenn du, Israel, schon Unzucht treibst,*
 so soll sich doch Juda nicht versündigen:
 Kommt nicht nach Gilgal,
 zieht nicht hinauf nach Bet-Awen,
 Schwört nicht (in Beerscheba): „So wahr Jahwe lebt"!

16 Ja, störrisch wie eine Kuh,
 so störrisch ist Israel.
 Sollte Jahwe sie da weiden können
 wie Lämmer auf weiter Flur?
17 Ein Kumpane von Götterbildern ist Efraim,
 darin ,hat es Befriedigung gefunden‘[7].
18 Ein Ende hat ihr Zechen:
 Unzucht um Unzucht treiben sie,
 lieben und ,lieben‘[3] –
 die Schmach der ,Verstocktheit‘[8].
19 Ein Wind wickelt ,sie‘[3] in seine Flügel ein:
 So werden sie zuschanden an ihren ,Altären‘[3].

Lit.: N. Lohfink, Zu Text und Form von Os 4,4–6, Bib. 42, 1961, 303–332; L. Rost, Erwägungen zu Hosea 4,13f., Fs A. Bertholet, 1950, 451–460.

Die Botschaft Hoseas vor dem syrisch-efraimitischen Krieg (733/32) ist (außer in 2,4ff.) in 4,4–5,7 aufbewahrt. Sie liegt in zwei ganz parallel gebauten Spruch-Kompositionen vor: 4,4–19 und 5,1–7. Die Parallelität des Gedankenganges verdeutlicht, daß hier bewußter Gestaltungswille der Schüler Hoseas am Werk ist, die eine Zusammenfassung der Botschaft des Propheten weitergeben wollen in Konzentration auf das Wesentliche. Beide Kompositionen sind dreitaktig; die zweite setzt die erste voraus und steigert ihre Aussagen. 1) Im jeweiligen ersten Teil werden die

---

[7] L. *hēnîªḥ* (vgl. G, ʾA, Θ).
[8] L. *mᵉginnâ* (Klgl 3,65).

Hauptschuldigen von dem mitschuldigen Volk abgehoben und mit Gottes Strafhandeln konfrontiert: in 4,4–10 die Priesterschaft, in 5,1f. zusätzlich Sippenälteste und königliche Beamte. 2) Der jeweilige Mittelteil (4,11–14; 5,3f.) trägt das Hauptgewicht und stellt als Folge die totale Fehlorientierung des Volkes dar. Klagender Grundton herrscht vor, und das zentrale Stichwort „Geist der Unzucht" beherrscht beide Male den Gedankengang. Beschreibt 4,11–14 noch andeutend das fehlgeleitete gottesdienstliche Treiben, so zieht 5,3–4 nur noch die Quintessenz aus ihm, offensichtlich weil 4,11–14 beim Leser vorausgesetzt ist. 3) Der jeweilige Schlußteil ist distanzierter formuliert: ohne Gottesrede, ohne Anrede an die Hörer. Das Thema ist die totale Hoffnungslosigkeit und Unveränderbarkeit des Zustands im Gottesvolk, hier (4,16–19) mit Ton auf dem widerspenstigen Starrsinn Israels, dort (5,5–7) mit Ton auf der endgültig zerrissenen Verbindung zu Gott. Insgesamt wird der Gedankenfortschritt insbesondere daran sichtbar, daß Jahwe nur anfangs in Kap. 4 von Israel klagend als „meinem Volk" (V. 6.8.12) spricht, ab 4,16 nicht mehr.

4,4–10: Die Schuld der Priester. In V. 4–10 fallen zwei stilistische Einschnitte auf. Während die Verse 4–6 von der Anrede Gottes an (einen) Priester im Singular bestimmt sind, verlassen die Verse 7–8 die Anrede und gebrauchen den beschreibenden Stil der 3.Pers., und zwar im Plural, reden also von mehreren Priestern (vgl. den analogen Stilwechsel im Übergang von 2,4f. zu 2,6ff., von 5,1f. zu 5,3ff.). V. 9 kehrt wieder zum Singular zurück, aber jetzt ohne Anrede, bevor V. 10 schließlich erneut den Plural benutzt; die zuletzt genannten Übergänge sind dabei von geprägten Redeformen her bestimmt (Formel zur Identifikation des Geschicks zweier Personen V. 9; Fluchspruch V. 10). Diese Stilwechsel hat man sich vermutlich so zu erklären, daß hinter V. 4–6 und V. 7f. zwei ursprünglich selbständige mündliche Hoseaworte stehen, das eine öffentlich verkündet (V. 4–6), das andere in sachlichem Anschluß daran vor den Schülern bzw. Vertrauten gesprochen (V. 7f.), während V. 9f. zusammen mit V. 4a Hoseaschülern zur Verknüpfung dieser Worte mit dem vorausgehenden (Thema: Prozeß) und dem folgenden Stück (Thema: hurerischer Kult) diente. Mit der dreitaktigen Abfolge: Anklage gegen die Priester als Hauptschuldige (V. 4–6) – Klage über ihr Treiben (V. 7f.) – Identifikation von Priestern und Volk (V. 9f.) wiederholt 4,4–10 im Kleinen den Aufbau der Großeinheit 4,4–19, wie er eingangs dargestellt wurde.

In betonter terminologischer Anknüpfung an V. 1 hebt die Gottesrede in V. 4 aus dem Volk die Hauptschuldigen hervor: die Priester. Ihnen gilt Jahwes Prozeß zu allererst, sind sie doch für die Realisierung intakten Gottesverhältnisses und intakter menschlicher Gemeinschaft verantwortlich, insofern ihnen deren entscheidendes Fundament anvertraut ist, die Gotteserkenntnis (zweimal in V. 6). Denn an der Erkenntnis Gottes, mit deren Erörterung Calvin aus gutem Grund seine Institutio Religionis Christianae einsetzen läßt, hing für Israel schlechterdings alles: Leben aus der Dankbarkeit im Wachhalten der Großtaten Gottes, Vertrauen ganz auf ihn, Hingabe an den Nächsten als Folge dieses Vertrauens (vgl. oben zu V. 1). Vor allem aber gründen in dieser Erkenntnis alle Einzelweisungen im kultischen und rechtlichen Bereich, deren Unterrichtung Hauptaufgabe im priesterlichen Alltag ist. Wird die Gotteserkenntnis vom Priester mißachtet, ist auch eine Belehrung im Willen

Gottes nicht mehr möglich; und umgekehrt: fragen die Priester nicht nach Gottes Willen, ist Gotteserkenntnis nicht mehr möglich in Israel. Ohne diese Orientierung aber büßt das Gottesvolk seine Besonderheit ein und ist verloren. Für den Willen Gottes steht dabei in V. 6 jener Begriff (*tôrâ*), der in späteren Teilen des Alten Testaments und besonders im Deuteronomium die gesamte mosaische Tradition bezeichnet. Für Hosea ist er Zusammenfassung der vielen Lebenshilfen Gottes in Gestalt von Einzelweisungen (*tôrot* 8,12), die Gegenstand der Priesterlehre sind. Eine Priesterschaft, die dem Gottesvolk das einzig Lebensnotwendige vorenthält, muß Gott verwerfen. Ihr „Vergessen" des Gotteswillens ist ja (ebenso wie Israels „Vergessen" 2,15; 13,6) keineswegs ein mentaler Defekt, sondern als exakte Opposition zur Gottes-„Erkenntnis" willentliche Tat der Ablehnung. Daß in die Verwerfung die „Mutter" und die „Söhne" eingeschlossen sind, legt die Vermutung nahe, daß Hoseas mündliches Wort ursprünglich einen Einzelpriester, vermutlich einen Oberpriester als Repräsentanten seines Standes, meinte (Wolff, Lohfink). Familiengemeinschaften sind für das Alte Testament nicht zufällige Ansammlungen verschiedener Einzelner, sondern Grundeinheiten, in denen die Glieder unter einem Haupt füreinander da sind, miteinander Freud und Leid, Segen und Fluch erfahren, ihre Aufgabe erfüllen oder aber schuldig werden. Die Söhne ständen dann für die männliche Nachkommenschaft – das Priestertum war erblich –, die Vernichtung der Mutter des Familienhauptes hieße: Es wird keine Nachkommenschaft mehr geben (vgl. 1Sam 15,33). Im jetzigen Kontext aber ist durch die Verbindung mit V. 7f. und durch die Aktualisierung in V. 5b gesichert, daß die Anrede „Priester" kollektiv gemeint ist. Die „Söhne" sind dann alle gegenwärtigen und zukünftigen Glieder der Priesterschaft (ähnlich heißen Glieder von Prophetengruppen „Propheten-Söhne"), die „Mutter" steht im Drei-Generationen-Schema (Lohfink) als Repräsentantin aller vergangenen Priestergenerationen. Das Gericht über die Priesterschaft wird damit als ein totales und unaufhebbares bezeichnet. Im einzelnen wird das göttliche Strafhandeln durch identische Verben zur Bezeichnung von Schuld und Strafe talionartig genau analog den Vergehen geschildert und die Strafe damit als gerecht und zugleich notwendig herausgestellt. In V. 5b–6a steht in „aufgeregteren" kurzen Zweierrhythmen die Strafe voran, in V. 6b steigernd in zwei parallel gebauten Sätzen ruhiger Dreierrhythmen die Schuld. Seine besondere Schärfe gewinnt V. 6b aus dem jedem Hörer vertrauten Anklang an die Verwerfung Sauls durch Gott in 1Sam 15,23.26[9]. Nur V. 5a steht für sich und betont die Plötzlichkeit des Verderbens („am hellichten Tag"). An dieser Stelle hat ein Späterer im Blick auf judäische Verhältnisse die Propheten (hier eindeutig kollektiver Singular) miteinbezogen, ohne sie jedoch anzureden. Hosea selbst weiß sich mit den anderen Propheten im Nordreich eng verbunden (vgl. 6,5; 12,11–14), aber bei Jeremia werden Priester und Prophet oft in einem Atemzug angeklagt. Das Stolpern „bei Nacht" meint vermutlich den Verlust des prophetischen Offenbarungsempfanges (vgl. Mi 3,6).

---

[9] Auch V. 5: „Ich richte deine Mutter zugrunde" könnte steigernde Anspielung auf 1Sam 15,33 sein; sicher nimmt Hos 6,6 wieder Bezug auf dieses Kapitel; vgl. auch 9,17. Die Tradition in 1Sam 15 hat aller Wahrscheinlichkeit nach kurz vor Hosea im Nordreich ihre entscheidende Ausgestaltung empfangen.

Durchzog der Grundton der Empörung die Verse 4–6, so jetzt Verzweiflung die 7f.
Verse 7f. Sie sind Klage des Propheten, eher im Kreis von Vertrauten gesprochen
als in der Öffentlichkeit. Die Verse 4–6 werden noch verschärft, insofern jetzt nicht
mehr von der Unterlassung priesterlicher Pflichten geredet wird, sondern von der
totalen Verkehrung des Priesteramtes, die das Gottesvolk in den Untergang zieht.
Gerade die scheinbar erfreuliche Vermehrung der Priesterschaft (vgl. die von Hosea
kritisierte Vermehrung der Kultstätten in 8,11; 10,1) hat zu größerer Pflichtverges-
senheit geführt; was ihre „Ehre" ausmachte – das hebräische Wort bezeichnet
ursprünglich das „Gewichtige", „Imponierende" an einer Person –, die verantwort-
liche und vollmächtige Weitergabe der Erkenntnis und des Willens Gottes, haben
sie in „Schande" eingetauscht[10]. Dieser Begriff impliziert mehr als nur Ehrlosigkeit;
er schließt das Zu-Schanden-Werden, den Untergang schon mit ein. Denn die Priester ziehen das Volk in ihre Verschuldung mit hinein, und zwar um Gewinnes willen. Angespielt ist damit auf die Vermehrung kultischer Aktivitäten bei Opferfesten
(V. 11ff.), die in den politisch ruhigen Zeiten der Wirtschaftsblüte unter Jerobeam II. mehr Priester und mehr Abgaben erforderten, zugleich den Priestern größere
Anteile erbrachten, damit aber immer stärker zum Instrument der Absicherung von
Gedeihen und Erfolg (vgl. 2,7–15) wurden, ohne ethische Kraft und ohne Impuls
zur Bewährung im Alltag. Ja, umgekehrt sind es eben die sich ausweitenden kulti-
schen Aktivitäten, die für Hosea von Gott fort, zu Schuld und Rebellion gegen
Gott(!), zu Gleichgültigkeit und zum „Vergessen" seines Willens (V. 6) führen (vgl.
Am 4,4f.; 5,4f.). So werden die Hüter des Gotteswillens zu Verführern des Gottes-
volkes (vgl. das klagende „mein Volk" in V. 8, in V. 6a und sogleich wieder in
V. 12), indem sie zum Gottesdienst rufen. Welche abgründige Aufdeckung der
Gefahren jedes Gottesdienstes, wenn er zum Selbstzweck wird!

Mit der üblichen Verknüpfungsformel „dann" (*wᵉhājā*) schließt sich an V. 7f. 9
eine geläufige und sehr allgemein gehaltene Unheilsankündigung an, die aus Gründen des Stilzwanges (das Geschick zweier Gruppen wird identifiziert; vgl.
Gen 18,25; 44,18 u.ö.) im Unterschied zum Kontext singularisch formuliert ist; zu
ihr finden sich enge Sprachparallelen in 12,3.15. Sie bindet das Geschick von Priesterschaft und Volk engstens aneinander. Man kann schwanken, ob den Priestern
ihre vermeintliche Vorzugsstellung vor Gott bestritten werden soll oder – wahrscheinlicher im Blick auf das Folgende – verhindert werden soll, daß sich das Volk
durch das Strafgericht über die Priester entschuldigt und vom Unheil ausgenommen
glaubt. Priester und Volk gehen gemeinsam zugrunde, nicht durch eine von außen
kommende Katastrophe, sondern dadurch, daß Gott Vergehen „ahndet" (vgl. zu
1,4), indem er ihre eigene Schuld sich an ihnen auswirken läßt[11].

---

[10] In Anlehnung an Hosea sagt Jeremia später: Israels „Ehre" ist Jahwe, seine „Schande"
der Baal, der nicht helfen kann – und doch „tauscht" Israel „seine Ehre gegen einen Nichts-
nutz ein" (Jer 2,11; vgl. Ps 106,20). – Diese Parallele spricht zusammen mit der Sachparallele Hos 9,11 auch für die oben gewählte Lesart von S und T (statt MT: „Ich werde vertauschen", nach der Tradition auf einen Eingriff der Massoreten aus dogmatischen Bedenken
zurückzuführen; sog. *tiqqûn sôfᵉrîm*), zumal V. 8 in der Anklage fortschreitet.
[11] Vgl. zu dieser Vorstellung K. Koch, Um das Prinzip der Vergeltung 141ff., und zur
notwendigen Korrektur an dessen Auffassung von einer „schicksalwirkenden Tatsphäre" bei

10   Die Wirkung wird in V. 10 mit Wendungen beschrieben, die an geläufige orientalische Fluchworte anknüpfen und im Gegensatz zum Kontext die Gottesrede verlassen. Mit dem ersten Fluchwort schließen Schüler Hoseas (vermutlich spätere Kreise als in V. 9; vgl. die „judäische" Sprache) den ersten Gedankengang ab („sich nähren" in V. 10 greift V. 8 auf) und leiten zugleich mit dem zweiten und zusätzlich mit einer neuen Anklage zum Thema von V. 11 ff. (Stichwort „Unzucht treiben") über: Wer Jahwe als die Quelle des Lebens „verläßt" (nur hier im Hoseabuch; später zentraler Vorwurf Jeremias im Anschluß an Hoseas Botschaft; vgl. etwa Jer 2), um seine ganze Kraft dem widergöttlichen Gottesdienst zu weihen („die Treue halten", „bewahren", hat im Alten Testament – besonders im Dtn und DtrG – gewöhnlich den Gotteswillen zum Objekt, hier das erst bei Jeremia und Ezechiel übliche z*nût „Unzucht"), begibt sich außerhalb der Segenskräfte Gottes; wer sich vom baalistischen Fest Förderung verspricht, scheitert und darbt. Die grausamen Folgen malt später 9, 11 ff. genauer aus.

4, 11–15: Abgöttischer Gottesdienst. 4, 11–15 schließt sich nahtlos an das Vorhergehende an, und zwar sowohl an V. 9 als auch an V. 10. Keine Partikel markiert einen Einschnitt, die Gottesrede von V. 4 ff. setzt sich fort. Und doch ist V. 11 ff. nicht nur unter inhaltlichen Gesichtspunkten mit seiner Schilderung lokaler Festgottesdienste vom Vorangehenden abzuheben. V. 11–14 bilden auch formal eine künstlerisch gestaltete „konzentrische Figur", bei der die äußeren Glieder einander entsprechen und einen inneren Kern umschließen (analog etwa 5, 3 f.; 10, 1–8). Hier ist sie fünfgliedrig, also A-B-C-B′-A′. Anfang (V. 11–12 a) und Ende (die letzte Zeile von V. 14) ergehen im Ton mitleidender Klage und reden im Anschluß an sprichwortartige Wendungen vom Volk im Singular. Ein innerer Rahmen, jeweils mit hinweisendem (deiktischem) *kî* „ja, denn" eingeleitet, spricht vom Volk (V. 12 b–13 a) bzw. von einer Gruppe („sie", V. 14 a, 2. Teil) in der 3. Pers. pl., nun schon viel verzweifelter und aggressiver. Der Mittelteil schließlich (V. 13 b–14 a, 1. Teil) geht zur Anklage in der direkten Anrede der 2. Pers. pl. über und zeigt in der bewußten Wortwiederholung das Entsetzen des Propheten. So bestimmen Steigerung am Anfang, Abklang am Ende den Gedankengang. Möglicherweise liegen V. 11–14 zwei Worte mündlicher Verkündigung Hoseas zugrunde, beide dann aus der gleichen Situation, das eine beschreibende Klage (vor den Schülern?), das andere Anklage in der Auseinandersetzung mit der feiernden Gemeinde. Aber notwendig ist diese Annahme nicht; der genannte Stilwechsel kann auch bewußt eingesetztes literarisches Mittel der Schüler sein bei der Zusammenfassung der Worte ihres Meisters. Inhaltlich trägt V. 12 b den Hauptton; beschreiben die umgebenden Verse das Festtreiben, so erscheint hier die entscheidende Deutung: „Geist der Unzucht". V. 15 ist ein späterer Kommentar zu V. 11–14 aus Juda.

Auf höher gelegenen Plätzen in oder nahe bei den Siedlungen finden die lokalen Opferfeste statt, die der Prophet beschreibt. 2, 12–15; 7, 14 und 9, 1 ff. zeigen, daß es sich um bäuerliche Feste handelt, die eng mit dem Ablauf der Jahreszeiten verbunden sind; sie sollen deren sinnvolle Abfolge sichern und damit die Produktion der lebenswichtigen Landesgüter. Die Vermehrung von Kultorten und Feiern (8, 11 ff.; 10, 1 f.) geht Hand in Hand mit der Vermehrung der Priester (V. 7 f.). Baalskult und baalisierter Jahwekult werden (nach der Ermordung der geistlichen

---

Hosea F. Horst, Recht und Religion im Bereich des AT, Ges. St. 260 ff. = Um das Prinzip ..., 181 ff., bes. 207 ff.

Oberschicht der Kanaanäer in der Revolution Jehus), wenn sie nicht örtlich überhaupt ineinandergefallen waren, kaum noch zu unterscheiden gewesen sein. Es ist ein fröhliches Festtreiben, das beschrieben wird, für das vermutlich das Freudenfest 11 schlechthin, das Fest der Traubenlese, das Vorbild abgab und bei dem Wein und Most (*tîrôš* ist vermutlich der noch trübe Heurige) genossen werden, die „das Herz nehmen", für das Alte Testament nicht der Ort des Gefühls, sondern der willentlichen Entscheidung, die auf besonnenem Entschluß beruht. So werden dem Gottesvolk Orientierung und Differenzierungsvermögen geraubt. Ein letztes Mal klingt Gottes verzweifeltes „mein Volk" auf: Wohin ist es mit Gottes Gemeinde gekommen? Dann spricht der Prophet (mit Ausnahme von 11,7 und dem Nachtrag 6,11) nur noch unpersönlich von „ihnen", selten noch von „Israel" (V. 16), bald fast ausschließlich nur noch von „Efraim", der staatlichen Bezeichnung des Nordreichs bei Hosea, besonders in seiner nach 733 auf das Kerngebiet im Gebirge reduzierten Gestalt (5,8ff.)[12]. Noch stärker als auf den Weingenuß bezieht sich die Klage auf 12a die kanaanäischen Orakelpraktiken, die V. 12a beschreibt. Allerdings können wir nicht sicher sagen, ob mit „Holz" und „Stab" der Kultpfahl der Aschera neben der steinernen Mazzebe (vgl. 3,4) und dem Altar gemeint ist, oder ob auf Baumorakel oder Rhabdomantie (Orakeleinholung durch Stabwerfen) angespielt wird – alle diese Orakelformen sind bei Hosea nicht direkt belegt, und wie die priesterliche Orakeleinholung mittels „Efod und Terafim" (3,4) geschah, können wir auch nicht präzise sagen[13]. In jedem Falle aber entlarvt Hoseas Gott mit der Bezeichnung „Holz" die nur scheinbare Macht der Kultobjekte (vgl. zur Wirkungsgeschichte etwa Hab 2,18f. – Holz und Stein sind „stumm", „ohne Geist", d.h. ohne Leben – und Jes 44,9ff.) und distanziert sich scharf von Israels Selbsthilfe: Holz und Stab sind „sein Holz", „sein Stab", Zukunftssicherung nicht nur an Gott vorbei, sondern auch gegen Gott gerichtet und ihn verwerfend.

Solche Verirrung im Gottesdienst ist gewiß Schuld, zugleich aber eine so unver- 12b ständlich-selbstmörderische Lebensverfehlung, daß sie nicht mehr allein mit der begrenzten Einsicht des Gottesvolkes erklärt werden kann, sondern nur noch mit dem Wirken einer widergöttlichen Macht. Dabei blickt das Wort, wie die obige Formanalyse und das Stichwort „Unzucht" zeigen, stärker voraus auf das Folgende als zurück auf die Orakelpraktiken. Wie Saul, vom „bösen Gottesgeist" ergriffen, David zu töten trachtete (1 Sam 18,10f.), wie der „Geist der Verwirrung" den Ägyptern alle Orientierung raubt (Jes 19,14), so weckt der letztlich von den Priestern ausgehende (V. 7f.10) „Geist der Unzucht" unkontrollierbare Leidenschaften, die das Volk von der Quelle des Lebens, dem Gott seiner Geschichte, forttreiben, um es in den Untergang zu ziehen (vgl. den mit „Geist" wortidentischen „Wind" von V. 19). Der Verlust von Entscheidungsfähigkeit und Besinnung (V. 11) geht

---

[12] Vgl. zu den inhaltlichen Implikationen dieser Differenzierung H. Utzschneider, Hosea 129ff., in Weiterführung von Beobachtungen Wolffs; I. Willi-Plein, Schriftexegese 236ff., bes. 239f.

[13] Waren es Kleid und Maske des Gottesbildes (Terafim), die der Priester anzog, oder Kleid und Orakeltasche? Es gibt zahlreiche Theorien; vgl. zum Efod etwa K. Elliger, VT 8, 1958, 19ff.; ders., RGG³ II 521f.; zu den Terafim die Aufzählung von Lösungsversuchen bei A. R. Johnson, The Cultic Prophet in Ancient Israel, ²1962, 32f.

13 f. Hand in Hand mit der Lösung von Gott. Die Folgen sind verheerend und reichen weit über den Gottesdienst hinaus bis zur Zerreißung gewachsener Familienbande. Denn auf den Kulthöhen (vgl. den Fachausdruck *bāmâ* in 10,8) gehören Opferfest und Sexualriten stets (iterative Imperfekte) zusammen [14]. Solche Höhen mit einem Altar für die Opfer und mit einer (oder mehreren) Mazzebe(n) als Symbol der Gottheit (10,1 f.; vgl. Gen 28,10 ff. u. ö.) werden bevorzugt dort angelegt, wo mächtige und seltene Baumarten weithin sichtbar die Heiligkeit des Ortes repräsentieren (vgl. Gen 12,6; 13,18; 18,1 u. ö.). Aber der Hinweis auf ihren „wohltuenden Schatten" in der Hitze Palästinas deutet schon auf Genuß und Lust hin (vgl. im Gefolge Hoseas Jer 2,20: „Unter jedem hohen Hügel, unter jedem grünen Baum streckst du dich als Dirne aus"; ähnlich Jer 3,6.13; 17,2 sowie Dtn 12,2; 1 Kön 14,23 u. ö.). „Opfern und Räuchern" zusammen steht in 11,2 ausdrücklich für den Baalsgottesdienst (vgl. 2,15); Räuchern meint das Verbrennen von ganz dargebrachten Tieren sowie von Vegetabilien und wohlriechenden Harzen (Am 4,5; Lev 2,15 f. u. ö.) – in urtümlich magischem Verständnis dazu gedacht, der Gottheit Lebenskräfte zuzuführen, damit sie Fruchtbarkeit spendet –, Opfern (*zābaḥ* pi.) das Gemeinschaftsmahl über dem geschlachteten Opfertier, dessen beste Teile der Gottheit dargebracht wurden. In diesem Kontext der Freudenfeste gehören die Sexualriten, denen Hoseas besonderer Abscheu gilt, wie der Übergang zur Anrede an die Familienväter im gewichtigen Mittelteil zeigt. Man muß die Strenge des älteren Jahweglaubens hinsichtlich sexueller Beziehungen außerhalb der Ehe (vgl. etwa Lev 18 im Grundbestand) vor Augen haben, um ermessen zu können, welcher Einbruch durch die Übernahme kanaanäischer Fruchtbarkeitsriten erfolgte, welche verheerenden Folgen solche Umorientierung der Sitten in einer Ackerbaukultur haben mußte. Man begreift von daher, daß es – bis in das Zeitalter Jeremias hinein (Jer 35) – strenggläubige Gruppen wie die der Rekabiter gab, die jeglichen Ackerbau als mit dem Jahweglauben unvereinbar abwiesen. Worauf allerdings V. 13 b–14 a genau anspielen, ist nicht ganz deutlich. Unumstritten ist zunächst, daß die Sexualriten mit der Fruchtbarkeit zusammenhängen, und zwar vermutlich mit der zu 1,2 beschriebenen Auffassung vom Land als Mutterschoß, der Baals Regen als Sperma empfängt, und mit dem Kultbrauch der „heiligen Hochzeit", bei der in sog. sympathetischer bzw. imitativer Magie dieses Geschehen (aufgrund der Übereinstimmung von Makrokosmos und kultischem Mikrokosmos) herbeigeführt wird, wenn Priesterin und König bzw. Kultdirne und Priester etc. sich miteinander vereinen. Sicher ist aber auch, daß dieser Hintergrund als Erklärung nicht ausreicht. Auffallen muß, daß sich nicht nur Tempeldirnen mit männlichen Kultteilnehmern verbinden, sondern auch unverheiratete junge Mädchen und sogar solche, die schon gebunden sind (*kallâ* heißt im Hebräischen „Braut" und „Schwiegertochter"; gemeint ist hier, wie L. Rost zeigt, die junge Braut, die unmittelbar vor der Ehe stehend, schon rechtlich dem Schwiegervater unterstellt ist). Man vergleiche auch die Schilderung des Schmuckanlegens „an den

---

[14] Gegen diese Kulthöhen polemisieren die exilischen Geschichtsrückblicke des DtrG in den Königsbüchern, und um ihrer Abschaffung willen (2 Kön 23,8: „von Geba bis Beerscheba") erhält König Joschija hohes Lob.

Tagen der Baale" in 2,15. Wahrscheinlich, aber nicht beweisbar ist, daß auf Initiations- bzw. Brautriten der Mädchen angespielt wird, bei denen sie ihre Jungfräulichkeit Gott opferten, um sich auf diese Weise den göttlichen Segen zur Nachkommenschaft zu sichern. M.E. ist diese Deutung, gerade im Blick auf die genannten Schwiegertöchter, die bei weitem naheliegendste[15], aber es hängt nichts Entscheidendes an ihr; andernfalls hätte man an wiederholte Selbstpreisgabe im Heiligtumsbereich zu denken. Vermutlich hängt dieser Brauch mit der Verehrung der Anath/ Astarte zusammen, auf die wahrscheinlich 3,1 mit den „Rosinenkuchen" anspielt. In seiner verzweifelten und entsetzten Anrede scheint es Hosea wesentlich um das Zerbrechen geordneter Familien zu gehen. Vehement entschuldigt er das Tun der irregeleiteten Mädchen, so gewiß er es als „Unzucht" und „Ehebruch" brandmarkt, um die eigentlich Schuldigen zu benennen: Es sind die Priester, die mit den beruflichen Tempeldirnen (die im Zweistromland in einer Fülle unterschiedlicher Klassen belegt sind) sich absondern (die Bedeutung des Verbs ist nicht ganz sicher), um als Repräsentanten des Himmelsgottes im kultsymbolischen Akt die Dirnen als Repräsentantinnen der Muttergöttin Erde zu umarmen. Diese Handlung hat die Brautriten nach sich gezogen – und dies alles nun im Gottesdienst des Jahwe, der „dein Gott vom Land Ägypten her" ist (12,10; 13,4)! Was Wunder, wenn das einfache Volk, das von Leitbildern lebt und der Lehre bedarf (V. 6!), Jahwe und damit das Leben nicht mehr von Baal, dem es bedrohenden Tod (vgl. 13,1), unterscheiden kann.

Aufgerüttelt von diesen Sätzen des Propheten hat ein späterer Judäer seine Landsleute nach dem Untergang des Nordreichs vor einer analogen Verfehlung zu warnen versucht. Er tat es im Anschluß an ihm geläufige Sätze des Amos (Am 5,5; 4,4; 8,14), die das leichtfertige, in Sicherheit wiegende Vertrauen auf Wallfahrten an heilige Orte beklagten. Das leicht abgewandelte Zitat brachte den Übergang vom singularischen Jussiv (V. 15a) zum verneinten pluralischen Imperativ (V. 15b) mit sich. Mit Gilgal als Ort der Vergegenwärtigung der Landnahme (Jos 3f.) und der Wahl Sauls zum König (1 Sam 11,15), unmittelbar neben Jericho gelegen, und mit Bet-El (zu Bet-Awen, „Haus des Unheils", wegen Am 5,5b verballhornt wie in 5,8; 10,5), dem Ort der Jakobstradition (Gen 28,10ff.; 35) und des Reichsheiligtums (1 Kön 12), sind zwei Orte unmittelbar an der Nordgrenze Judas genannt, mit Beerscheba (das man aus Am 5,5 im Ohr hatte und an das das Verb *šābaʿ* „schwören" anspielt – nach Am 8,14 „schwört" man sogar bei der Wallfahrt nach Beerscheba) sogar ein Ort in Juda selber; alle Orte werden von Juda aus besucht worden sein.

4,16–19: Israels Starrsinn. Die Verse 16–19 enthalten im Unterschied zu V. 4–9.11–15 Prophetenrede. In ihnen zieht Hosea das Fazit aus dem Gotteswort in V. 11–14, das ergebnislos verhallt ist. Der Ton der Verse ist damit notwendig ein anderer: Die verzweifelte, mitleidsvolle Klage über das unbegreiflich widersinnige Verhalten Israels (V. 11–14: vorherrschend iterative Imperfekte) macht dem resi-

---

[15] Vgl. das ausgebreitete religionsgeschichtliche Material bei L. Rost, a.a.O. 455f., sowie bei Wolff 14.108f.; W. Rudolph, ZAW 75, 1963, 65–73 unterzieht die Belege einer kritischen Prüfung mit dem Ergebnis, daß es im Altertum kultische Initiationsriten gab, daß sie aber wohl nie und zumal in Israel nicht allgemein gebräuchlich waren. Einen umfassenden und kühnen Versuch, den Höhenkult im Sinne der Volksfrömmigkeit zu analysieren, hat jüngst H. Balz-Cochois vorgelegt (Gomer. Der Höhenkult Israels im Selbstverständnis der Volksfrömmigkeit. Untersuchungen zu Hos 4,1–5,7, 1982).

gnierenden Urteilsspruch (feststellende Perfekte) Platz. Die Klage Gottes hatte noch Hoffnungselemente für das Gottesvolk enthalten; jetzt, da sie ungehört verhallt ist, ist die Differenzierung zwischen Verführern und Verführten nicht mehr wie noch in V. 4–15 möglich. Von jetzt ab fehlt auch die Rede von „meinem Volk" (Ausnahme: 11,7 und der Nachtrag 6,11). Die resümierenden Verse 16–19 sind von Anbeginn schriftlich konzipiert, wie die nur für den Leser zugängliche Fülle an Wortbezügen und Wortspielen zeigt, von denen hier nur das wichtigste Beispiel angeführt sei: sorērâ – sārar („störrisch sein", V. 16) – sār („ein Ende haben", V. 18) – ṣārar („einwickeln", V. 19) [16].

16   Das thematische Stichwort dieses Abschnitts steht am Anfang: Israel ist widerspenstig wie eine störrische Kuh und nimmt Jahwe so die Möglichkeit, seinen heilvollen Willen mit ihm auszuführen. Auffälligerweise kehrt im (vermutlich) ursprünglichen Text von 7,14 dasselbe Stichwort am Ende der Großeinheit 5,8–7,16 wieder, und zwar verbunden mit der gleichen Stilform irrealer Frage („sollte Jahwe da... können?"), wobei außerdem inhaltlich wiederum auf den pervertierten Gottesdienst Bezug genommen wird. Hosea liebt Tiervergleiche für Gottes und Israels Handeln; das Bild von der uneinsichtigen Kuh ist auf dem Hintergrund von 10,11–13 zu lesen: Große Hoffnungen hegte Jahwe, als er die gelehrige junge Kuh Israel am Anfang der Geschichte im Vorübergehen sah – aber sie sind ganz und gar enttäuscht worden. Hätte Israel Jahwe als Hirten, so hätte es „weiten Raum", ein Ideal, das noch aus nomadischer Zeit stammt und das besonders Eingang in die Psalmen gefunden hat (Ps 18,20; 31,9; 118,5), dessen Gegensatz Enge, Bedrängnis und Angst sind. Israel hat solche „weite Flur" erfahren, sie aber unbegreiflicherweise zugunsten der „Unzucht" aufgegeben. Von zentraler theologischer Bedeutung an diesem resignativen Urteil Hoseas und seines Gottes ist, daß noch nicht Schuld und Abtrünnigkeit gegenüber Gott als solche Israels Verderben herbeirufen, sondern erst „Widerspenstigkeit", d.h. das verstockte Beharren in solcher Haltung, die Verhärtung, die kein Hören auf das prophetische Wort mehr zuläßt. Auf diesen Gedanken gründen später exilische Prediger ihre Hoffnung, wenn sie Israel mitten im einbrechenden Strafgericht Gottes zur Umkehr rufen (etwa Jer 26,3; 36,3 u.ö.).

17f.   Derartige Ansprechbarkeit sieht Hosea nicht mehr gegeben. Israel hat sich mit Götterbildern vertraut gemacht und hierin „Genügsamkeit gefunden", so daß es nach Gott nicht weiter fragen zu müssen glaubt. Bei „Götterbildern" ist schwerlich an das Stierbild zu Bet-El (8,4–6; 10,5f.; 13,2) gedacht, sondern vermutlich an die Mazzeben (3,4; 10,1) und Ascheren bzw. Terafim (s.o. zu V. 12) der Höhenheiligtümer, die für Israel in seinen Feiern an Gottes Stelle treten; wahrscheinlicher noch ist mit diesem Begriff in verallgemeinernder Weise der Höhenkult überhaupt als Götzendienst bezeichnet. Aber das fröhliche, weinselige Feiern in Kumpanei mit Götzen findet nun ein Ende: Das Volk ist so unlöslich (vgl. die verstärkenden Verbwiederholungen) abgöttischem Liebestreiben hingegeben, kann sich sowenig wie die Priester von der „Schande" der Gott-losigkeit und zugleich völliger Ehrlosigkeit (vgl. zu V. 7) trennen, daß es nicht spürt, daß seine „Liebe" der eigenen Verstocktheit gilt, und es durch sie zuschanden wird. So endet das Wort in der Hoffnungslo-

19

---

[16] Weitere Belege habe ich in der Fs E. Würthwein, 1979, 51f. genannt.

sigkeit: Der „Wind", der Israel einwickelt, nicht mehr freiläßt und in den Tod entführt (gemeint sind wohl die Assyrer), ist letztlich eines mit dem „Geist" der Unzucht von V. 12b bzw. dessen notwendige Wirkung (beide Worte sind im Hebräischen identisch); Israel aber – man muß die Härte der Paradoxie vernehmen – geht an seinen Altären zugrunde, also an seinem irregeleiteten Gottesdienst.

So verdeutlicht Hosea, daß man Gott nirgends so abgründig verfehlen kann wie gerade im Gottesdienst, wenn Jahwe, der lebendige Gott, unmerklich mit Baal verwechselt wird, dem Repräsentanten leidenschaftlichen Strebens nach Selbstverwirklichung und Glück.

5, 1–7: Schuldverstrickung im Kult

1 Hört dies, ihr Priester,
  merkt auf, ihr vom Haus Israel,
  und ihr vom Könighaus, gebt acht:
  Euch ist doch das Recht anvertraut!
  Jedoch zur Falle seid ihr für Mizpa geworden,
  zum ausgespannten Netz auf dem Tabor,
2 zur tiefen ‚Fanggrube in Schittim' [1]!
  Ich aber bin ‚die Fessel' [2] für sie alle!

3 Ich, ich kenne Efraim,
  Israel ist nicht vor mir verborgen:
  Du, Efraim, hast doch Unzucht getrieben,
  Israel ist verunreinigt!
4 Ihre Taten erlauben (ihnen) nicht,
  zu ihrem Gott zurückzukehren;
  denn ein Geist der Unzucht wirkt in ihnen,
  Jahwe aber kennen sie nicht.

5 So zeugt Israels Hochmut gegen es selbst;
  daher stolpert Efraim (…) [3] über seine Schuld,
  auch Juda ist mit ihnen gestolpert.
6 Ziehen sie los mit ihren Schafen und Rindern,
  um Jahwe zu suchen,
  können sie ihn nicht finden;
  er hat sich ihnen entzogen.

7 Jahwe wurden sie untreu,
  indem sie Bastarde zeugten.
  Jetzt wird ihnen ‚der Eroberer' [4]
  ihre Äcker vertilgen!

---

[1] S. BHS; *hæ'mîqû* ist asyndetischer Relativsatz (wörtlich: „die sie tief gemacht haben"); das Verständnis der Zeile hat K. Elliger, ZAW 69, 1957, 156–59 sorgfältig begründet.

[2] Vokalisiere: *môsēr*; vgl. die Textanm. zu 7,12 (Duhm, Nyberg, Weiser u. a.).

[3] „Und Israel" ist Dittographie aus V. 5a.

[4] L. *mᵉḥaddēš* (J. Eitan, HUCA 14, 1939, 2).

Die Komposition von Hoseaworten in 5,1–7 läuft 4,4–19 genau parallel (vgl. o. S. 64f.). Wie in 4,4–19 sind eingangs die Hauptschuldigen angeklagt und vom Volk unterschieden (V. 1f.), wird im Mittelteil in klagendem Grundton (bei kurzem Übergang in die Anrede) die Verfehlung Gottes im baalisierten Höhenkult beschrieben (V. 3f.) und im Schlußteil die Gottesrede verlassen, um ohne Anrede distanzierter und zugleich hoffnungsloser die Schuldverstrickung des Volkes hervorzuheben (V. 5–7). 5,1–7 ist bewußt als kürzere Parallele zu 4,4–19 verfaßt, wie sich insbesondere daran zeigt, daß beide Kapitel den zentralen Mittelteil kunstvoll als „konzentrische Figur" gestalten. (Eine analoge Abfolge eines längeren und eines parallelen kürzeren Teils begegnet wieder in 5,8–7,16 und 8,1–13.) Die Perikope 4,4–19 ist, vor allem im knappen Mittelteil (5,3f.), beim Leser vorausgesetzt; 5,1–7 liegen mindestens zwei (V. 1f.3ff.), wahrscheinlich aber drei (V. 1f.3f.6f.) selbständige Hoseaworte zugrunde, die von den Tradenten miteinander verbunden, aufs Wesentliche zusammengedrängt und durch V. 5 erweitert und aktualisiert wurden.

1f.   **5,1–2: Die Schuld der Führer.** Das Gotteswort gegen die führenden Stände in Israel, offensichtlich vor großer Zuhörerschaft gesprochen, dient im Kontext dazu, die eigentlichen Verführer vom Volk als dem verführten abzuheben. Es ist durchsichtig symmetrisch aufgebaut: Einem dreigliedrigen Aufruf zum Hören, der an drei verschiedene Adressaten gerichtet ist, entspricht ein dreigliedriger Schuldaufweis, der Vergehen an drei verschiedenen Orten nennt; ein jeweiliges viertes Glied spricht die Adressaten auf ihre Verantwortung an bzw. kündet ihnen Bestrafung ihrer Handlungen an. Es sind nun nicht mehr nur die Priester, die zur Rechenschaft gezogen werden, wie in 4,4–10, sondern mit ihnen die Repräsentanten des „Hauses Israel" und des „Königshauses", d.h. Sippen- und Familienhäupter, insbesondere diejenigen, die die Ältestenversammlung bilden[5], und königliche Beamte. Die Nebeneinanderstellung deutet die Kluft zwischen Landes- und Stadtbewohnern einerseits und Bewohnern des königlichen Palastes andererseits an. Aber hier werden die Repräsentanten beider ungleicher Gruppen zusammen mit den Priestern wie von einem Lehrer zum Aufmerken gerufen und auf ihre gemeinsame Verantwortung angesprochen: Sie alle haben als erste für „das Recht" zu sorgen, und das heißt nicht nur für ein gerechtes Gerichtswesen, sondern darüber hinaus für die rechte gottgemäße Ordnung des Zusammenlebens in Israel auf allen Ebenen seiner Existenz[6]. Denn „das Recht" ist für Hosea die übergeordnete Kategorie der Pflicht, Vollmacht und Verantwortung, die die herausgehobenen Stände zu tragen haben (ähnlich urteilen andere Propheten; vgl. insbesondere Mi 3,1; Jer 5,5) und die nach 4,4–6 für die Priester in der Unterrichtung im Willen und in der Erkenntnis Gottes besteht. Aber alle drei Stände haben ihre besondere Verantwortung pervertiert, sind nicht nur gleichgültig gegenüber Gottes Auftrag geblieben, sondern sind in verderblichen Aktivitäten Vorbild geworden. Die Bilder von der „Falle", dem „Netz" und der „Fanggrube" des Vogelstellers bzw. des Jägers begegnen häufig in den Psalmen

---

[5] Vgl. zu ihr H. Utzschneider, Hosea 136–39.
[6] Vgl. „mein (Gottes) Recht" in 6,5f. und weiter die auffällige Weise, in der Hosea gleiche Schuldtatbestände einmal als gegen Gott selbst, einmal als gegen „das Recht" gerichtet sieht (6,7; 10,4).

für feindliches Verhalten (Hos 9,8f. gegen den Propheten). Hosea spielt auf konkrete Ereignisse seiner Zeit an, die seinen Hörern geläufig waren. Wir kennen nur
die Orte. Mit Mizpa ist vermutlich die Grenzfestung zwischen Süd- und Nordreich
10 km nördlich von Jerusalem (heute *tell en-naṣbe*) gemeint (vgl. etwa 1 Sam 10,17;
andere denken an das Mizpa in Gilead von Ri 11,11.29), der Tabor ist der weithin
sichtbare Bergkegel am Nordrand der Jesreelebene (*ğebel eṭ-ṭōr*) und altes Heiligtum der nördlichen Stämme (Dtn 33,19; Ri 4,6.12.14), Schittim liegt Jericho gegenüber am Gebirgsrand des Ostjordanlandes (*tell el-ḥammām*). Allein dies geht aus
dem Kontext zweifelsfrei hervor, daß es sich um Vergehen auf kultischem Gebiet
gehandelt haben muß. Entscheidend für die Verwendung der Bilder aber ist, daß
nicht die Täter die Folgen der Vergehen zu tragen haben, sondern das ganze Volk,
da ihm durch die Taten die göttliche Ordnung zerstört und Gottes Nähe geraubt
wurden. Feierlich klingt das Wort mit Voranstellung des göttlichen Ich und unter
Verlassen der Anrede aus: Die Fallensteller und Netzewerfer werden zu Gefesselten
(vgl. zu Bild und Terminologie 7,12); die Betrüger werden zu Betrogenen (vgl. zur
Entsprechung von Tat und Folge 4,4–6). Es gibt für den Propheten kein Handeln
an Gott vorbei (vgl. 5,12–14).

5,3–4: Unmöglichkeit der Umkehr. Wieder, wie schon am Ende von V. 2, mit 3f.
betontem göttlichen Ich einsetzend, geht das Wort nahtlos zur Rede über das Volk
über. Im jetzigen Zusammenhang gilt das „sie alle" (V. 2) auch vom Volk; eine
reinliche Unterscheidung zwischen Verführern und Verführten ist wie in 4,11ff.
nicht mehr möglich. Wie 4,16–19 fällen V. 3f. zusammenfassende Urteile (hebräisch: Perfekt); sie setzen damit die imperfektische Schilderung von 4,11–14
sachlich voraus. Im Gegensatz zu V. 1f. werden sie eher im Kreis der Vertrauten
vom Propheten gesprochen worden sein, freilich in einer nicht mehr rekonstruierbaren Gestalt. Denn V. 3f. sind bewußt künstlerisch ausgeformt in einer 4,11–14
(und 10,1–8) vergleichbaren „konzentrischen Figur", bei der ein äußerer Rahmen
einen inneren Rahmen umschließt und dieser den mittleren Kern, so daß sich eine
Figur A–B–C–B'–A' ergibt. V. 3a (Stichwort „kennen") findet seine Aufnahme in
4b Ende, V. 3b (Stichwort „Unzucht treiben") seine Entsprechung in 4b Anfang,
mit V. 4a steht die gewichtigste Aussage (Nennung der Folgen im Imperfekt) im
Zentrum der Einheit. Der äußere Rahmen ist betont antithetisch formuliert: Gott
„kennt Israel", d.h. er ist mit der ganzen Fülle seiner Schuld vertraut; Israel „kennt
Jahwe nicht", d.h. es hat durch die Schuld seiner Repräsentanten den heilvollen
Kontakt mit Gott, die Orientierung an seinen Taten und seinem Willen verloren
(vgl. zu diesem Hauptthema Hoseas oben zu 4,1). Der innere Rahmen (V. 3b.4b
Anfang) nennt den Grund und kehrt zum Thema hurerischen Abfalls von Gott
(4,11ff.) zurück. Aber die Aussagen liegen nicht auf einer Ebene. Wo anfangs die
Verzweiflung des Propheten zum Ausdruck gebracht werden soll, wird (4,13b–14a
vergleichbar) wie in einem Aufschrei kurze erregte Anrede laut, die mündliche Rede
in der Öffentlichkeit widerspiegeln mag oder aber nur literarisches Stilmittel ist:
Merkt denn dieses Efraim (das noch auch „Israel" heißt, aber schon nicht mehr
„mein Volk"; vgl. zu 4,12) nicht, wie weit es sich im Gottesdienst vom Gott seines
Heils entfernt hat? V. 3b nennt schon das Ergebnis und leitet zu V. 4a (und V. 6f.)

über: Ein kultisch verunreinigtes Israel[7] kann Jahwe nicht mehr erreichen. V. 4b Anfang schließlich begründet: Der „Geist der Unzucht", von dem schon 4,12 b gesprochen hatte, hält Israel gefangen. Die Wirkung ist gegenüber 4,12 noch gesteigert, weil es ein „Geist" ist, der sich „in ihnen, in ihrem Innern" auswirkt. Die illusionslos-grausame Schlußfolgerung zieht der zentrale Mittelsatz, der von Israel nicht mehr wie V. 3 im kollektiven Singular, sondern im Plural spricht: Einem derartig in seine eigenen Verirrungen eingebundenen Israel (vgl. 7,2: „Ihre Taten umzingeln sie") ist die Rückkehr zu seinem Gott (betontes Suffix, d.h. die Rückkehr zur Quelle von Heil und Leben) abgeschnitten, und zwar ausnahmslos jedem einzelnen. Was 2,9 und 3,5 als Ziel des göttlichen Strafhandelns erwarten, was 7,10.16 und 11,5 als Verweigerung Israels beschreiben („sie verweigern die Umkehr", 11,5), das wird hier viel härter noch als Unmöglichkeit Israels dargestellt. Jeremia sagt später im Anschluß an Hosea: Das Gottesvolk kann sich so wenig von seinen Gewohnheiten mehr lösen wie ein Panther seine Flecken, ein Neger seine Hautfarbe wechseln kann (Jer 13,23). Wer Schuld so wie diese alttestamentlichen Propheten (bei Hosea: im vermeintlichen Gottes-Dienst) zu sehen gelernt hat, ist davor bewahrt, Hoseas Botschaft von der Liebe Gottes als Allerweltsweisheit mißzuverstehen und – mit Bonhoeffer zu reden – mit ihr die „billige Gnade" zu verkünden.

5   **5,5–7: Vergebliche Gottessuche.** Mit V. 5 wechselt die Gottesrede in Prophetenrede über und wird von Israel wieder – im Unterschied zu V. 4 und V. 6 f. – singularisch gesprochen. Der Vers dient im Kontext zur Verbindung und gleichzeitig zur Auslegung der kleinen Einheiten V. 3 f. und V. 6 f. (vgl. seine Wiederaufnahme und neue Auslegung in 7,10). In ihm deuten Hoseas Schüler die Schuldverstrickung Israels (V. 3 f.) von einem Stichwort der Spätverkündigung Hoseas her: Mit „Hochmut" bezeichnet Hosea dort die Gleichgültigkeit eines satten Israel, das Gottes Heilsgaben in der Hungerzeit des Anfangs vergißt (13,6; 12,8 f.). Somit sagt V. 5, daß Israel in seinem Gottesdienst sich selber, den eigenen Wohlstand feiert, nicht mehr den Geber der Gaben, und daß es sich mit diesem Verhalten als Angeklagter selber belastet. Solche Selbstfeier aber – diese Deutekategorie löst die Baalthematik ab; von Baal ist in 5,1–7 nirgends die Rede – führt notwendig zum „Stolpern", zum Fall, weil die Quelle heilvollen Lebens verlassen ist. Damit wird von den Schülern ein Bogen zu 4,5 geschlagen: Was dort den Priestern als Verführern angesagt war, gilt nun dem verführten Israel selber. Bei der Neuverkündigung der Worte im Exil nach dem Untergang des Nord- und des Südreichs haben Spätere hinzugefügt: Es hat auch Juda gegolten.

6f.   Die Verse 6 f. knüpfen inhaltlich über V. 5 hinweg an die Verse 3 f. an und führen deren Thema weiter: Das Gottesvolk ist unlöslich im abgöttischen Gottesdienst gefangen. Eher noch stärker beherrscht hier die Hoffnungslosigkeit die Aussage; Israel ist ständig (Imperfekt) unterwegs zu Jahwe und glaubt, ihn an den Kultorten (*biqqēš* „suchen" meint das Aufsuchen des Heiligtums) finden und mit der Menge

---

[7] „Unreinheit", ein Begriff objektivierender kultrechtlicher Priestersprache, meint bei Hosea primär die Unmöglichkeit jeglichen Kontaktes mit Gott; vgl. dazu ausführlich die Deportationsankündigung 9,3–5.

der Opfer gnädig stimmen zu können. Aber solches Suchen ist erfolglos, weil Jahwe sich endgültig (Perfekt) entzogen hat, d. h. mit allen Mitteln des Kults unerreichbar bleibt, ein Thema, das in der folgenden Perikope näher ausgeführt wird (vgl. 5,15 mit 6,1–6)[8]. Denn ein Suchen dieser Art ist schon in sich Treubruch am lebendigen Gott (vgl. zu 4,8), weil ohne jede Orientierung am Willen Jahwes und seiner Geschichte (vgl. „Jahwe kennen" V. 4b), und dazu noch mit jenen Sexualriten verbunden, die 4,11 ff. beschreiben und denen Bastarde (wörtlich: „fremde Söhne") entspringen, d. h. Kinder aus widergöttlichen Verbindungen. Die Gestalt des Gottesdienstes hat alle Glieder des Gottesvolkes zu Baal-Kindern werden lassen (mit „fremd" verbinden sich im übrigen ähnliche Gefühlswerte wie mit dem priestersprachlichen Stichwort „unrein" in V. 3). In solchem irregeleiteten Kult wird jedes noch so ernsthafte Gottsuchen zu schwerster Schuld! Und in der Tat: Wie weit mußte aller Kontakt zu Jahwe, alle „Erkenntnis Jahwes" verlorengegangen sein, daß man mit solchem Gottesdienst den Gott Israels zu „finden" meinte! Nur Gott kann jetzt noch den Schuldkreis fehlgeleiteten Gottsuchens durchbrechen (2,9), Israel selbst ist längst unfähig dazu (5,4). Hier aber läßt der verworfene und sich entziehende Gott auch seinen Segen von Israel weichen und gibt Israels Ackerland – sein eigenes Geschenk! – der Vernichtung preis (vermutlich durch die Assyrer, die in 5,8 ff. eingeführt werden. Der hebräische Text ist allerdings verderbt; die griechische Übersetzung denkt an Ungeziefer, vermutlich Heuschrecken). Dem feststellenden „doch" (konstatierendes ʿattâ) des Abfalls („du, Efraim, hast doch Unzucht getrieben" V. 3) entspricht als Konsequenz das „jetzt", d. h. „daraufhin" (folgerndes ʿattâ wie in 4,16b) des Unheils in V. 7 („jetzt wird … vertilgen"). Es gibt für die Gemeinde Gottes, die sein Heil erfuhr, in der Verstrickung in Schuld ein Zu-Spät für jeden Neuanfang; es gibt, wie der Hebräerbrief es ausdrückt, die Unmöglichkeit wiederholter Umkehr (Hebr 10,26 ff.). Freilich, dies ist ein Zwischengedanke im Hoseabuch, nicht sein Ziel; dieses ist erst erreicht, wo Gott Israels „Umkehrunfähigkeit heilt" (14,5).

---

[8] Die Terminologie ist voller Hintergründigkeit: Vom „Suchen und Nicht Finden" spricht auch der Baalmythos, spielt dabei aber auf den abwesenden Baal an, der in der Dürrezeit des Sommers mit der Vegetation „(ab-)gestorben" ist, um mit der beginnenden Regenzeit als wieder Lebendiger neu „gefunden" zu werden (vgl. die Auslegung zu 2,8 f.). Wie anders verwendet der Prophet diese polemisch aufgegriffenen Vorstellungen! Die Antithese zu dem von ihm beklagten fehlgeleiteten Suchen steht in 6,6.

3. Die Jahre um den syrisch-efraimitischen Krieg
(Hos 5,8–9,9)

5,8–6,6: Die Lektion des Bruderkrieges – Gott wartet auf Besinnung

5,8 Stoßt ins Horn in Gibea,
in die Trompete zu Rama;
erhebt in Bet-Awen den Kriegsruf:
„Dir nach, Benjamin!"

9 Efraim wird verwüstet
am Tag des Strafgerichts.
Unter den Stämmen Israels
gebe ich Zuverlässiges kund.

10 Die Führer Judas haben gehandelt
wie Menschen, die Grenzen verrücken.
Über sie gieße ich aus
wie Wasser meinen Grimm.

11 Unterdrückt ist Efraim,
zerschlagen ihm das Recht [1];
denn es war bestrebt,
dem ‚Nichtigen' [2] nachzulaufen.

12 Ich aber war wie Eiter [3] für Efraim,
wie Knochenfraß für das Haus Juda.

13 Als Efraim seine Krankheit sah
und Juda sein Geschwür,
da lief Efraim zu Assur,
sandte Botschaft zum Großkönig [4].
Aber er, er kann euch nicht heilen,
kann euch das Geschwür nicht entfernen.

14 Vielmehr bin ich (jetzt) wie ein Löwe für Efraim,
wie ein Löwenjunges für das Haus Juda:
Ich, ich reiße und gehe davon,
schleppe fort, und niemand kann retten.

15 Ich will mich wieder an meine Stätte zurückziehen,
bis sie unter der Strafe leiden [5] und mein Angesicht suchen;
wenn sie in Bedrängnis sind, werden sie nach mir verlangen.

---

[1] Wörtlich: „zerbrochen am Recht".

[2] *ṣaw* ist vermutlich Sprach-Variante zu *šāw'* (G, S). Oft wird seit Duhm *ṣārô* „sein Feind" konjiziert.

[3] *'āš II*; vgl. KBL s. v. im Gefolge G. R. Drivers (Fs Th. H. Robinson, 1950, 66 f.).

[4] Wiedergabe des assyrischen Titels *šarru rabū* wie in 10,6, wobei *jārēb* als Adjektiv aufzufassen ist; vgl. Rudolph z. St. im Gefolge G. R. Drivers, JThS 36, 1935, 295.

[5] *'āšam* = a) straffällig werden (4,15; 13,1) oder b) die Strafe tragen müssen (10,2; 14,1); vgl. J. L. Mays z. St. sowie R. Knierim, THAT I 251–57; anders D. Kellermann, ThWAT I 470 f.

6,1 „Auf, laßt uns zu Jahwe zurückkehren,
    denn er hat zerrissen, er wird uns auch heilen;
    er ‚hat‘[6] geschlagen, er wird uns auch verbinden.

2 Nach zwei Tagen wird er uns aufleben lassen,
    am dritten Tag uns wieder aufrichten,
    daß wir vor ihm leben.

3 So laßt uns erkennen, ja laßt uns nachjagen
    der Erkenntnis Jahwes!
    So sicher wie das Morgenlicht bricht er auf,
    kommt über uns wie der Regen,
    wie der Spätregen, der die Erde tränkt[7].“

4 Was soll ich dir tun, Efraim,
    was soll ich dir tun, Juda?
    Ist doch eure Hingabe nur wie Morgengewölk,
    wie Tau, der früh verschwindet.

5 So mußte ich durch Propheten dreinschlagen[8],
    mußte sie töten durch Worte meines Mundes,
    auf daß ‚mein Recht wie‘[9] das Licht aufbricht:

6 Hingabe gefällt mir, nicht Schlachtopfer,
    Gotteserkenntnis statt Brandopfer.

Lit.: A. Alt, Hosea 5,8–6,6. Ein Krieg und seine Folgen in prophetischer Beleuchtung, Kleine Schriften II, 1959, 163 ff.; J. Jeremias, „Ich bin wie ein Löwe für Ephraim …“ (Hos 5,14). Aktualität und Allgemeingültigkeit im prophetischen Reden von Gott am Beispiel von Hos 5,8–14, SBS 100, 1981, 75–95.

Eine völlig neue Diktion gegenüber 4,4–5,7 beherrscht die Verse 5,8 ff. Außenpolitik wird nun zum Leitthema, nicht mehr der Gottesdienst, so gewiß er im folgenden weiterhin eine gewichtige Rolle spielt (6,1 ff.; 7,13 ff. u.ö.). Bis Kap. 8 einschließlich stehen die Ereignisse des sog. syrisch-efraimitischen Krieges (vgl. o. S. 17) und ihre Folgen im Vordergrund, freilich so, daß die beiden (wie 4,4–19 und 5,1–7) sachlich parallelen Großeinheiten 5,8–7,16 und 8 mit diesem Thema einsetzen (5,8–14; 8,1–3), um sodann in seinem Horizont die Stellung Israels vor Jahwe darzulegen. Dabei bildet innerhalb von 5,8–7,16 der Vers 6,6 den zentralen Dreh- und Angelpunkt des Gedankenganges: Auf den in ihm erhobenen Anspruch Gottes läuft die Argumentation in 5,8 ff. formal nahtlos und zielstrebig zu; die Verse 6,7 ff. dagegen, antithetisch mit „sie aber“ eingeleitet, messen die realen Verhaltensweisen an diesem Maßstab und verurteilen sie daraufhin. (6,7 ff. werden hier nur der Übersichtlichkeit halber abgetrennt, sind aber keineswegs als schriftliche Einheit für sich zu deuten, wie schon daraus erhellt, daß die Absichtserklärung des Volkes in 6,1–3 erst in 7,13–16 seine abschließende Gottesantwort empfängt.)

5,8–7,16

---

[6] Imperf.consec. (Haplographie des *waw*).

[7] Asyndetischer Relativsatz wie häufig nach Vergleichen (G–K[28] § 155 g); das Verb ist wohl als Hif'il von *jrh* zu deuten (Rudolph z. St.; HAL s. v.); vgl. 10,12.

[8] Vgl. u. Anm. 25.

[9] S. BHS.

5,8–6,6   Der Aufbau von 5,8–6,6 ist nicht sogleich zu erkennen, bei genauerem Zusehen
aber durchsichtig gestaltet. Am Anfang stehen mit 5,8–11 drei aufs kürzeste ver-
dichtete Einzelworte Hoseas (V. 8f.10.11), die – mündlich zu verschiedenen Zeiten
gesprochen und chronologisch geordnet – in kurzen Rhythmen (jeweils 3 + 2 / 2
+ 2 Hebungen; in V. 11 nur 2 + 2) schlaglichtartig die zurückliegenden Ereignisse
des Jahres 733 beleuchten. Dies geschieht jedoch einzig um der viel grundsätzlicher
urteilenden Verse 12–14 willen, die, in einem ruhigeren breiten Rhythmus gehalten,
als ein erster Höhepunkt der Komposition im Rückblick auf das Gesamtgeschehen
dieses Jahres verdeutlichen, wie Nordreich und Südreich gleichermaßen verkann-
ten, daß Jahwe der Urheber aller Not war und daher auch er allein sie wieder hätte
wenden können. Damit nimmt der Text eine überraschende Wende, die zum zweiten Höhepunkt in 6,6 führt. Noch einmal wartet Jahwe in Geduld zu, ob sich das
Gottesvolk besinnt (5,15). Aber dessen Willenserklärung (6,1–3) erweist sich unter
der Prüfung Gottes als flüchtig und unzureichend, so daß ihm nur das Strafen bleibt
(6,4f.), weil das Ziel des göttlichen Zuwartens (6,6) weit verfehlt wird. Dabei
nehmen die Verse 5,15–6,3 so bewußt Wendungen aus 5,12–14 auf (und 6,4
Vorstellungen aus 6,3), daß sie von diesen Versen nicht isolierbar sind, 5,8–6,6
also eine unauflösliche literarische Einheit mit doppeltem Gipfel bilden, die die da-
hinterliegende mündliche Verkündigung allenfalls noch sehr indirekt widerspiegelt.

5,8   **5,8–11: Bruderkrieg.** Mit abrupten Imperativen einsetzend, nimmt der Prophet
in V. 8 im Namen Gottes die Rolle eines Heeresobersten an. Widderhorn und Me-
talltrompete signalisieren Fest oder Krieg; hier rufen sie die ahnungslose Bevölkerung zu den Waffen. Ein Vorrücken von Truppen wird erwartet, deren Stoßrich-
tung eindeutig ist. Sie führt von Jerusalem nach Norden, und zwar auf der Haupt-
straße entlang der Wasserscheide des Gebirges: von Gibea, der Stätte der alten
Burg Sauls, aus (heute *tell el-fūl*, 5 km nördlich Jerusalems), über die Heimatstadt
Samuels, Rama (heute *er-rām*, 8 km nördlich Jerusalems), nach Bet-El (heute *bētīn*,
18 km nördlich Jerusalems), verballhornt zu Bet-Awen, „Behausung des Unheils".
Dabei fällt auf, daß mit Gibea und Rama zwei benjaminitische Orte des Südreichs
mit Bet-El, der Stadt des Staatsheiligtums im Nordreich, zusammengestellt sind[10].
Wie A. Alt in seinem glänzenden Aufsatz gezeigt hat, ist diese Anordnung historisch
darauf zurückzuführen, daß 733 die nördliche Pufferzone des Südreichs von der
Koalition aus Aramäern und Israeliten im Zuge der Belagerung Jerusalems erobert worden war, als sie Juda in ihr antiassyrisches Bündnis zwingen wollte
(2 Kön 16,5)[11]. Der Spruch setzt voraus, daß die aramäisch-israelitische Koalition
inzwischen die Belagerung Jerusalems abbrechen mußte, weil die Assyrer von Norden in das Gebiet des Nordreichs eingefallen waren. Die genannten Orte werden
aber nun nicht, wie Alt und die Mehrzahl der Ausleger nach ihm vermuteten, vor
einem Gegenangriff Judas gewarnt; vielmehr werden sie selber zum Angriff aufge-

---

[10] Z. Kallai (IEJ 6, 1956, 186ff.) vermutet auch hinter Bet-Awen eine kleine Stadt in
Benjamin. Aber im Blick auf Hos 4,15 und 10,5, wo Bet-Awen unzweifelhaft Bet-El (allerdings das Heiligtum, nicht die Stadt) bezeichnet, ist diese Lösung wenig wahrscheinlich.
[11] Aufgrund von 2 Kön 14,8ff. hat man gelegentlich vermutet, diese Pufferzone sei schon
Jahrzehnte früher Teil des Nordreichs geworden (A. Jepsen, Die Quellen des Königbuches,
²1956, 97 und H. W. Wolff z. St.). Sichere Anhaltspunkte für diese Annahme gibt es nicht.

fordert. Denn 1) ist *hārî'û* („erhebt den Kriegsruf") im Alten Testament nur ein einziges Mal (Joel 2,1) Warnruf, sonst im Zusammenhang mit Krieg stets Aufforderung zum Kampf[12]; 2) ist die von Alt und den meisten Kommentatoren bevorzugte griechische Lesart in V. 8 Ende: „Benjamin ist außer sich vor Schrecken" sekundär und glättend gegenüber dem älteren hebräischen Text: „Dir nach, Benjamin"[13], der frei auf das berühmte alte Deboralied (Ri 5,14) anspielt und es neu deutet; 3) unterscheidet der Text bewußt zwischen dem rechtmäßigen Handeln Benjamins (V. 8) und dem verurteilten Vorrücken Judas (V. 10). Kurz: In V. 8 werden Gibea und Rama als Repräsentanten Benjamins und mit ihnen Benjamin als Ganzes zum Gegenschlag gegen das Nordreich gerufen, Bet-El als Tor zum Nordreich wird als erste Stadt vom Angriff erreicht. Hinter diesem Geschehen aber steht 9 Gott selber, der durch seinen Boten ansagen läßt, daß er das Nordreich für den Bruderkrieg bestrafen und seine Verwüstung herbeiführen wird. Um dieser Ankündigung willen ist 5,8ff. hinter 5,7b eingeordnet worden. Feierlich klingt sie aus; sie ist zuverlässiges Gotteswort, auch wenn ihre Verwirklichung noch nicht erfahrbar ist; und sie gilt nach wie vor den Stämmen Israels, d.h. dem seit alters gegliederten Gottesvolk, auch wenn dieses seine Eigenart zu vergessen droht und sich jetzt in Gestalt zweier feindlicher Staaten selbst zu zerstören anschickt und sich so zugleich schwer an Jahwe verschuldet[14].

Mit diesem feststehenden Plan Gottes ist jedoch andererseits das Südreich Juda 10 in seinem Angriff keineswegs gerechtfertigt. In V. 8 ist eben nur Benjamin als Stamm zum Gegenschlag aufgefordert, d.h. jener Teil des Südreichs, der erst kurz zuvor vom Nordreich okkupiert worden war. Offensichtlich ist die Anschuldigung in V. 10 Monate später gesprochen worden als V. 8f. Sie setzt voraus, daß inzwischen Judas Angriff erfolgt ist (Perfekt), und zwar nicht nur mit dem Ziel, verlorenes Gebiet zurückzugewinnen, sondern das Staatsgebiet zu erweitern. Damit aber wird Juda ebenso schuldig wie das Nordreich. Denn ein solcher Vorstoß liegt für Gott auf einer Ebene mit dem im altisraelitischen Recht unter den Fluch gestellten Verbot der Änderung von Ackergrenzen unter Nachbarn (Dtn 27,17; vgl. Dtn 19,14; Spr 22,28; 23,10). Land als Lebensgrundlage des Einzelnen wie der Volksgemeinschaft ist nicht frei verfügbares und veräußerbares Eigentum, sondern Lehensgabe Gottes (vgl. das programmatische „Mir gehört das Land" von Lev 25,23); Grenzverrückung ist entsprechend Eingriff in Gottes(!) Eigentum. Da

---

[12] Vgl. die formgeschichtlichen Studien von P. Humbert (La „terou'a". Analyse d'un rite biblique, 1946) und R. Bach (Die Aufforderungen zur Flucht und zum Kampf im atl. Prophetenspruch, 1962, bes. 59f.).

[13] So Rudolph z. St. Die grammatisch auch möglichen Übersetzungen: „Hinter dir, Benjamin (steht der Feind)" (G–K[28] § 147c) und „zurück (= hinter dich), Benjamin" (Nyberg, Studien 38) sind vom Kontext her überaus unwahrscheinlich.

[14] Hatten die ersten beiden Großeinheiten in 4,1–5,7 die Begriffe „Israel" und „Efraim" zumeist parallel und bedeutungsähnlich gebraucht, so wird in 5,8–7,16 der Begriff „Israel" bewußt vermieden, wenn vom Handeln des Gottesvolkes die Rede ist (Ausnahmen: die nachgetragenen Zitate aus 5,3.5 in 6,10 und 7,10). Vielmehr wird wie in V. 9a nur noch „Efraim" verwendet, und zwar konsequent als Bezeichnung des Nordreichs als Staat, genauer: des auf sein Kerngebiet im Gebirge beschränkten Rumpfstaates (s. zu V. 11).

Gott selbst unmittelbar betroffen ist, wird er seinen Zorn auf Judas Führer ausschütten. Parallel dem berühmten Wort 11,8 f. wird der göttliche Zorn, der Strafe herbeizwingt, von Gott selber wie sein Werkzeug oder seine Waffe unterschieden. Dem Getroffenen steht keine Möglichkeit des Entweichens offen.

11　In eine noch weiter fortgeschrittene Stunde des Jahres 733 weist vermutlich V. 11 (mit V. 12–14). Formal löst jetzt Klage die Ankündigung (V. 9.10b) und die Anklage (V. 10a) ab. Zugleich ist die Blickrichtung eine andere. Denn die beklagte politische Unterdrückung und die Außerkraftsetzung der Rechts- und Gesellschaftsordnung (vgl. zu 5,1) im Nordreich – wie in V. 10 werden mit den Verben Vorstellungen individueller Gewalt auf Erfahrungen des Kollektivs übertragen – sind nicht mehr Werk des militärisch schwächeren Bruderreiches Juda, sondern des Weltreiches Assyrien. Assur hat mit bewährter Taktik bei Aufständen von Koalitionen sich zunächst gegen das schwächere Glied – in diesem Fall das Nordreich – gewandt, um ein knappes Jahr später den stärkeren Gegner, die Aramäer mit der Hauptstadt Damaskus, zu vernichten. Das Nordreich Israel aber ist zur Zeit von 5,11 offensichtlich schon dezimiert. Galiläa und die fruchtbare Jesreelebene, die Küstenebene und das Ostjordanland sind erobert (2 Kön 15,29) und zu den assyrischen Provinzen Megiddo, Dor und Gilead umgestaltet worden; das Nordreich ist nun auf das südliche Kerngebiet, das Gebirge Efraim, beschränkt. – Die Begründung der beklagenswerten Zustände in V. 11b leitet schon über von der stärker politischen zur grundsätzlichen theologischen Wertung der Lage des Volkes in V.12–14, um derentwillen allein die Ereignisse des Jahres 733 in ihrer dramatischen Zuspitzung dem Leser im Rückblick vor Augen geführt werden. Das Nordreich hat sich mit „Nichtigem" verbündet, und damit ist im Hebräischen mehr als nur Nutzloses bezeichnet: „Nichtiges" macht „nichtig", führt in „Ver-nichtung". Gemeint ist hier offensichtlich der Koalitionspartner Aram, mit dessen Hilfe der Aufstand gegen die Assyrer gelingen sollte, der nun zur Unterdrückung und Teilbesetzung Israels geführt hat. Das Verb „nachlaufen" deutet an, daß Aram Hoffnungen entgegengebracht wurden, wie sie Rechtens nur Gott gebühren; die Aramäer haben wie früher die Baale (vgl. 2,7) Gott ersetzt.

12–14　**5,12–14: Das Fazit: kein Vorbei an Gott.** Der Aufstand war damit von vornherein zum Scheitern verurteilt. In scharfer Antithese nennt sich das göttliche Ich selber als den eigentlichen Gegner, mit dem es die beiden verfeindeten Bruderreiche zu tun bekamen und von dem sie beide keine Notiz nahmen: im Entscheidenden gleich schuldig, so unterschiedliche Einzelhandlungen auch V. 8–11 von ihnen in Erinnerung rufen. Sie deuteten beide die assyrische Not als immanent-politisches Ereignis (zum Bild der Wunde und Krankheit für politische Not vgl. Jes 1,5 f.; Jer 30,12 f. u.ö.) und wurden über der je verschiedenen Beurteilung der Lage – ob nämlich ein Aufstand gegen Assur Erfolg haben könne oder nicht – zu Feinden. Zu verschiedenen Zeiten suchten beide außerdem Hilfe beim Erzfeind. Juda rief Assur zu Hilfe, um gegen die Belagerung Jerusalems durch die vereinigten Aramäer und Israeliten bestehen zu können (2 Kön 16,7ff.); da fiel Assur ins Nordreich ein und reduzierte es auf sein kleines Kernland. Nun wandte sich Israel an Assur, um sich neu als treuer Vasall anzubieten und wenigstens den Rumpfstaat zu retten (2 Kön 17,3). Beide Handlungsweisen sind für den Boten Gottes gleicherweise eine groteske und kurzsichtige Verkennung der Lage („zu Assur laufen" spielt bewußt auf „dem Nichtigen nachlaufen" in V. 11 an). Assur kann so wenig „heilen" wie das „nichtige" Aram; die Krankheit heilen kann nur der, der sie hervorrief. Um dieser zentralen Erkenntnis willen, die weit über die konkrete Lage hinaus Geltung beansprucht, verläßt der Text in V. 13b den nüchternen Erzählstil, um in der Anrede unmittelbar und unverstellt die Hörer bzw. Leser wachzurütteln. Vorbereitet ist sie anfangs durch ein nahezu lästerliches Bild, das an keiner Dogmatik orientiert ist und auf keine religiösen Gefühle Rücksicht nimmt, in dem sich Jahwe mit geschwulstartig voranfressenden Geschwüren vergleicht – er selber ist wie ein solches Geschwür, führt es nicht nur herbei! Das geteilte Gottesvolk aber (Hosea denkt durchweg an beide Reiche, wenn er auch das Nordreich primär meint, V. 13) hat den Blick ganz auf die Symptome der Krankheit gerichtet, fragt gar nicht nach ihrer Ursache. Da wechselt das Bild. Mit neuem „Ich" einsetzend und dann sogar zum doppelten „Ich" übergehend vergleicht sich Jahwe nun für die bevorstehende Zeit mit dem hungrigen, beutegierigen Löwen. Bei Krankheit kann man noch den Arzt rufen – freilich: Israel weiß schon nicht mehr, wer sein Arzt ist! –, gegen den reißenden Löwen gibt es keinerlei Rettungsmittel (vgl. das analoge hoffnungslose Bild in 13,7f.). Noch nicht die Schuld der Bruderreiche als solche führt nach V. 12–14 in den Untergang, sondern erst das Übergehen Gottes in der Not, obwohl er sich noch immer als Helfer anbietet. Das Jahwe gegenüber gleichgültige Israel ist seinem strafenden und vernichtenden Gott gänzlich und hoffnungslos ausgeliefert, obwohl es in seiner Verblendung nur Assur handeln sieht. Das ist für den Propheten die Kehrseite des Bekenntnisses zu Jahwe als dem alleinigen Retter (13,14): Das Gottesvolk bekommt es so oder so in seiner Not mit seinem Gott zu tun, sei es als heilendem Arzt, sei es – im Falle der Abweisung – als reißendem Löwen. Gott ist Israels Grund zum Leben oder aber seine Ursache zum Tod. Ein Sich-Vorbeistehlen an ihm ist unmöglich.

5,15–6,6: Gottes vergebliche Geduld. Aber Gott will sein Volk nicht vernichten. 15 Der Angreifer Israels ist noch immer auf dessen Rettung aus. Er schiebt das Strafgericht noch ein zweites Mal hinaus. Eigentlich hätte es unmittelbar als Konsequenz aus Bruderkrieg und Grenzverrückung erfolgen müssen (V. 9.10), dann aber endlich, als Israel in der politischen Not, in der Gott sich zu erfahren gab und sich noch einmal als Retter anbot, ihn selbstherrlich abwies (V. 12–14). Doppelt hat das Gottesvolk sein Leben verwirkt – und doch will Gott immer noch nicht „Löwe", sondern immer noch „Arzt" sein. Um diesen Wandel zu verdeutlichen, wird mit der Ankündigung „Ich will mich … zurückziehen" das „Ich gehe davon" aus V. 14 (im Hebräischen wörtlich) aufgegriffen und sachlich abgeändert. Zielte V. 14 darauf, daß niemand den Löwen am Raub hindern kann, so V. 15 auf die abwartende, auf Sinnesänderung und Schulderkenntnis (sie ist beim Verb 'āšam impliziert) Israels hoffende Haltung Jahwes. Not erhält hier wie in 2,8f. und 3,3f. pädagogische Funktion. Die Nähe Gottes wäre dem schuldigen Volk jetzt tödlich; seine Abwesenheit in der sich verschärfenden Not soll Israel vor Augen führen, wie es ganz und gar, im Guten wie im Bösen, auf seinen Gott angewiesen ist. (Man vergleiche Klagen über Gottes Abwesenheit und Bitten um Gottes erneute Gegenwart im Psalter, die voraussetzen, daß mit neuer Gottesnähe die Not beendet ist.) Daß hier ein

anderes „Gott-Suchen" von Israel erhofft wird als das irregeleitete „Suchen" mit den
Mitteln eines abgöttischen Kultes, von dem 5,6 sprach, verdeutlicht der weisheitliche Parallelbegriff „verlangen nach": Er impliziert starken persönlichen Einsatz,
wie er sich hier aus der Einsicht ergibt, daß nur Jahwe die Wende der Not herbeiführen kann, das Gottesvolk ohne ihn verloren wäre.

6,1–3   Wird Israel zu dieser Einsicht fähig sein? Die Antwort des Volkes schillert vielfältig und legt einer einlinig-eindeutigen Auslegung Schwierigkeiten in den Weg.

> Man bezeichnet sie irrtümlich in der neueren Forschung stets als ein „Bußlied", und einige
> Forscher vermuten im Anschluß an formgeschichtliche Erwägungen von H. Schmidt sogar,
> daß eine reale Bußtagsliturgie hinter V. 1–3 steht[15]. Aber das ist unmöglich, denn für ein
> Buß- bzw. Volksklagelied am Fastentag fehlen die konstitutiven Formelemente der Klage
> und der Bitte, gar nicht zu reden vom Schuldbekenntnis (vgl. etwa die verwandte Formulie-
> rung in Klgl 3,40f. als Einleitung zu V. 42ff.). Formal handelt es sich vielmehr um eine
> Selbstaufforderung mit Begründung und Zielangabe (beides doppelt: in V. 1f. und V. 3). Sie
> findet ihre engsten Parallelen im kollektiven Entschluß zur Wallfahrt, wie ihn etwa Jes 2,3
> (vgl. 2,5; Mi 4,2, aber auch Jer 31, 6; Ps 122,1; 95,1f.; 1 Sam 11,14 widerspiegeln; vgl.
> weiter Sach 8,21 und nicht zuletzt auch Hos 2,9, wo „nachjagen" (wie in 6,3) und „zurück-
> kehren" (wie in 6,1) für verschiedene Weisen des Gottesdienstes stehen. Vom formgeschicht-
> lichen Hintergrund der Wallfahrtslieder her erklären sich auch die starken Vertrauensmotive
> in 6,1–3[16].

Wesentlicher für die Deutung ist eine andere Erkenntnis. Die Antwort des Volkes
beruht nicht auf einer mitstenographierten spontanen Meinungsäußerung, sondern
stellt eine Gesamtdeutung der Möglichkeiten und Absichten des Volkes in der
Terminologie des Propheten dar. Das geht nicht erst aus V. 4 hervor, wo die Antwort Gottes Nord- und Südreich zugleich gilt, 6,1–3 also auch auf das Südreich
bezogen wird, auch nicht erst aus V. 3, wo (wie später in V. 6) mit „Gotteserkenntnis" der zentrale theologische Begriff Hoseas verwandt wird, sondern eindeutig
1   schon aus V. 1, wo mit den Verben „reißen" und „heilen" Wendungen aus
5,13–14 aufgenommen werden und zusätzlich – im Deutschen nicht imitierbar –
mit „Auf, laßt uns zurückkehren" das „Ich will mich wieder zurückziehen" aus der
Gottesrede in 5,15. Jede Deutung der Verse muß von diesen Kontextverbindungen
ausgehen. Sie zeigen zunächst positiv, daß der Abwesenheit Gottes in der sich verschärfenden Not tatsächlich ein neuer Rückkehrwille Israels entspricht. Israels
Richtungswendung schließt sich Gottes Richtungswendung an. Sie beruht auf der
in 5,12–14 schmerzlich vermißten Erkenntnis, daß Jahwe Ursache der Not und
daher auch einziger Hoffnungsgrund in der Not ist[17]. Andererseits aber werden die

---

[15] Etwa Mays z. St.; Wolff erwägt die Möglichkeit. H. Schmidt selber war in seinem
Aufsatz „Hosea 6,1–6", Fs E. Sellin, 1927, 111–126, nicht so weit gegangen.

[16] Vgl. K. Seybold, Die Wallfahrtspsalmen, Bibl.-theol. Studien 3, 1978.

[17] Die Erkenntnis findet Gestalt in vorgeprägter Redeweise; vgl. die analogen Formulierungen in Dtn 32,39 („Ich bin's, der tötet und der Leben schenkt; ich habe geschlagen, ich
bin's, der heilt"), in Hi 5,18 („Er bereitet Schmerzen und verbindet Wunden; er schlägt, und
seine Hände heilen") und vielleicht auch schon in einem akkadischen Text aus Ugarit, dem
sog. „ugaritischen Hiob" (RS 25.460, Z. 35'; Ugaritica V 268): „Er hat mich geschlagen
und hat sich meiner erbarmt"), wenn man der Lesung *i-ri-mi-ina* von J. Khanjian, in:
L. R. Fisher (Hg.), Ras Shamra Parallels II, 1975, 393 folgt. Das Verb für schlagen ist in
allen Fällen außer in Hos 6,1 *mḥṣ* (bzw. *maḫāṣu*).

beiden prophetischen Gleichnisse für Gott in 5,12–14 ungebührlich miteinander vermischt. Hatte Hosea im Rückblick auf die Kriegsereignisse Jahwe als eiternde Krankheit bezeichnet, die nur Jahwe als Arzt wieder „heilen" könne, hatte er im Blick auf die Zukunft Jahwe als „reißenden" Löwen angedroht, dem gegenüber es keine Rettung gibt, so werden „reißen" und „heilen" in 6,1 direkt nebeneinandergeordnet, als ob Jahwe als Löwe nur leicht kurierbare Wunden schlüge (vgl. die Parallelglieder „schlagen" – „verbinden"). V. 2 verstärkt noch den Eindruck eines 2 Automatismus in der Heilserwartung des Volks. Zwar setzen die Verben „aufleben lassen" und „wieder aufrichten" voraus, daß die gegenwärtige Not als tödliche Krankheit und akute Lebensgefahr begriffen wird, und die Zielangabe „daß wir vor ihm leben" läßt darüber hinaus erkennen, daß die erfahrene Not als Gottesferne verstanden ist – insofern werden erneut die Erwartungen Gottes aus 5,15 erfüllt –; aber nirgends wird Schulderkenntnis sichtbar, ebensowenig eine Absage an das Vertrauen auf Aram (5,11) bzw. Assur (5,13) wie etwa in 14,4 – „man will überleben, wie man ist" (Mays 95) –, und die Zeitangabe „nach Ablauf von zwei Tagen, am dritten Tag" (beide Begriffe meinen das gleiche) zeigt, daß mit einer schnellen, problemlosen Wende gerechnet wird.

Um dieser Zeitangabe willen, die von den Kirchenvätern (seit Tertullian um 200 n.Chr.) und Luther, vielleicht auch schon von Paulus in 1 Kor 15,4, als Hinweis auf Jesu Auferstehung verstanden wurde[18], hat der Vers ein sehr viel intensiveres Echo in der exegetischen Diskussion gefunden, als ihm im Kontext zukommt. Man hat einerseits in der ersten Hälfte unseres Jh. häufig die Alternative diskutiert, ob die Verben „aufleben lassen" und „wieder aufrichten" tödliche Krankheit oder Tod im Vollsinn implizieren. Diese Alternative ist inneralttestamentlich gegenstandslos, da in den Psalmen häufig verschiedenste Arten von starker Lebensminderung als Gestalten des Todes erfahren werden[19]; im übrigen zeigen die Verben „heilen", „verbinden" in V. 1 deutlich, daß der Vorstellungshorizont der Krankheit nicht verlassen ist. Andererseits hat man häufig vermutet, daß die genannte Zeitangabe ihren Ursprung im Mythos vom Vegetationsgott habe, der in der Dürrezeit abwesend bzw. tot ist, mit der beginnenden Regenzeit aber wieder auflebt. Die Terminologie von V. 2 und 3 könnte für diese Annahme sprechen, aber Belege für die Feier des Auflebens einer Vegetationsgottheit am dritten Tag (die nicht einmal ganz eindeutig sind) finden sich erst während der Römerzeit für Osiris in Ägypten (Plutarch) und für Adonis im phönikischen Byblos (Lukian)[20]. Ohnehin könnte ja in Hos 6 allenfalls eine entfernte Anspielung auf diesen Mythos vorliegen, da es um das Wiederaufleben des kranken Volkskörpers geht. Eher könnte die Zeitangabe (wie auch das Verbpaar „aufleben lassen" – „wieder aufrichten") ihren Ursprung in medizinischer Prognostik haben als Bezeichnung einer sehr schnellen Heilung[21].

---

[18] Vgl. etwa J. Dupont, „Ressuscité le troisième jour", Bib. 40, 1959, 742–61; G. Delling, ThWNT II 952 und VII 218f.

[19] Vgl. das Material bei Chr. Barth, Die Errettung vom Tode in den individuellen Klage- und Dankliedern des AT, 1947.

[20] Vgl. W. W. Graf Baudissin, Adonis und Esmun, 1919, 408ff.; F. Nötscher, Altorientalischer und alttestamentlicher Auferstehungsglaube, 1926, 138ff.; ders., Zur Auferstehung nach drei Tagen, Bib. 35, 1954, 313–319; F. F. Hvidberg, Weeping and Laughter in the OT, 1962, 128ff.

[21] Das vermutet ansprechend M. L. Barré, New Light on the Interpretation of Hosea VI 2, VT 28, 1978, 129–141, aufgrund von Parallelen in akkadischen Omentexten medizinischen Inhalts; vgl. auch ders., Bulluṭsa-rabi's Hymn to Gula and Hosea 6:1–2, Or 50, 1981, 241–45.

3   Am stärksten fließt die prophetische Kritik in die Formulierungen des Volkswillens von V. 3 ein. Wenn dort das erhoffte rettende Eingreifen Gottes in Bildern beschrieben wird, die Naturvorgängen entnommen sind, wenn der Retter selber wie lebensspendender Frühjahrsregen[22] dargestellt wird, so soll damit – trotz der Analogie in 10,12 beim Propheten selber – ausgedrückt werden, wie hoffnungslos das umkehrwillige Volk im Gedankenkreis kanaanäischer Fruchtbarkeits- und Wohlstandssehnsucht verfangen ist. Deutlicher noch zeigt dies die vorausgehende Zeile: „So sicher wie das Morgenlicht bricht er auf". Der Ausdruck für „Morgenlicht" ist im Hebräischen wortgleich mit dem Verb „verlangen nach", das in 5, 15 die Erwartung Gottes umschrieb; in der Deutung des Propheten ist an die Stelle der erhofften persönlichen Zuwendung zu Gott beim Volk ein unerschütterlicher Sicherheitsglaube getreten, der das Ende der Gottesferne (die alten Siegeslieder Israels beschrieben Gottes Kommen zur Hilfe als ein „Aufbrechen vom Wohnort"; vgl. Ri 4, 14; 5, 4; 2 Sam 5, 24; Ps 68, 8 u. ö.) und Gottes heilvolles Handeln so sicher wie den neuen Tag nach der Nacht erwartet, also geradezu als etwas Naturnotwendiges betrachtet. Nur von daher ist vermutlich auch der singuläre Ausdruck: „Laßt uns der Erkenntnis Jahwes nachjagen" zu entschlüsseln. Bei Hosea bezeichnet das gleiche Verb sonst, wenn Israel das Subjekt ist, das „Nachjagen hinter dem Wind" (12,2) und das Nachstolpern hinter den Liebhabern her (2,9); so ist am ehesten in 6,3 ein ergebnisloses „Haschen nach" gemeint. Nicht der gute Wille, nicht die subjektive Ernsthaftigkeit zur Umkehr wird mit dem allen dem Volk abgesprochen, wohl aber die Fähigkeit, sich aus baalistischem Wohlstandsdenken noch lösen zu können (vgl. 5,4). Das durch und durch kanaanisierte Israel kann in seiner Antwort auf die prophetische Botschaft nicht anders von Jahwe reden als von einem Naturgott, dessen Heil sicher und berechenbar ist.

4   Geradezu ratlos steht Gott vor der hoffnungslosen Absichtserklärung des Volkes. Es ist eine der Eigenarten Hoseas, daß er immer wieder einen Einblick in Gottes Ringen mit sich selber gibt (vgl. 4,16; 7,13; 13,14 und besonders 11,8 f.). Häufig klingt dabei wie hier der Ton verzweifelter Klage in der Gottesrede auf (4,11.14b; 5,11 u.ö.). Der Prophet schärft ein, wie gern Gott retten möchte und wie ihn doch Israels Verhalten ständig zum Strafen zwingt. Die persönliche Anrede mit „du" drückt Gottes Verzweiflung betont aus, macht aber schon bald einem „euch" (V. 4b) und schließlich dem distanzierenden „sie" (V. 5) Platz. Die Nennung Judas neben Efraim (wie durchgehend in 5,8–14) verdeutlicht, daß für Jahwe und seinen Propheten nicht spezielle Eigenarten des Nordreichs im Blick sind, schon gar nicht gruppenspezifische, sondern Merkmale, wie sie für das Gottesvolk im Ganzen bestimmend sind. Zur Umschreibung der Kurzatmigkeit Israels in seiner Zuwendung zu Gott (vgl. die Gegenbegriffe in 4,1 und 12,7) dienen Bilder, die bewußt denen in V. 3 kontrastieren: Wie dort das Aufstrahlen des jungen Morgens als Zeichen für die Gewißheit der Rettung dient, so in V. 4 das Verfliegen von Bodennebel und Regentau, wenn die Sonne durchbricht, als Zeichen für die mangelnde

---

[22] Er fällt im März/April und „sorgt dafür, daß das während des Winterregens aufgewachsene Getreide nicht verkümmert" (G. Dalman, AuS I, 303).

Beständigkeit der Ergebenheit in Gott[23]. Was dem Volk an Hingabe noch möglich ist („eure Hingabe"), ist unendlich von jener „Hingabe" geschieden, die nach V. 6 Ziel der Wege Gottes mit Israel ist. So bleibt Gott wieder einmal nur das Strafen, und seine Werkzeuge sind die Propheten. Hosea sieht sich in dieser Aufgabe in der Kontinuität zu anderen Propheten wie Samuel, Ahija von Schilo, Elija, Elischa sowie letztlich Mose (12,11.14) stehen. Er ist wie sie tödliche Waffe in Gottes Hand, weil das Gotteswort, das er auszurichten hat, nicht Schall und Rauch ist, sondern eine objektive Macht, die „auf Israel herniederfällt" (Jes 9,7), wie Feuer verschlingt, wie ein Hammer zerschlägt (Jer 5,14; 23,29), künftige Wirklichkeit nicht nur ansagt, sondern herbeiführt (Jes 55,10f.). Wenn man die Aussage von 6,5 im Sinne Hoseas verallgemeinern darf, so setzt Gott die Waffe des tödlichen Prophetenwortes nicht von Anbeginn ein, sondern erst dann, wenn Israel sich so weit von Gott entfernt hat, daß es seine Rettung nur noch andernorts erwartet (5,12–14), und wenn es auch danach im von Gott gesandten Leid zu einer wirklichen Rückkehr zu Gott von sich aus nicht mehr fähig ist (6,1–3.4)[24].

Allerdings ist der Auftrag der Propheten, tötend dreinzuschlagen (das Verb spielt auf die Tätigkeit des Steinmetzen an[25]), auch jetzt nicht Selbstzweck, dient nicht der Vernichtung, sondern dem Ziel, das unbeständige Gottesvolk mit der Klarheit der göttlichen Rechts- und Lebensordnung zu konfrontieren. Dem „Aufbruch" Gottes, den das Volk wie eine Naturnotwendigkeit erwartet (V. 3), wird der helle „Aufbruch" der heilvollen Ordnung Gottes (mišpāṭ) als Wirkung der prophetischen Gerichtsverkündigung entgegengesetzt. Religiöse und politische Führer in Israel sollten für diese Ordnung sorgen, durch die Gott in seinem Willen jederzeit zugänglich ist. Aber sie haben diese Ordnung verkehrt (5,1f.), und nun haben auch noch die Assyrer sie außer Kraft gesetzt (5,11). Ohne sie aber muß aller Erneuerungswille in Israel flüchtig bleiben, weil Israel orientierungslos ist. In solcher Rechtsfinsternis kann nur noch prophetische Strafansage Israel ins Licht führen (zum Vergleich von Recht und Licht in späterer Zeit vgl. Ps 37,6; Jes 51,4). Israel ist noch nicht verloren durch die Schuld, die es auf sich lädt; es ist erst verloren, wenn es die Propheten abweist, die ihm die Schuld aufdecken und den Weg zu Jahwes Willen weisen.

Abschließend nennt Hosea die heilvolle Ordnung – in lehrsatzartig-programmatischer Kürze und Gefülltheit. Der Maßstab, an dem Israels Absichtserklärung und sein Verhalten vor Gott gemessen werden, ist geradezu auf eine Formel gebracht.

---

[23] Analog kontrastieren einander V. 2 und V. 5 (das Volk erwartet neues Leben – Jahwe muß es durch Propheten töten); vgl. E. M. Good, Hosea 5,8–6,6: An Alternative to Alt, JBL 85, 1966, 280f.

[24] Zur Wirkungsgeschichte dieses Prophetenverständnisses vgl. etwa Jer 28,8; Jes 49,2 und vor allem die Sicht der Propheten im DtrG (Jahwe sendet ständig Propheten, um Israel wegen Ungehorsams zu vermahnen und zur Umkehr zu rufen) und dazu O. H. Steck, Israel und das gewaltsame Geschick der Propheten, 1967.

[25] Darum haben viele ältere Ausleger (zuletzt W. Rudolph) aufgrund der Übersetzung „in Steine hauen" an die Gesetzestafeln des Mose gedacht, haben dafür aber das Parallelglied des Verses gewaltsam ändern müssen. (Die hier vorgeschlagene Bedeutung von ḥṣb ist durch Jes 51,9 und das ugaritische Verb ḥṣb gesichert.)

Dieser Maßstab ist nicht neu; wie schon in Kap. 4 (s. o. S. 66) lehnt sich Hosea
bewußt an ältere prophetische Tradition des Nordreichs an (vgl. besonders 1 Sam
15,22), wie er sich ja auch in V. 5 in das Wirken anderer Propheten eingeordnet
hatte. Dennoch hat der Satz bei Hosea eine ungleich umfassendere Bedeutung als in
1 Sam 15. Dieser (wenig ältere) Vorgänger formuliert behutsam komparativisch
(„Gehorsam ist besser als Schlachtopfer"), wie es auch entsprechende weisheitliche
Sätze tun (etwa: „Gerechtigkeit und Recht üben ist Jahwe lieber als Schlachtopfer", Spr 21,3; ähnlich über ein Jahrtausend zuvor die ägyptische Lehre für Meri-
kare 129). In solchen Sätzen wird abgewogen, wird gewertet, werden verschiedene
Ebenen des Handelns miteinander verglichen. Hosea bringt demgegenüber a) ein
Urteil in der Gottesrede, das b) alternativ gestaltet ist und einen Graben aufreißt
zwischen zwei Weisen, Gott zu erreichen. Die Schärfe der Alternative wird erst voll
sichtbar, wenn das Verb mit in die Betrachtung einbezogen wird. „Gefallen haben
an" (ḥpṣ) mit Gott als Subjekt bezeichnet von Haus aus die Annahme (bzw. negiert
die Verwerfung) eines Opfers oder eines Verhaltens durch Gott, wie sie der Priester
auszusprechen hat [26]. Der Priester hat allerdings beim Gottesdienst und in der Un-
terweisung im Namen Gottes zu entscheiden, ob ein *Einzel*opfer rite dargebracht
worden ist oder nicht, ob ein *Einzel*verhalten gottwohlgefällig ist oder nicht.
Hos 6,6 fällt demgegenüber eine Grundsatzentscheidung über die Realisierung und
Verfehlung rechten Gottesverhältnisses überhaupt. (Man beachte dabei, daß Hosea
von „Brandopfern", also Gott ganz dargebrachten Tieren, sonst nie spricht; es geht
ihm deutlich nicht um Opferarten, sondern um Opfer im generellen Sinn, wie das
auch für analoge Worte seiner Zeitgenossen gilt; vgl. Am 5,21 ff.; Jes 1,10 ff.). Die
umfassende Bedeutung der Grundsatzentscheidung geht daraus hervor, daß der
Lehrsatz in einem Kontext steht, in dem (ab 5,8) von Kult und Opfern nirgends die
Rede ist. Hier wird also kein Plädoyer für ein kultloses Gottesverhältnis gehalten —
sonst müßte V. 6 ganz anders vom Kontext vorbereitet sein. Vielmehr beansprucht
der Lehrsatz Geltung auch in Lebensbereichen wie der Politik, von der die umgebenden Verse sprechen, und in dieser Übertragbarkeit greift ihn das Matthäus-
Evangelium auf, um Jesu Annahme der Sünder und seine Durchbrechung der Sab-
batgesetze zu begründen (Mt 9,13; 12,7). Die Opfer sind für Hosea nicht neutrale
Handlungen, die Jahwe auch gefallen könnten, sondern sie sind inhaltlich rein
negativ qualifiziert, wie 4,11 ff.; 5,6 unmißverständlich verdeutlichen. Sie sind von
baalistischem Geist geprägt und stehen für ein mechanisches Gottesverhältnis, in
dem der Kult (oder im Neuen Testament das Gesetz) nicht mehr Ausfluß einer
gelebten Gottesbeziehung ist, sondern, von ihr gelöst, an deren Stelle getreten ist.
So wird vermeintlicher „Gottes-Dienst" zur Verfehlung Gottes, zur Flucht vor Gott
(11,2) und damit zur Schuld (8,11); Opfer lassen den Willen Gottes vergessen
(8,13; vgl. das Thema „Opfer" außerdem in 3,4; 12,12; 13,2), halten die Erkenntnis ab, daß Jahwe auch tötender Löwe sein kann (5,14) [27]. In diesem Horizont zeigt

---

[26] Vgl. R. Rendtorff, Priesterliche Kulttheologie und prophetische Kultpolemik, ThLZ 81,
1956, 339—42.
[27] Im Zusammenhang der Botschaft Hoseas ist daher die Auffassung der Verneinung von
V. 6 im Sinne „dialektischer Negation" („nicht nur ... sondern eher": H. Kruse, VT 4, 1954,
385—400) ausgeschlossen (Wolff, Rudolph); vgl. schon G—K [28] § 119w.

auch Israels Absichtserklärung in 6,1–3 „Opfer-Mentalität". Ihr fehlt in der Not alle Einsicht in Schuld, alles Schreien zu Gott im Bewußtsein der Hilflosigkeit und in Sehnsucht nach neuer Gottesnähe, wie sie Gott in 5,15 erhofft hatte. Statt dessen wird Gottes rettendes Eingreifen mit einem Automatismus erwartet, wie er der Naturerfahrung entnommen ist, wie denn der Erhaltung des Wachstums in der Natur wiederum wesentlich der eigene Gottesdienst gilt (vgl. etwa 7,14). Was Gott sucht, ist eine „Hingabe" (Treue, Ergebenheit, Loyalität, Zuneigung), die aus der „Gotteserkenntnis" lebt, d.h. aus der Einsicht, daß Israel alles, was es hat und was es ist, nicht aus sich selber hat und ist, sondern als Geschenk Gottes erhalten hat, darum Gott in guten wie in bösen Tagen sein einziger Halt und Retter ist (vgl. die Auslegung zu 4,1). Weil solches Wissen in den Heiltaten Gottes an Israel gründet, gilt es diese immer neu zu vergegenwärtigen, und weil es auf engen Gotteskontakt abzielt, gilt es den überlieferten Gotteswillen immer neu vor Augen zu stellen – das wäre rechter Gottesdienst, aus dem wahre „Hingabe" – die mehr wäre als eine flüchtige Gemütsaufwallung (V. 4) – wie von selbst entspränge (vgl. die programmatischen Mahnworte 10,12 und 12,7). „Gotteserkenntnis" und „Hingabe" sind darin letztlich identisch, weil eines nicht ohne das andere denkbar ist, beides nur Teilaspekte eines intakten Gottesverhältnisses sind, bei dem Begreifen und Tun ineinanderliegen und unlöslich aufeinander bezogen sind[28].

6,7–7,16: Abweisung Gottes auf allen Ebenen

7 Sie aber:
    ,In'[1] Adam brachen sie den Vertrag,
    mich haben sie dort betrogen!
8 Gilead ist eine Stadt von Übeltätern,
    voll blutiger Fußspuren[2].
9 Wie sich Räuber[3] auf die Lauer legen[4],
    so die Rotte der Priester:
    An der Straße nach Sichem[5] morden sie –
    wie Schändliches vollbringen sie!
10 *Im Haus Israel (zwar) habe ich Abscheuliches gesehen –*
    dort, wo Efraims Hurerei ist,
    wo Israel verunreinigt ist –,

---

[28] Es ist eine Eigenart Hoseas, daß er den Begriff ḥæsæd („Hingabe"), der gemeinhin – mit Menschen als logischem Subjekt – hingebungsvolle Hilfe gegenüber anvertrauten Mitmenschen in der Not bezeichnet, entschlossen auf das Gottesverhältnis bezieht (vgl. V. 4). Darin kommt zum Ausdruck, daß für diesen Propheten alle intakten menschlichen Beziehungen in intakter Gottesbeziehung gründen.

[1] šām („dort") in V. 7b erfordert in der parallelen Aussage die Präposition b^e.

[2] Wörtlich: „Bespurt von Blut".

[3] Wohl als Plural von ʾîš g^{e}dûd zu deuten (Rudolph nach G–K²⁸ § 124r).

[4] Zur Form des Inf.cstr. vgl. G–K²⁸ § 231 und 75aa sowie Nyberg, Studien 43.

[5] Ein vom Verb unterbrochener st.cstr. (D. N. Freedman, Bib. 53, 1972, 536).

11 *aber auch dir, Juda, ist eine Ernte bestimmt,*
wenn ich das Geschick meines Volkes wieder wende!

7,1 Wenn ich Israel „heile" –
so wird Efraims Schuld offengelegt
und Samarias große Bosheit:
Sie verüben Betrug;
während der Dieb eindringt,
zieht draußen die Räuberbande los.

2 Aber sie machen sich nicht klar,
daß ich all ihrer Bosheit gedenke.
Jetzt umzingeln sie ihre Taten,
vor mein Angesicht sind sie gekommen.

3 Mit ihrer Bosheit beglücken sie den König,
mit ihrer Falschheit Beamte.

4 Sie sind insgesamt ehebrecherisch[6]:
‚Sie'[7] gleichen einem brennenden Ofen,
dessen Bäcker das Schüren einstellt
vom Kneten des Teigs bis zu seiner Durchsäuerung.

5 Am Tag ‚ihres'[7] Königs
schwächten sie die Beamten
mit der Glut vom Wein;
dessen Gewalt riß die Großspurigen[8] hin.

6 Ja, sie hatten sich genaht[9] wie ein Ofen,
ihr Herz voller Hinterlist[10]:
Die ganze Nacht
schlief ihre ‚Leidenschaft'[11],
am Morgen brannte sie auf
wie loderndes Feuer.

7 Sie alle glühen wie ein Ofen
und fressen ihre Richter.
Alle ihre Könige sind gestürzt –
keiner unter ihnen ruft mich an.

8 Efraim – unter die Völker
hat es sich vermengen lassen!
Efraim wurde zum Brotfladen,
den man nicht gewendet hat.

---

[6] Der Begriff „ehebrecherisch" (*m^{e}nā'^{a}phîm*), der dem Kontext einen neuen Deutungs-horizont gibt (s.u.), ist möglicherweise durch Metathesis aus ursprünglichem *m^{e}ann^{e}phîm* („wutentbrannt"; S.M. Paul, The Image of the Oven and the Cake in Hosea VII 4–10, VT 18, 1968, 114–120; 115 Anm. 4) entstanden bzw. – da das Pi'el von *'np* sonst nicht belegt ist – aus *'on^{e}phîm*.

[7] S. BHS.

[8] Verkürztes Part. Polel von *lîṣ* (Rudolph).

[9] Vokalisiere das Verb im Qal (das Pi'el bedeutet stets „nahebringen"; vgl. E. Jenni, Das hebräische Pi'el, 1968, 75f.); vgl. 'A, Σ, Θ. Einen besseren Parallelismus ergäbe die seit Schorr (zitiert von Wellhausen z. St.) oft bevorzugte Konjektur *qirbām* „ihr Inneres".

[10] Wörtlich: „In ihrem Hinterhalt".

[11] S. BHS.

9 Fremde haben seine Kraft verzehrt –
   aber es selber merkt es nicht;
   auch graue Haare sind ihm schon gewachsen [12] –
   aber es selber merkt es nicht.
10 *Gedemütigt ist der Hochmut Israels vor seinen eigenen Augen;*
   aber sie sind nicht zu Jahwe, ihrem Gott, zurückgekehrt,
   haben ihn trotz all dessen nicht gesucht.
11 Efraim wurde wie eine Taube,
   verführbar, ohne Verstand.
   Nach Ägypten riefen sie,
   nach Assur gingen sie.
12 Sobald sie (wieder) gehen,
   breite ich über sie mein Netz;
   wie Vögel am Himmel hole ich sie herunter,
   ‚fange sie ab, sobald man ihren Schwarm hört‘. [13]

13 Weh ihnen, daß sie vor mir fliehen,
   Verderben ihnen, daß sie sich gegen mich auflehnen!
   Ich aber, wie kann ich sie loskaufen,
   wo sie mich doch verleugnen?
14 Sie schreien ja nicht zu mir in ihrem Herzen,
   wenn sie auf ihren Lagerstätten heulen [14],
   um Kornes und Mostes willen ‚sich Einschnitte machen‘ [15];
   sie ‚sind störrisch‘ [15] gegen mich.
15 Ich war's doch, der ihre Arme stärkte ʼʼ [16],
   gegen mich nun planen sie Böses.
16 Sie kehren zurück – zur Ohnmacht [17],
   sind zum tückischen Bogen geworden.

---

[12] Intransitives Qal (Rudolph) oder als Puʻal zu vokalisieren (*zorᵉqâ*); mehrere Ausleger folgen J. Blau, der mit einer Wurzel *zrq* II „eindringen" nach dem Vulgärarabischen rechnet (VT 5, 1955, 341).

[13] K. Budde, ZA 26, 1912, 30–32 und bes. H. S. Nyberg, Studien 56 f. sowie W. Rudolph z. St. haben überzeugend aufgewiesen, daß in V. 12b das Vogelbild von 12a nicht verlassen wird. Der Konsonantentext braucht nicht verändert zu werden, wenn man das Verb von ʼsr herleitet (vgl. BHS), *ʻēdâ* nach Ri 14,8 als „Schwarm" deutet und die Part. *kᵉšomēʻa* (Rudolph) oder den Infinitiv *kišmoʻa* (Budde; BHS) vokalisiert. Die Überlieferung (MT ebenso wie G, S, T) hat auch sonst mehrfach aus theologischen Gründen *jsr* pi. „züchtigen" gedeutet, wo im ursprünglichen Text ʼsr „fesseln" stand; vgl. 5,2; 10,10.

[14] Zur Form vgl. G–K²⁸ § 70 d.

[15] S. BHS.

[16] G. R. Driver, JThS 36, 1935, 295 f., versteht *jsr* pi., das mit dem Verb *srr* (bzw. *swr*: MT) in V. 14b im Wortspiel steht, unter Verweis auf Hi 4,3 nach aramäischem ʼšr „stark sein". Dann würde das geläufige zweite Verb in V. 15, das noch in G fehlt, diese Bedeutung sichern wollen. Rudolph z. St. und HAL 400 sind Driver gefolgt.

[17] Der ursprüngliche Text lautete wohl wie an der Parallelstelle 11,7: ʼael ʻal. Letzteres ist Epitheton (in Ugarit: ʻlj, „der Hohe, der Erhabene") oder Kurzform für Baal. Die spätere Überlieferung hat „den Erhabenen" durch Metathesis verballhornt: zu „Nicht-Hoch" = „Ohnmacht", wodurch die Präposition verlorenging. Vgl. die Bezeichnung „Nicht-Gott" in Dtn 32,17.21.

Durchs Schwert werden ihre Führer fallen
– wegen ihrer lästerlichen Zunge"[18] –
im Lande Ägypten.

6,7–7,16   „Mit $w^e\bar{h}\bar{e}mm\hat{a}$ (‚sie aber') fängt niemals ein neues Prophetenwort an". Dieser
Satz H.W. Wolffs (S. 138) trifft gewiß zu, und Wolff hat überzeugend gezeigt, daß
nach 5,8 erst wieder in 8,1 ein deutlicher formaler Neuansatz erscheint und die
Einzelworte in 5,8–7,16 stilistisch und thematisch eng aneinander gebunden sind.
Andererseits besteht innerhalb dieser Großeinheit der wichtigste Einschnitt zwischen 6,6 und 6,7. Das eingangs genannte „sie aber" steht außerhalb des Metrums
(in V. 7–9: der Klagerhythmus 3 + 2) und gibt sich darin als Formel zu erkennen,
die schon gefügte Einheiten miteinander verbindet. In 5,8–6,6 durchbrach immer
wieder die Anrede Gottes an Israel die Verse, die vom Gottesvolk in 3.Pers. sprachen (5,8.13; 6,4); in 6,7–7,16 fehlt jegliche Anrede (Ausnahme: der Nachtrag
6,11), von Israel spricht Gott so distanziert, als schildere er Vorgänge gegenüber
Fremden. Vor allem aber waren 5,8–6,6 durch das ständige Nebeneinander von
„Efraim" und „(Haus) Juda" geprägt, während in 6,7ff. vom Südreich Juda nicht
mehr die Rede ist, sieht man wieder von dem Nachtrag in 6,11 ab. Hinzu kommt
schließlich, daß die sehr unterschiedlichen Vorwürfe in 6,7–7,16 bewußt künstlerisch gerahmt sind: Nur zu Beginn in 6,7 und am Ende in 7,13–16 werden perso-
nale Kategorien verwendet, die in theologischer Zuspitzung Jahwe als den unmittelbar von den Vergehen Betroffenen herausstellen (Stilform der Inklusion). – Im
Kontext fällt 6,7–7,16 die Funktion zu aufzuweisen, wie weit Israels Absichtserklärung, zu Jahwe zurückzukehren (6,1–3), vom realen Alltag im Nordreich widerlegt
und als trügerisch entlarvt wird und wie weit dieser Alltag sich vom Willen Jahwes,
wie ihn 6,6 zusammenfassend charakterisierte, entfernt hat: statt Hingabe allerorts
Gewalttat in Land und Hauptstadt (6,7–9; 7,1–2), Königsmorde (7,3–7), illuso-
rische und gottwidrige Außenpolitik (7,8–9.11–12) und über dem allen ein bleibend widergöttlicher Kult (7,13–16). Mit hoher Wahrscheinlichkeit liegen diesen
Darlegungen Einzelworte aus dem Jahr 733 oder unmittelbar danach zugrunde; für
7,3–7 ist diese Annahme so gut wie sicher, für 6,7–9 zumindest recht wahrscheinlich, im Falle von 7,8–12 sind vielleicht zwei thematisch verwandte Sprüche zusammengefügt, die von einem Nachtrag (7,10) getrennt werden, und nur der theologisch gewichtige Abschluß in 7,13–16 ist von vornherein für einen weiten Kontext
verfaßt, wie noch zu zeigen ist.

6,7–7,2: Gewalttat in Land und Stadt. 6,7–9 hat J.L. Mays (S. 99) eine „Geo-
graphie des Bösen" genannt: Berühmte Verbrechen einzelner Orte werden als An-
zeichen der Verdorbenheit Israels aneinandergereiht. Dieses ursprüngliche Einzelwort, am ehesten 5,1f. vergleichbar, ist durch seine Fortsetzung in 7,1f. fest in den
weiteren Kontext eingebunden. Zunächst rahmen 6,7 („mich haben sie dort betro-
gen") und 7,2 („vor mein Angesicht sind sie gekommen") die Perikope mit einer
erneuten Inklusion. 7,1f. greifen außerdem bewußt Termini aus 6,7–9 auf und

---

[18] „Damit ist ihr Stammeln gemeint" ist erläuternde Glosse; vgl. K. Budde, ZA 26, 1912,
32 sowie G.R. Driver, JThS 39, 1938, 157.

weiten sie abgewandelt auf das soziale Verhalten Israels im ganzen aus, verbinden sie aber vor allem mit der Frage aus 5,8–6,6, ob Jahwe die „Krankheit" Israels noch „heilen" kann und will, wie Israel es so sicher erwartet (6,1). „Heilung" geschieht jetzt in Form von Schuldaufdeckung, lautet die Antwort. V. 2 läßt vermuten, daß sie im Schülerkreis Hoseas gegeben wurde. Demgegenüber bieten 6,10f. Nachträge, die Hoseas Aussagen auf Juda applizieren, die Verkündigung Jeremias aufgreifen und die Leser auf die bevorstehende Endzeit vorbereiten wollen.

In den Versen 7–9 bleibt für uns vieles im Dunkel. Man hat früher häufig vermu- 6,7–9
tet, der Prophet spiele auf Ereignisse ferner Vergangenheit an; aber da sich in der alttestamentlichen Überlieferung keine wirklichen Parallelen zu den genannten Vorkommnissen finden, hat man um dieser Deutung willen stark in den Text eingreifen müssen[19]. Viel eher wird es sich um aktuelle Vergehen handeln, die Hoseas Generation nur allzu vertraut waren, um mehr als einer Anspielung zu bedürfen. Mit Sicherheit steht der Vertragsbruch nicht zufällig am Anfang, der sich in Adam (südlich der Mündung des Jabbok in den Jordan, heute *tell ed-dāmije*) ereignet hat. Hosea verurteilt auch andernorts das unbekümmerte Schließen und erneute Brechen von Verträgen scharf (vgl. 10,4; 12,2; auch 4,2), nicht nur weil dabei die Verläßlichkeit des Wortes auf der Strecke bleibt, sondern vor allem weil Treubruch an Jahwe vollzogen wird, da man ihn als Vertragsgaranten im bindenden Eid der Partner angerufen hat (10,4). Dieser Treubruch steht auf einer Stufe mit dem Verrat an Jahwe im abgöttischen Kult, wie das gleiche Verb in 5,7 zeigt. So enthüllt 6,7 die „Aufteilung der Welt in einen kultischen und einen profanen Raum als tragischen Irrtum Israels"[20]. Noch dunkler bleiben die Ereignisse in Gilead (üblicherweise im Alten Testament Name des ostjordanischen Berglandes nördlich des Toten Meeres, hier aber deutlich Stadtname, der sich im heutigen *ḫirbet ǧelʿad* erhalten hat, 10 km südlich des Jabbok; vgl. 12,12). „Übeltäter" – der besonders in den Psalmen begegnende Begriff qualifiziert bei den klassischen Propheten verschiedenste Vergehen als unheilvoll und abscheulich[21] – haben hier „Blutspuren" hinterlassen; damit sind kaum kultische Delikte (Kinderopfer?), sondern eher soziale und politische Gewalttaten gemeint; man hat oft auf 2 Kön 15,25 verwiesen, wo 50 Gileaditer bei der Revolution Pekachs erwähnt werden. Entsprechendes gilt auch für V. 9, obwohl hier ausdrücklich Priester genannt sind, die als eine Bande von Wegelagerern Pilgern oder Asylsuchenden (Sichem war Asylstadt, Jos 20,7) auflauern wie einst die Sichemiten den Leuten des Abimelech (Ri 9,25) und vor dem Äußersten nicht zurückschrecken. So handeln die, die Vorbild sein sollten! Ob es dabei Zufall ist, daß von allen alten Heiligtümern, die Hosea nennt, einzig Sichem ohne Polemik erwähnt wird? Sollte die auffällige Rolle, die Sichem im vielfältig von

---

[19] K. Budde, ein vorzüglicher Kenner der Prophetie Hoseas, etwa „findet" durch Konjekturen im Text die Heiligtümer von Dan (V. 7), Gilgal (V. 8) und Bet-El (V. 10) erwähnt (JBL 53, 1934, 118ff.). Für Gilgal hatte er einen Vorläufer in E. Sellin (Gilgal, 1917, 12), für Bet-El plädiert gar die Mehrzahl der Ausleger seit J. Wellhausen.

[20] L. Perlitt, Bundestheologie im AT, 1969, 143; dort auch der Nachweis, daß nicht der Bruch des Bundes mit Jahwe gemeint ist, da der Text dann lauten müßte: „In Adam brachen sie *meinen* Bund" (so die Deutung von T und S); vgl. den Nachtrag in 8,1b.

[21] Vgl. K.-H. Bernhardt, ThWAT I 154–156.

Hosea beeinflußten Deuteronomium spielt (wenn auch in späteren Schichten: Dtn 11,29ff.; 27,1ff.11ff.; vgl. Jos 24; Ri 8,30ff.), mit dieser Sonderstellung zusammenhängen? Überfielen die Priester Pilger, um sie von Sichem fernzuhalten[22]? Wir können diese Frage nur noch stellen, nicht mehr beantworten.

6,10f.   In 6,10–11a und in 6,11b–7,1aα handelt es sich um einen oder zwei Nachträge. Der erste und sicherer zu deutende ist daran erkennbar, daß er zwei typische Wendungen der Generation Jeremias gebraucht[23], mit ihrer Hilfe den fast wörtlich zitierten Versteil aus 5,3b deutet, Juda in einen nur vom Nordreich handelnden Kontext einführt und in einer Weise dem Nordreich gegenüberstellt, wie sie wiederum für das Buch Jeremia charakteristisch ist (vgl. besonders Jer 23,13f., aber auch etwa 3,6ff.), und schließlich den Begriff der „Ernte" (qāṣîr) für das Gericht Gottes verwendet, wie es sonst erst wieder die späten Belege Jer 50,16; 51,33 und Joel 4,13 tun. Inhaltlich wird die Schändlichkeit des Verhaltens im Nordreich im Anschluß an V. 9b bewußt unterstrichen und noch verschärft, indem an den baalisierten Gottesdienst aus Kap. 4–5,7 erinnert wird. Wie jedoch V. 11a zeigt, wird auf die Schuld des Nordreichs nur verwiesen, um den Lesern im Südreich die eigene Gerichtsreife vor Augen zu halten. – Schwieriger ist der zweite Nachtrag 6,11b–7,1aα zu deuten. Die beiden Konditionalsätze lassen sich sowohl rückwärts als auch vorwärts beziehen. Im erstgenannten Fall wäre die Heilswende im Nordreich als der Zeitpunkt angegeben, zu dem Juda das Gericht ereilt; bei Bezug nach vorwärts ergibt sich der Sinn, daß Jahwes „Heilung", wie sie das Volk nach 6,1 erwartet, nur zur Aufdeckung der Schuld führt. Diese wahrscheinlichere (ironische) Deutung ist allerdings nur für den zweiten Satz möglich, während der erste einen eschatologischen Fachausdruck gebraucht (šûb šᵉbût, wörtlich: die Wende wenden), wie er besonders in den exilischen Partien des Jeremia- und Ezechielbuches als Bezeichnung der unüberholbar-endgültigen Heilswende geläufig ist (17 von 26 Belegen), und sich auch durch den Gebrauch der Wendung „mein Volk" als Zusatz erweist; Hosea benutzt diese Formulierung nur in der Frühzeit (Kap. 4) und einmal in begründbarer Ausnahme in 11,7. Der Nachtrag beschränkt sich also vermutlich auf 6,10–11, und die massoretische Sinneinteilung ist im Recht, wenn sie 7,1aα von 6,11b trennt. 6,11b ist (in Anlehnung an 7,1aα) offensichtlich noch später zugefügt als 6,10–11a, wo nur vom Gericht an Juda die Rede war. Der Vers 6,11 als ganzer besagt dann, daß es für Juda ebenso wie für das Nordreich eine letzte Heilswende nur durch das Gericht hindurch gibt.

7,1f.   7,1–2 schlossen sich ursprünglich unmittelbar an 6,7–9 an. Sie beseitigen das mögliche Mißverständnis dieser Verse, als sollten hier extreme Vergehen einzelner Orte und damit punktuelle Entgleisungen beschrieben werden. 7,1, in zwei dreigliedrige Perioden aufgeteilt, redet von Gewalttaten im Land („Efraim") und in der Hauptstadt („Samaria") im allgemeinen, unter bewußter Aufnahme und Abwandlung der Begrifflichkeit von 6,7–9 (vgl. 7,1a mit 6,7b + 8a; 7,1b mit 6,9a: Übeltäter – Betrug – Räuber), die nun im zweifach verwendeten Stichwort „Bosheit" (V. 1.2) zusammengefaßt werden. Unter solchen Umständen kann Jahwes „Heilung", mit der das Volk so sicher in Kürze rechnet (6,1–3), nur in der Schuldauf-

---

[22] Das vermutet H. W. Wolff, Ges.St. 249 Anm. 70.

[23] Die Wurzel šʾr in der Bedeutung „abscheulich" begegnet außer Hos 6,10 nur im Buch Jeremia (5,30; 26,12; 29,17), das Abstraktum zᵉnût („Hurerei") je dreimal bei Jeremia (3,2.9; 13,27) und bei Ezechiel (23,27; 43,7.9) und sonst nur abhängig von Ezechiel in Num 14,33 und abhängig von Jeremia in einem Nachtrag bei Hosea (4,11a). Möglicherweise spielt Hos 6,10a unmittelbar auf Jer 23,14 an, wo außer „Abscheuliches" ebenfalls „Ehebruch" (vgl. Hos 6,10b) neben „Betrug" (vgl. Hos 7,1) steht, aber nun auf das Südreich bezogen.

deckung liegen. Jahwe will „Israel" heilen, das ihm gehörende Gottesvolk, und muß doch zusehen, wie „Efraim", der gottvergessene Staat, sich selbst zugrunde richtet. Dessen reale Taten erweisen, wie wenig er am Maßstab von 6,6 zu messen ist, wie sehr er Gott mit der leichtfertigen Absichtserklärung in 6,1–3 „betrügt". Aber er betrügt auch sich selber, indem er mit einem Gott rechnet, der nicht sieht. Gott kündet keine Strafe an, sondern nur ein Unterbleiben eines möglichen Vergessens. Wenn Gott aber der Schuld „gedenkt", bleibt sie festgehalten; wenn Taten „vor sein Angesicht kommen", bleiben sie in ihrer Wirkung erhalten [24]. Als Konsequenz wird das Gottesvolk von den eigenen Taten eingekreist, wird ihnen und ihrer Wirkung preisgegeben. Hier wird Schuld als Macht herausgestellt, die nur Gott unterbinden könnte, und es bestätigt sich das hoffnungslose Wort von 5,4: „Ihre Taten erlauben ihnen nicht, zu ihrem Gott zurückzukehren". Deutlich wird, wie „Heilung" für Hosea letztlich mit Vergebung identisch ist, genauer: wie sie Israels Einsicht in die eigene Schuld und Gottes Vergebung unabdingbar voraussetzt.

7,3–7: Königsmord. Durch Stichwortanschluß („ihre Bosheit" wie in V. 1 und V. 2) mit 6,7–7,2 verbunden, bringt 7,3–7 einen neuen Erweis der trügerischen „Hingabe" Israels (6,4.6): den Königsmord. Der Text ist stellenweise in V. 4–6 schwierig und fehlerhaft überliefert, aber durch die eindeutigen Rahmenverse im wesentlichen deutbar. Für das Verständnis erscheinen mir zwei Einsichten zentral, die sich beide im Ansatz schon bei J. Wellhausen finden, später aber oft vergessen worden sind: 1) Das Bild vom Backofen, das die Verse 4,6 und 7 bestimmt, hat eine doppelte Funktion; es versinnbildlicht primär das Auflodern revolutionärer Leidenschaft, zugleich aber auch die trügerische Unterdrückung dieser Leidenschaft zum Zweck der Täuschung (V. 4b.6b); 2) die Unterschiede im Metrum (V. 5f. hämmernde Zweier; sonst herrschen ruhigere Dreier vor) und vor allem im Tempus (V. 5f. Perfekte, sonst mehrheitlich Imperfekte und Partizipien) zeigen, daß mit V. 5–6 ein einmaliges Geschehen geschildert wird, das in den Rahmenversen 3f. und 7 verallgemeinert und auf analoge Ereignisse ausgeweitet wird (vier Königsmorde in 15 Jahren!). Schon um dieser konkreten Anspielungen willen ist wahrscheinlich, daß hinter V. 3–7 ein mündliches Einzelwort steht; jetzt aber fehlt ihm die Abrundung durch eine Strafansage, so daß es fest in seinen Kontext eingebunden ist. Mit seinem abschließenden Ton verzweifelter göttlicher Klage, die auf unausweichliches Unheil vorwegweist, leitet es schon über zu V. 8ff., die ganz von der Klage geprägt sind.

Was war geschehen? V. 5 führt einen Festtag zu Ehren des Königs (Geburts- oder Krönungstag) vor Augen, von dem sich Gott als Redender (V. 7) scharf distanziert (wenn die übliche Textkorrektur „ihres Königs" statt „unseres Königs" im Recht ist) und bei dem viel Wein fließt. Der hebräische Konsonantentext läßt nicht erkennen, ob die Beamten sich selbst am Wein erhitzten (so deuten G und V: „Sie begannen sich zu erhitzen …") oder aber von Verschwörern absichtlich unter Alkohol

5f.

---

[24] Vgl. Ps 109,14f. mit seiner Analogie zur Parallele von Gott „gedenkt (der Schuld)" und „(schuldhafte Taten) kommen vor Jahwe" und weiter die Auslegung von W. Schottroff, „Gedenken" im Alten Orient und im AT, ²1967, 236, der zugleich überzeugend nachweist, daß für Hosea der von K. Koch geprägte Begriff einer „schicksal-wirkenden Tatsphäre" (ZThK 52, 1955, 1ff. = Um das Prinzip der Vergeltung 130ff.) nicht anwendbar ist.

gesetzt wurden (so der vokalisierte hebräische Text der Massoreten); letzteres ist wahrscheinlicher, da die Beamten in V. 3 und 7 in einem Atemzug mit dem König genannt werden, also Betroffene der Revolte sind. Wenn Hosea sie als „großspurig, großsprecherisch, geschwätzig" charakterisiert[25], kritisiert er ihre politische Einfalt und Selbstsicherheit, wie mit dem gleichen Verb Jesaja die Jerusalemer Beamten (Jes 28,14.22). V. 6 schildert die Hinterlist der Verschwörer. Das Bild vom „Herzen im Hinterhalt" gebraucht Jeremia für Menschen, die nach außen freundlich reden, während sie im Innern Fallen stellen (Jer 9,7). Hier ist der „Hinterhalt" die planvoll gezügelte revolutionäre Leidenschaft, die eine ganze Nacht über zuwarten

4 kann, bis die arglos im Rausch Schlafenden ermordet werden. V. 4 gebraucht für diese Haltung ein Bild, das V. 6 und 7 bewußt wieder aufgreifen: das Bild vom Backofen (*tannûr*), einem meist ca. 70 cm hohen, nach oben sich verjüngenden und an der Spitze offenen Tonzylinder. Man setzte ihn am frühen Morgen in eine Feuergrube, ließ ihn erhitzt werden, um das Feuer dann herunterbrennen zu lassen und die inzwischen gekneteten und mit Sauerteig vermischten Brotfladen an die Innenwände zu klatschen (V. 4). Nachts wurde das Feuer unter der Asche erhalten, um am Morgen neu geschürt zu werden (V. 6)[26]. Unterstützt wird das Bild für die umstürzlerischen Emotionen, die in kühler Berechnung unterdrückt werden, noch durch ein Wortspiel (*ʾophæ* „Bäcker", V. 4 – *ʾaph* „Leidenschaft", V. 6), das seinerseits in V. 4a von den Tradenten um ein wieder neues Gedankenglied erweitert worden ist: *nāʾaph* „ehebrechen" (vgl. die analoge Wendung Jer 9,1). Es soll

3 verhindern, daß die „Bosheit" und die hinterlistige „Falschheit", also die böswillige Verstellung gegenüber dem Getöteten, mit der die Königsmörder nach V. 3 den Usurpator und seine Gefolgsleute „beglücken", als nur politisch widerwärtige Handlung erscheinen: Sie sind „Bosheit" und „Falschheit" gegenüber Gott (vgl. 10,13; 12,1) und daher „Ehebruch" im gleichen Sinne wie nach 4,13f. und 5,3f.

7 der abgöttische Gottesdienst. Dabei schließt die Wendung „sie alle", die V. 4 einleitet und in V. 7 betont wieder aufgegriffen wird, eine Einschränkung des Urteils auf wenige Hauptverantwortliche ebenso aus wie das Tempus in V. 3 und 7, das auf Wiederholung zielt. Von den fünf zwischen 747 und 732 regierenden Königen starben vier (Secharja, Schallum, Pekachja, Pekach, 2 Kön 15) durch die Hand ihrer Nachfolger. „Sie machen Könige, doch ohne mich" (8,4): das belegen diese Verse eindrücklich. Da die Ereignisse im Kontext in das Jahr 733 fallen, ist mit V. 5f. vermutlich auf die Ermordung Pekachs durch den letzten König des Nordreichs,

---

[25] Man übersetzt V. 5b zumeist: „Er (d. h. der König) tauscht Handschlag mit Spöttern" und bezieht letztere auf die Rebellen. Der zur Stützung herangezogene ugaritische Beleg (Gordon, UT 128, I, 2) hilft hier aber nichts, da er in einem ganz fragmentarischen Kontext steht, und in der Mischna heißt der entsprechende Ausdruck „die Hand zurückziehen" (A. B. Ehrlich, Randglossen V 182; J. Levy, Wörterbuch Bd. 3, 275). Das zweite Vorkommen des Verbs *mšk* bei Hosea (11,4) spricht für die obige Übersetzung von V. 5b, die sich an H. W. Wolff anlehnt.

[26] Zum Vorgang vgl. ausführlich G. Dalman, AuS IV 88ff., bes. 104ff. und 96f. Möglicherweise ist auch in V. 4b mit J. Wellhausen z. St. und S. M. Paul, a. a. O. (Anm. 6) 116 Anm. 6, an die Nacht zu denken, in der sich die Säuerung des Brotteigs bei heutigen Beduinen und Fellachen oft vollzieht (Dalman 48.96f.104). – Berufsbäcker, wie sie V. 4 nennt, kannte man am Hof und in großen Städten; vgl. Gen 40,1; 1 Sam 8,13; Jer 37,21.

der wie der Prophet Hosea heißt, im Jahre 732 angespielt. In jedem Fall aber blickt V. 7 schon auf eine Reihe von Königsmorden zurück. (Die parallel stehenden „Richter" sind vermutlich hohe Beamte, wie 13,10 zeigt.) Mord ist längst zur Gewohnheit geworden, um Politik durchzusetzen, sei es eine Politik, die die Unterwerfung unter Assyrien trotz riesiger Tributlast für notwendig hält, sei es eine Politik, die den Aufstand gegen Assyrien wagt (wie jüngst Pekach im Bündnis mit den Aramäern). Revolutionäre Leidenschaft, die gestern dem bejubelten Idol durch Mord zur Herrschaft verhalf, wird heute zur enttäuschten Wut, die es erschlägt. Man erhofft sich von solchem politischen Wandel Rettung – wie nach 5,13 von Assyrien oder nach 7,11 von Ägypten – und dokumentiert nur, daß man von Hoseas Gotteswort nichts verstanden hat und noch immer dort steht, wo man nach 5,12–14 stand. Denn Israel begreift nach wie vor nicht, daß nur *einer* es „heilen" könnte. Den aber „ruft keiner an": So verstreicht die Zeit, in der Jahwe im Gericht geduldig zuwartet (5,15).

7,8–12: Vermischung unter die Völker. Neben die sozialen und kultischen Wirren im Land (6,7ff.) sowie die Thronrevolten (7,3ff.) tritt Israels Außenpolitik (vgl. 5,11–14; 8,7–10) als Zeuge gegen die Echtheit seiner „Hingabe" (6,4.6). Bei diesem Thema beherrscht Klage die Diktion des Propheten und der Klagerhythmus 3 + 2 das Metrum. Sehr wahrscheinlich sind hier zwei kürzere Einzelworte Hoseas zusammengestellt (V. 8 f.11 f.), die beide Israels Verhältnis zu den Völkern in einem der typisch hoseanischen Vergleiche ausdrücken, formgeschichtlich aber darin unterschieden sind, daß das erste reine Klage ist, während das zweite die anfängliche Klage in Anklage und Strafankündigung übergehen läßt. So erklärt sich am ehesten die Stellung von V. 10, der eine nachträgliche Deutung von V. 8 f. bietet und zugleich durch Anklage die genannte formale Differenz überbrückt. Er verbindet V. 8 f. enger mit 5,15–6,6 einerseits und 5,3–7 andererseits.

Obwohl die Verse 8 f. sachlich hinter V. 11 gehören, insofern sie die Folgen der 8 f. Politik von V. 11 beklagen, stehen sie voran, da die Bildsprache (Brotfladen – vermengter Teig) sie mit V. 3–7 verbindet. Der Anfang ist ein überschriftartiger Ausruf und erscheint durch seine Wortstellung wie ein ungläubiges Kopfschütteln: Gottes Volk unter die Völker vermengt! (Das nur hier im Hithpa῾el gebrauchte Verb *bll* meint im Grundstamm das Verrühren von Teig und Öl für rituelles Backwerk; im Akkadischen bedeutet *balālu* im G- und N-Stamm gelegentlich schon wie hier das Vermischen von Völkerschaften.) Die Klage schillert, sie meint wohl ein Doppeltes: Indem Israel sich plötzlich wie alle anderen Völker verhält – als ob es Jahwe nie gekannt hätte –, begibt es sich seiner Eigenart und verliert es seine Sonderstellung (vgl. im folgenden 8,8); nicht zufällig wird das Gottesvolk hier wie fast durchgehend seit 5,8 mit seinem Stammes- und Staatsnamen „Efraim" und nicht als Israel bezeichnet. Zum anderen aber – und wie die Fortsetzung zeigt, primär – beklagt der Satz die Folgen eines derartigen Verhaltens: Israel erleidet das gleiche Geschick wie die Völkerwelt; konkret ist damit auf die Abtrennung des westlichen, nördlichen und östlichen Gebietes des Nordreichs angespielt und auf seine Eingliederung in das assyrische Provinzsystem im Jahr 733 (Provinzen Dor, Megiddo, Gilead; „Efraim" ist der verbliebene Rumpfstaat). Das Bild vom Brot führt beide Gedanken weiter; jedoch ist jetzt ein anderer und einfacherer Backvorgang im Blick als in

V. 3–7: *'ugâ* ist Glutaschenbrot, d.h. ein auf Glühsteinen sehr schnell gebackener Brotfladen, der nach der Garung der einen Seite gewendet und mit heißer Asche zugedeckt wird[27]. Wie er ohne Umwendung verkohlt und ungenießbar wird, so ist Israel längst unbrauchbar geworden. Nur ein Gespür für die tödliche Gefahr und eine Wendung zur wahren Hilfe Gottes könnten ihm nützen; aber es beharrt bei seiner Haltung, die notwendig die verheerenden Folgen heraufführt, im Bild: die notwendig zum Verkohlen des Brotfladens führt. Längst verzehren die Assyrer seine „Kraft", d.h. die Fruchtbarkeit seines Landes und im noch unbesetzten Gebiet die Substanz seiner Wirtschaftsvorräte in Gestalt von Tributleistungen (vgl. 8,7–10). Mit dem Terminus „Fremde" sind sie nicht nur als Ausländer gekennzeichnet, sondern als das Gottesverhältnis Israels gefährdende Macht (vgl. 5,7). Und auf diese verzehrende, vernichtende, gottferne Macht baut Israel (V. 11)! Noch einmal wechselt das Bild: Schon altert Israel, d.h. schon geht es seinem Untergang entgegen, aber – das ist das eigentlich Unverständliche – es verdrängt den Gedanken daran, nimmt das sich abzeichnende Ende gar nicht wahr. So schließt das Wort mit der Ratlosigkeit Gottes gegenüber der Verblendung Israels, mit der der übergreifende Kontext begann: Alles Zuwarten Gottes (5,15) ist umsonst (6,4).

10   V. 10a ist wörtliches Zitat aus 5,5 (wie 6,10b Zitat aus 5,3 ist). Wenn der Versteil wie in 5,5 aufzufassen ist („so zeugt Israels Hochmut gegen es selbst"), wird das in V. 8f. beklagte Verhalten des Gottesvolkes als Hybris gedeutet, d.h. als Pochen auf eigene Fähigkeiten, angesichts derer man Gottes nicht bedarf. Wahrscheinlicher aber wird im Kontext von Späteren 5,5 eine neue Bedeutung unterlegt aufgrund des Wortspiels mit der doppeldeutigen Wurzel *'nh*: „Gedemütigt ist der Hochmut Israels …". So faßt auch V den Text auf im Unterschied zu 5,5, während G an beiden Stellen an Demütigung denkt. V. 10b schließt dann ungleich besser an. Der Versteil ist von J.L. Mays (S. 109) nicht ohne Recht eine „Anti-Klimax" zum Kehrvers in V. 9 („aber es selber merkt es nicht") genannt worden. Er kommt einerseits von 5,4 her, wo Israels Unfähigkeit zur Umkehr herausgestellt wurde, und betont in bewußter Abwandlung die Unwilligkeit des Gottesvolkes zur Umkehr, offensichtlich als Deutung des Bildes vom nichtgewendeten Brotfladen. Andererseits schließt er mit den Verben „zurück-" bzw. „umkehren" und „suchen" an 5,15–6,1 an, d.h. an Gottes Erwartung, in der Not werde Israel ihn „suchen" (5,15), und an die Willenserklärung Israels, zu Gott „umzukehren" (6,1): Gottes Erwartung und Israels Absicht sind in V. 8f. widerlegt. V. 10 ist spätere Deutung von V. 8f. und als solche sprachlich vom Kontext unterschieden: Während in 5,15–7,16 immer „Efraim" zur Bezeichnung des Nordreichs steht (außer an einer bewußten Ausnahme: 7,1a und im Nachtrag 6,10), gebraucht 7,10 wie 5,5 „Israel"; V. 8f. verwendet die (auf Efraim bezogenen) Verben singularisch, V. 10 pluralisch; V. 7 und 12 zeigen, daß allerorts Gott spricht, V. 10 redet in 3.Person von „Jahwe, ihrem Gott"; das blasse „trotz all dessen" ist vermutlich im Anschluß an Jer 3,10 (vgl. Jes 5,25; 9,11.16.20; 10,4) verwendet.

11f.   Auch das zweite Hoseawort zur Außenpolitik beginnt mit einer Klage; im Bild steht das Verhalten der Taube sowohl für Orientierungslosigkeit – sie läßt sich mit einfachsten Mitteln einfangen – als auch für Dummheit. Aber schon die Ausdeutung des Bildes auf Israels Außenpolitik läßt unüberhörbar den Ton der Anklage aufklingen. Im Unterschied zu 5,12–14 erscheint nun nicht nur Assyrien, sondern

---

[27] Dalman, AuS IV 34ff.; Galling (Hg.), BRL² 29ff.

zugleich auch Ägypten als Macht, an die man sich an Stelle Jahwes mit der Hoffnung auf Hilfe wendet (vgl. dazu 12,2). Das Moment des Jahwe-Feindlichen erhellt
dabei besonders aus dem Gegensatz von V. 11 („nach Ägypten riefen sie") zu V. 7
(„keiner unter ihnen ruft mich an"); das „Gehen" („nach Assur gingen sie") erweist die Kontinuität der Schuld (vgl. 5,13: „Da ging Efraim nach Assur ...").
Vermutlich ist in V. 11b beim Nebeneinander Ägypten – Assyrien einerseits auf die
Politik des jüngst ermordeten (7,3–7) Königs Pekach angespielt, der sein Heil in
antiassyrischer Politik, im Aufstandsversuch gegen Assur suchte und dabei auf
ägyptische Hilfe hoffte, andererseits auf die Politik seines Mörders Hosea, der sein
Heil in der Bindung an Assur und in treuer Vasallität suchte. Aber ob auf Ägypten
oder Assur das Vertrauen gesetzt wird, ist vor Jahwe gleich; er erweist sich als der
wahre Herr Israels, auch wenn er von Israel als Hort des Vertrauens verworfen
wird, indem er wie ein Vogelsteller den Schwarm der verführbaren Tauben ein-
fängt. Die unverständigen Vögel fliegen in das ausgebreitete Netz, weil sie den
Vogelfänger nicht sehen, der sich versteckt hat. So deutet V. 12 im Kontext das
„Altern" Israels, d.h. seinen mit den Gebietsverlusten einsetzenden Untergang
(V. 9) als Gerichtstat Jahwes; es bedarf dieses Gerichts, da die törichte Taube aus
sich selber die rechte Orientierung nicht gewinnt (vgl. den Übergang von 5,13 zu
5,14).

   7,13–16: Rebellion gegen Gott. Auf V. 13–16 als Höhepunkt laufen sämtliche
Aussagen in 6,7ff. zu; alle bisherigen Einzelvorwürfe werden hier gebündelt. Dies
zeigt sich schon im Wandel der Stilmittel: Waren in 6,7–7,2 Vergehen primär
aufgezählt worden, herrschte in 7,3–7 dramatische Schilderung vor und in 7,8–12
Klage, so gehen V. 13–16 zur leidenschaftlichen und sehr persönlichen Anklage
über, die im Unterschied zu 6,7–7,12 durchgehend vom Ich der Gottesrede geprägt
ist. Die Verben sind weithin aus dem Bereich der persönlichen Auseinandersetzung
genommen: „fliehen vor jmd.", „sich auflehnen gegen jmd.", „jmd. verleugnen"
(wörtlich: „Lügen reden über jmd."), „Böses planen gegen jmd." (vgl. „lästerliche
Zunge"). Jedoch sind sie merkwürdig verfremdet, insofern sie sich auf einen Kontext beziehen, der von Israels totaler Gleichgültigkeit gegenüber Gott handelt.
Diese Gleichgültigkeit enthüllen V. 13–16 als Rebellion gegen Gott und Verwerfung Gottes.

   Aber 7,13–16 führen noch über 6,7 zurück. Denn erst hier erfolgt mit „Wehe
ihnen ..., Verderben ihnen ..." die definitiv-unabänderliche Antwort auf die Absichtserklärung Israels in 6,1–3, die ihrerseits Reaktion auf das Abwarten Gottes
von 5,15 war; zuvor hatte 6,4 nur Gottes Kopfschütteln über Israels kurzen Atem
widergespiegelt, und 6,6 hatte den Maßstab genannt, an dem Gott Israels Taten
mißt. Bei näherem Zusehen hat 7,13–16 sogar noch umfassendere Funktionen und
führt auch über den Horizont von 5,8–7,16 hinaus: V. 14 greift das Thema kanaanäischen Gottesdienstes aus 4,11ff. und 5,3ff. wieder auf, wie es in 5,8–7,16 nur
eben in Israels Willenserklärung 6,1–3 anklang; V. 15 konfrontiert erstmals innerhalb von Hos 4ff. Israels Schuld mit Jahwes Wohltaten in der Geschichte, wie es
die Worte ab 9,10ff. ständig tun; V. 16 läßt ebenfalls erstmalig das Thema der
Revozierung der Heilsgeschichte aufklingen, das Kap. 8 und 9,1–9 prägt (vgl. „zurück nach Ägypten" in 8,13; 9,3). So ist V. 13–16 ein Wort der Tradenten, das als

Brückenstück unter Aufnahme verschiedener Hoseaworte den Zusammenhang
5,8–7,16 sowohl abschließt (V. 13) als auch mit dem Vorausgehenden (V. 14) und
Folgenden (V. 15 f.) bewußt verbindet.

13   Mit einem Verzweiflungsschrei, der höchste innere Erregung und Anteilnahme
ausdrückt, beginnt Gottes Urteil über Israel. Im Gegensatz zum Ruf der Totenklage
hôj ist *'ôj* ursprünglich ein Angstruf (gemeinhin „weh mir/uns"), der auf eine
plötzliche, unabwendbare Not hinweist[28]. Hier dient der Ruf im Gotteswort als
Ausdruck des Entsetzens über die endgültig-unrettbare Verlorenheit Israels, an der
Gott bitter leidet. Er will „heilen" (5,13; 6,1) oder, wie es hier (und 13,14) heißt,
„freikaufen"[29], d. h. aus geschichtlicher Bedrängnis retten, aber er kann es nicht
(vgl. die analoge rhetorische Frage in 4,16, dort allerdings noch ohne eingetretene
Not), muß vielmehr das Land verheeren (*šod*; vgl. 10,14)[30]. Dem Gott, den Hosea
verkündet, ist Gericht „fremdes Werk" (Luther), das er widerwillig ausführt; es ist
Israel, das ihn nicht sein ureigenstes Werk tun läßt. Die drei Vorwürfe des Verses
gehören sachlich eng zusammen: Innere Wirren (6,7ff.), Königsmorde (7,3ff.) und
Außenpolitik (7,8ff.) sind praktische Verleugnung Gottes (vgl. 7,7: „Keiner unter
ihnen ruft mich an"), zugleich Flucht vor Gott (vgl. 8,11: „Nach Ägypten rufen sie
…") und als solche „Rebellion" gegen Gottes Herrschaft (*pāšaʿ* ist ursprünglich
14 ein politischer Begriff). „Flucht" und „Rebellion" ist Israels Verhalten dabei, obwohl es noch zu Jahwe in überkommener Gebetssprache „schreit" (das gleiche
Verb, das den Notschrei in Bedrängnis bezeichnet, begegnet sogleich erneut in 8,2)
und daraufhin Gottes „Freikauf" aus der Macht der Assyrer erwartet. Aber diese
Gebete kommen nicht „vom Herzen" – „Herz" ist im Alten Testament der Sitz des
Verstandes und der Willensentscheidung, nicht nur der Gefühle; vgl. V. 11 –, sind
ohne Umkehrwillen „Betrug" an Gott, wie der junge Jeremia es im Anschluß an
Hosea formuliert (Jer 3,10 u. ö.). Sie erweisen sich vielmehr als unlöslicher Bestandteil jenes widergöttlichen Gottesdienstes, den 4,11ff. und 5,3f. beschrieben hatten,
in dem ein „Geist der Unzucht" Israel längst „sein Herz weggenommen" hat
(4,11). Israels Gebet ist nicht Klage um Gottes Ferne und Sehnsucht nach Gottes
Nähe, die wahres „Suchen" Gottes ausmachen (5,15), sondern Ausdruck des
Selbstmitleids: 8,7 und 9,1f. deuten an, welche Ernteschäden der syrisch-efraimi-
tische Krieg hinterlassen hat. Deshalb klagt man über den eingebüßten Wohlstand
(zu „Korn und Most" vgl. 2,10f.) und damit wohl auch über den Verlust der Jesreelebene, der Kornkammer Israels, und tut das im für den Propheten unerträgli-
chen und widerwärtigen Stil des baalisierten Gottesdienstes unter unartikulierter
Wehklage über die Abwesenheit von Fruchtbarkeit, unter sexueller Ausschweifung

---

[28] Vgl. G. Wanke, *'ôj* und *hôj*, ZAW 78, 1966, 215–218; J. G. Williams, The Alas-
Oracles of the Eighth-Century Prophets, HUCA 38, 1967, 75–91; 82f.; H. W. Wolff, Dode-
kapropheton 2. Joel, Amos, BK XIV/2, ²1975, 284–287.

[29] Ein von Haus aus handelsrechtlicher Begriff, den – im Anschluß an Hosea – das Deuteronomium zur Bezeichnung der Befreiung Israels aus Ägypten gebraucht (Dtn 7,8; 9,26;
13,6; 15,15; 21,8; 24,18); vgl. J. J. Stamm, Erlösen und Vergeben im AT, 1940, 7ff.; ders.,
THAT II 389ff.

[30] Wolff z. St. weist mit Recht darauf hin, daß damit bewußt der Bogen zurück zu 5,9
(„Efraim wird verwüstet") geschlagen wird.

auf den „Lagerstätten" (vgl. 4,13 f.), unter Selbstverwundung im Zustand der
Ekstase (vgl. die Baalspropheten in 1 Kön 18,28 und das Verbot in Dtn 14,1;
Lev 19,28). So meint man Jahwe zwingen zu können, indem man seine Macht als
Fruchtbarkeitsspender herbeizwingt. Glaube wird auf Wohlstandsanspruch reduziert (vgl. später 13,6), und Gebet wird zum Erweis von „Starrsinn" und Widerspenstigkeit (vgl. 4,16). Wie in V. 8–12 steht Gott enttäuscht und verständnislos 15
vor solchem Verhalten Israels; politische und kultische Verwerfung Jahwes liegen
für Hosea auf einer Ebene. Dort in V. 8–12 war es stärker die Dummheit Israels,
die er beklagte, hier ist es verschärfend die Abwendung von ihm im Sinne bewußter
Böswilligkeit ihm gegenüber, obwohl doch dieses Israel seine ganze Existenz allein
ihm verdankt und er es wie ein Vater sein Kind so mühsam großgezogen hat. (Dieser herbe Kontrast, der das Gleichnis vom Vater und Sohn in Kap. 11 vorweg-
nimmt, ist im Hebräischen noch krasser ausgedrückt durch ein Wortspiel zwischen
„störrisch sein" V. 14 und die Arme „stärken" V. 15 Anfang.)

Ironie beherrscht den abschließenden Vers, nachdem sich alles Zuwarten Gottes 16
(5,15) als sinnlos erwies: Israel „kehrt zurück", wie es dies in 6,1 ankündigte –
aber nicht zu Jahwe, sondern zum Baal, wo es schon zuvor war (vgl. V. 14). Eine
solche „Rückkehr" ist ein Treten auf der Stelle; Israel ist daher einem Bogen vergleichbar, der wie eine Waffe aussieht, aber nicht benutzbar ist. Noch unterbleibt
eine nähere Ausführung des anfänglichen „Wehe" und „Verderben" aus V. 13 im
Blick auf Israel als Ganzes; es folgt in Kap. 8–9. Zunächst wird nur den Führern
Israels, die in ihrer Schaukelpolitik (V. 11) Jahwe verwarfen, Tod durchs Schwert
angesagt. Ihre Politik – Hosea wechselt wieder nahtlos vom kultischen zum politischen Thema – ist, wie es in letzter Zuspitzung der persönlich formulierten Vorwürfe wörtlich und im Alten Testament analogielos heißt, „Verwünschung" Jahwes[31] (oder seines Propheten? Aber sachlich wäre damit kaum eine Änderung
gegeben), fluchendes Sich-Losreißen aus der göttlichen Bindung, um selber das
Geschick Israels zu lenken. Sie fallen „im Land Ägypten". Das meint mehr als nur:
dort, woher sie Hilfe erwarten (V. 11). Es meint zugleich: dort, woher Jahwe einst
Israel erlöste, um es zu seinem Volk zu machen. Der von ihnen verwünschte Gott
entzieht ihnen sein Heil total, mit dem gegenwärtigen auch das vergangene. So wird
Gottes Heilsgeschichte mit Israel revoziert: zunächst noch nur an Israels Führern, in
8,13 und 9,3 auch an Israel als Ganzem.

---

[31] Vgl. zur näheren Begründung Wiklander, ThWAT II 621–26; 623.

8,1–14: „Israel hat das Gute verworfen"

1 An deinen Mund das Horn!
   Etwas wie ein Adler (kommt) über Jahwes Haus.
   Weil sie meinen Bund brachen
   und gegen meinen Willen aufbegehrten.
2 Zu mir schreien sie: „Mein Gott!"
   „Wir, Israel, kennen dich doch!"
3 Israel hat das Gute verworfen;
   so wird es der Feind verfolgen [1].

4 Sie sind es, die Könige kürten, doch ohne meinen Auftrag,
   Beamte bestellten, doch ohne mein Wissen.
   Aus ihrem Silber und Gold fertigten sie sich
   Götterbilder – auf daß es beseitigt wird.
5 ‚Verworfen ist'[2] dein Kalb, Samaria;
   mein Zorn ist über sie entbrannt.
   Wie lange noch werden sie unfähig zur Reinheit sein?
6 ‚Was'[3] *hat Israel mit dem da zu tun?*
   Das hat doch ein Handwerker gefertigt,
   das ist doch kein Gott!
   Fürwahr: zu Splittern wird
   das Kalb Samarias!

7 Ja, wer Wind sät,
   erntet Sturm.
   Gesproß, das gehl[4],
   das bringt kein Mehl;
   wenn es doch welches bringt,
   verschlingen es Fremde.
8 Verschlungen ist Israel.
   Jetzt sind sie unter den Völkern geworden
   wie ein wertloser Gegenstand.
9 Denn von sich aus zogen sie nach Assur –
   wo doch der Wildesel für sich bleibt –,
   Efraim aber spendete[5] Liebesgaben.

---

[1] Zur Form vgl. G–K [28] § 60 d. – Vom Konsonantentext aus möglich ist auch die Auffassung von G: „Dem Feind jagen sie nach" (Duhm, Nyberg u.a.). Tempuswechsel und Kontext (V. 1a) sprechen aber gegen diese Deutung, die in 5,11 ihre engste Sachparallele hätte.

[2] Vokalisiere *zānu*ᵃ*ḥ* bzw. *zunnaḥ* (Σ, E', V). Die Deutung als Imperativ (G, 'A, Θ: „Verwirf") ist im Kontext unwahrscheinlich; MT („er verwirft") vokalisiert parallel zu V. 3. Aus sachlichen Gründen ausgeschlossen ist der jüngste Lösungsversuch von J. R. Lundbom, der „mein Zorn" zum Subjekt des Verbs erklärt (VT 25, 1975, 229 f.).

[3] Vokalisiere *majjiśrā'ēl* [= *mâ-jiśrā'ēl*] (Nyberg).

[4] Wörtlich „Gesproß ohne Getreidehalm" (Rudolph); Imitation des Reimes, um dessentwillen die ungewöhnliche Wortstellung erfolgt (Relativsatz vor Bezugsnomen), im Anschluß an Duhm.

[5] Entweder sind hif. (V. 9) und qal (V. 10) von *tnh* (das wohl mit *ntn* verwandt ist; vgl. die Vrs.) bedeutungsähnlich, oder in V. 10 ist wie in V. 9 das hif. *jatnû* zu vokalisieren. Unwahr-

10 Auch wenn sie (weiter) unter den Völkern spenden[5]:
   Jetzt will ich sie einsammeln,
   daß sie sich in Kürze ‚winden‘[6]
   unter der Last des Königs der Fürsten.

11 Mehrte Efraim Altäre zur ‚Sühne‘[7],
   so wurden sie ihm Altäre zur Sünde.
12 Schrieb ich ihm tausendfach meine ‚Weisungen‘[8] auf,
   so galten sie (ihm) wie etwas Fremdes.
13 Schlachtopfer voller Gier[9] opfern sie,
   Fleisch, um es zu essen[10] –
   Jahwe hat keinen Gefallen daran.
   Jetzt gedenkt er ihrer Schuld
   und ahndet ihre Vergehen:
   Sie müssen zurück nach Ägypten!

14 *Israel vergaß seinen Schöpfer und erbaute Paläste,*
   und Juda vermehrte befestigte Städte.
   Doch ich sende Feuer in seine Städte,
   daß es deren Palastfestungen verzehrt.

Lit.: H. Utzschneider, Hosea 88–110; R. Gnuse, Calf, Cult, and King: The Unity of Hosea 8:1–13, BZ N.F. 26, 1982, 83–92.

Kap. 8 ist in ähnlicher Weise eine kürzere Parallel-Komposition zu 5,8–7,16 wie 5,1–7 zu 4,4–19 (vgl. o.S. 64f.). Die Knappheit der Ausdrucksweise ist in manchen Versen nur verständlich, wenn die breiteren Ausführungen in 5,8–7,16 beim Leser vorausgesetzt werden. Wie 5,8 beginnt das Kapitel mit dem Erklingen des Horns angesichts plötzlicher Feindgefahr; wie in 6,1–3 erfolgt in der Not eine Wendung Israels zu Jahwe (V. 2), die im folgenden als trügerisch entlarvt wird, und zwar zunächst grundsätzlich (V. 3: „Israel hat das Gute verworfen", analog 6,4–6), sodann durch den Aufweis einzelner Vergehen, durch die Jahwe abgewiesen wird (V. 4ff. parallel 6,7–7,16). Jeweils abschließend steht die Androhung des Todes in bzw. der Rückkehr nach Ägypten, die die Zurücknahme der göttlichen Heilsgeschichte impliziert (V. 13; vgl. 7,16). Auch innerhalb der Einzelvorwürfe sind Parallelen deutlich erkennbar, und zwar bis in die Reihenfolge hinein: Schon der Einsatz mit „sie (sind es)" bzw. „sie aber" (V. 4a; 6,7a) ist nahezu identisch;

---

scheinlich ist m. E. ein Bedeutungsunterschied, wie ihn Nyberg (Studien 63 f.; ihm folgt Wolff) mit seiner Ableitung des Verbs als Denominativ von *ætnâ* (2,14) annimmt: „Hurenlohn geben" (V. 9); „Hurenlohn nehmen" (V. 10).

[6] Vokalisiere: *weǧāhilû* (Wolff, Rudolph im Gefolge Ewalds).

[7] Vokalisiere: *lehaṭṭē* (Rudolph im Gefolge v. Orellis).

[8] Vokalisiere Ketib *ribbô* und *tôrotāj* (G, S, ᾽A, Σ, V).

[9] So Rudolph z.St. unter Verweis auf *hab hab* in Spr 30,15 und auf das arabische *habba*; das *j* wäre Dittographie zum folgenden Wort. Möglich ist auch die Übersetzung „Liebesglut"; vgl. die aram. und neuhebräische Wurzel *hbhb* und J.J. Gluck, VT 14, 1964, 369f.

[10] Vokalisiere: *wejoᵓkēlû* (Nyberg); MT vokalisiert in Analogie zu V. 14.

sodann greift V. 4a in einem einzigen Satz das Thema der Königsmorde (7,3–7) auf, behandeln die Verse 7b–10 erneut das Thema des unter die Völker vermengten, zu Assur laufenden Gottesvolkes, dessen Kraft Fremde verzehren (7,8–12); endlich kehrt der Schlußabschnitt V. 11–13 zum Thema des abgöttischen Gottesdienstes von Kap. 4 zurück, wie es auch 7,14 tat (vgl. zusätzlich 8,2a mit 7,14a). Ganz ohne Parallele in 5,8–7,16 steht einzig der Passus über das Gottesbild (V. 4–6; vgl. zuvor 4,17), der ein Thema einführt, das die folgenden Kapitel prägt (10,5f.; 13,2). Spätere Ergänzungen bieten V. 1b, V. 6a und V. 14.

1   **8,1–3: Abgewiesene Klage Israels.** Wie in 5,8 eröffnet der Aufruf zum Hornblasen angesichts überraschender Feindgefahr die Einheit. Aber im Gegensatz zu 5,8ff. mit seinen konkreten Bezugnahmen auf Ereignisse des Jahres 733 bleiben der Adressat des Aufrufs (der Prophet? ein Wächter? ein Heerführer?) und der Anlaß des Hornblasens in 8,1 unbestimmt. Der Gegner heißt einfach „der Feind" (V. 3b); der Vergleich mit dem Adler (bzw. Geier) deutet auf die Plötzlichkeit des Angriffs sowie auf die Schnelligkeit und Beutegier des Angreifers hin (vgl. Hab 1,8; Jer 4,13; Klgl 4,19 u.ö.). Aus der Diskrepanz zwischen dem in erregter Eile gesprochenen militärischen Warnruf und dem Desinteresse an detaillierter Beschreibung des Feindes erhellt, daß die Tradenten Hoseas in fortgeschrittener historischer Stunde an ein aktuelles Einzelwort Hoseas (wohl aus den Anfängen des syrisch-efraimitischen Krieges) nur eben anspielen, um die Situation der Assyrergefahr vor Augen zu malen. Sie war in 5,8–7,16 ausführlich dargestellt. Die Tradenten setzen diese Kapitel voraus, rechnen also nicht mit Lesern, die sich nur in Eile einzelne Kapitel oder gar Verse herausgreifen, sondern mit solchen, die kontinuierlich lesen. Ab V. 4ff. spielt der adlergleiche Feind keine Rolle mehr; die Einheit schließt mit Jahwes eigenem Strafhandeln (V. 13). Die Gewißheit, *daß* Jahwe Unheil bringt, ist im Text von entscheidendem Gewicht, nicht so sehr das Werkzeug, durch das es vollzogen wird. Angegriffen ist „Jahwes Haus"; der Begriff bezeichnet hier wie in 9,15 (vielleicht auch 9,8) nicht einen Tempel, sondern das Land Israels („Haus" = Gebiet, Besitz), und zwar als Gottes Eigentum[11]. Indem Gottes Eigentum als akut gefährdet beschrieben ist, wird schon der Schlußsatz: „Zurück nach Ägypten" (V. 13) und damit das Thema Verbannung aus Kap. 9 vorbereitet.

V. 1b trennt Kriegsnot (V. 1a) und Notschrei (V. 2) und führt verfrüht die Schuld Israels ein, die Hosea erst in V. 3a berührt und die die Verse 4ff. näher darlegen. Die Konjunktion *ja'an* („weil"), die bevorzugt Ezechiel und das DtrG verwenden, gebraucht Hosea nie. Auch das Thema ist exilisch. Hosea spricht von Vertragsbruch (6,7; 10,4; 12,2), aber nie vom Bruch des „Jahwe-Bundes" und in 8,12 nicht von „der Tora Jahwes" (so nur 4,6 bei der Beschreibung der Aufgabe des Priesters), sondern von „den Torot" im Plural, den vielen Einzelweisungen, die Jahwe gab. Schließlich gebraucht Hosea das (politische) Verb „aufgehren" (mit der Präposition *b^e*, nicht wie hier mit *'al*) für Israels Rebellion gegen Gott (7,13). Sprache und Vorstellung von V. 1b sind deuteronomistisch[12]; sie dienen offensichtlich dazu, den bewußt unpräzisen Begriff „das Gute" (V. 3) im voraus festzulegen.

---

[11] Harper und Wolff z.St. erinnern zu Recht an die assyrische Bezeichnung für das Staatsgebiet des Nordreichs: „Haus Omri" (*Bīt Ḫumria*). Die Gegengründe von G.J.Emmerson (The Structure and Meaning of Hosea VIII 1–3, VT 25, 1975, 700–710) sind wenig überzeugend.

[12] Vgl. L. Perlitt, Bundestheologie im AT, 1970, 146ff. (trotz der Einwände von W. Zimmerli, Fs C. Westermann, 1980, 226f. Anm. 43). Wer V. 1b ins Zentrum der Deutung von

Der Stil militärisch-abgekürzter Einzelsätze ohne verbindende Partikel beherrscht 2f.
auch V. 2f. Israels Notschrei (*zāʿaq* ist ursprünglich das Zetergeschrei eines Bedrohten, das jeden, der es hört, zur Hilfeleistung verpflichtet) wird von Gott abgewiesen. Die Vertrautheit des Gottesvolkes mit Jahwe und seine Angewiesenheit auf
ihn, auf die die intime singularische Gebetsanrede (Ps 18,2; 22,1 u.ö.) und der
theologische Zentralbegriff Hoseas „Gott kennen" (vgl. die analoge Absichtserklärung des Volkes in 6,3) hinweisen, haben ihre Geltung verloren – nicht, weil Israel
alle Gotteskenntnis aufgrund seines Baal-Kultes abgesprochen würde wie in 5,4,
sondern weil es „ein Schrei ohne Herz" (7,14) ist, insofern Israels Taten eine andere Sprache sprechen. Scharf kontrastiert die Selbstbezeichnung „Israel" der Feststellung in V. 3: Das Gottesvolk verwirft „das Gute", auf das doch die Gotteserkenntnis, die 6,6 meint, abzielt. So wird der Wille Gottes von den Tradenten (vielleicht im Anschluß an Amos; vgl. Am 5,14f.) zusammengefaßt, um seine Einfach-
heit sowie seine leicht erkennbare heilvolle Wirkung hervorzuheben (vgl. die Einsicht der ehebrecherischen Frau in 2,9: „Damals ging es mir besser als jetzt"). Ein
solches Israel erfährt Gott nicht als Retter aus der Not, sondern als Strafenden; der
adlergleiche Feind ist sein Werkzeug, die Verfolgung spielt schon auf Flucht und
Verbannung an, die Themen von Kap. 9.

Vier verschiedene Belege für das Grundsatzurteil „Israel hat das Gute verwor- 4–14
fen" werden angeführt: Königskrönungen (V. 4a), Stierbild(er) (V. 4b–6), Außenpolitik (V. 7–10) und Gottesdienst (V. 11–13). Spätere fügen Palastbauten (V. 14)
als einen fünften an. Das einleitende „sie (sind es)" bildet die Verbindung zu der
formal abgeschlossenen Kurz-Einheit V. 1–3 (vgl. 6,7 „sie aber") und nimmt zugleich das abschließende „sie" des Stückes in 8,13 Ende vorweg (ein drittes distan-
zierendes „sie" steht in V. 9 und ist oben mit „von sich aus" übersetzt). Als Hintergrund werden ursprüngliche Einzelworte Hoseas erkennbar, die hier – aufs Wesentliche verdichtet – zusammengefügt wurden. Dafür sprechen auch die zahlreichen
verbindenden *kî* („ja, fürwahr, denn"), das dreimalige folgernde *ʿattâ* „jetzt"
(V. 8.10.13) sowie die Wechsel im Metrum und im Stil.

8,4–6: Königtum und Stierkult. Nahezu zitathaft-kurz erfolgt der erste Vor- 4a
wurf: Israel hat Könige und den König vertretende oberste Beamte eingesetzt ohne
Willen und Auftrag Jahwes. Worauf zielt die Anklage, wie hätte eine Einsetzung
„mit Jahwes Willen" ausgesehen? M.E. wird die Kürze der Aussage am ehesten
verständlich, wenn Hos 7,3–7 mit seinem Hinweis auf die jüngst zurückliegenden
Königsmorde beim Leser vorausgesetzt ist. Nur so wird verständlich, warum in
einer überraschend harten Weise das „Königsküren" von V. 4a mit der Fertigung
von Götterbildern in V. 4b parallelisiert wird, wobei jeweils ein deutlicher Akzent
auf das gleiche Subjekt fällt: „sie" – die doch vorgeben, Israel zu sein (V. 2). Wenn
aber das Einsetzen von Königen und das Herstellen von Götzen für den Propheten
auf einer Ebene liegen, wenn Jahwe mit beiden Handlungen nicht das geringste zu
schaffen hat, weil es *selbstgemachte* Könige und *selbstgemachte* Götterbilder sind,
dann kann V. 4a nicht nur besagen wollen, daß die Auswahl der einzelnen Könige

---

Kap. 8 rückt (etwa W. Brueggemann, Tradition for Crisis, 1968, 57ff.), legt die Wirkungsgeschichte des Hoseawortes nach etwa 1½ Jahrhunderten in Juda aus.

in letzter Zeit unglücklich verlief, also die einzelnen Könige dem Willen Jahwes nicht entsprechen. Vielmehr sind hier wie stets im Hoseabuch (vgl. den Exkurs zu 1,4) beim Thema Königtum die Königsmorde im Blick. Sie belegen eine Politik ohne Kontakt mit Gott (7,7: „Keiner unter ihnen ruft mich an"), die für Hosea – weil ja doch Israel Gott „kennt" – gegen Gott gerichtete Politik ist. (Man lese zum Kontrast Jerusalemer Psalmen wie Ps 2,7 oder 110,1!) Hinter der Anklage gibt sich vielleicht indirekt ein hoher prophetischer Anspruch zu erkennen. Als Gegensatz zu „... doch ohne meinen Auftrag" könnte eine prophetische Beteiligung bei der Königserhebung als Ideal im Blick sein (vgl. 1 Sam 9 f.; 2 Kön 9). Aber sicher ist das nicht, und auch wenn es zuträfe, würde Hosea nicht den Finger auf die Verwerfung seiner Person legen, sondern allein auf die Verwerfung Gottes (vgl. 13,9–11).

4b–6   Genauso eigenmächtig handelt Israel auf dem Gebiet des Kults („*Sie* haben sich ... gefertigt"). Der stärker prosa-artige Abschnitt V. 4b–6 ist formal fest mit V. 4a verbunden; sachlich hat das darin seinen Grund, daß ab V. 5 erstmalig im Hoseabuch (außer dem Zusatz 4,15) speziell das Staatsheiligtum in Bet-El im Blick ist. Wo immer Hosea vom Stierbild redet, meint er zunächst dieses Heiligtum von Bet-El (noch in 10,5 f.; 13,2). Die prophetischen Anklagen nehmen daher eine andere Zielrichtung ein als beim Höhenkult (Hos 4–5,7), auch wenn Stierkult und Höhenkult wie in V. 4b mit der gleichen Kategorie der „Götzenbilder" (vgl. 4,17) beurteilt werden können. Beim Stierbild aber steht immer die politische Ebene im Vordergrund; es geht um den Staatskult (H. Utzschneider).

Exkurs: Das Stierbild in Bet-El[13]

Nach Salomos Tod und der folgenden Reichsteilung (vermutlich im Jahr 926 v. Chr.) hatte Jerobeam I. als erster König des selbständigen Nordreichs im äußersten Süden und äußersten Norden seines Territoriums, in Bet-El und in Dan, ein Reichsheiligtum errichten lassen und in ihm als Ersatz für die Lade im Jerusalemer Tempel ein goldenes Stierbild fertigen lassen (nach Motzki hätte er in Bet-El einen Stierkult aus vorstaatlicher Zeit übernommen). Wie das Zitat des Grundbekenntnisses Israels beim Einweihungsgottesdienst: „Hier ist dein Gott, Israel, der dich aus dem Land Ägypten heraufgeführt hat" (in 1 Kön 12,28 und Ex 32,4 polemisch entstellt: „Hier sind deine Götter, die ..."), und vergleichbare hymnische Prädikate in Num 23,22 und 24,8 nahelegen, war dieses Stierbild ursprünglich auch in dem Sinne als Ersatz für die Lade gedacht, daß es wie diese selber nur als Postament des unsichtbaren Jahwe dienen sollte bzw. im weitesten Sinne als sein Kultsymbol, aber nicht als seine Darstellung. Dazu paßt, daß der Stier auf einer Fülle von Abbildungen im syrisch-kleinasiatischen Raum als Postament des Wettergottes belegt ist (M. Weippert). Aber derartige theologische Differenzierungen hatten sich auf die Dauer nicht durchsetzen können; das Stierbild war längst selber Gegenstand der Verehrung des Volks geworden. Der Stier war ja Symbol der Herrschaft, der Zeugungs- und der Siegeskraft Baals (und Els) in der kanaanäischen Religion und wurde damit ganz selbstverständlich zum Anlaß einer Überfremdung des

---

[13] Vgl. in letzter Zeit M. Weippert, Gott und Stier, ZDPV 77, 1961, 93–117; W. Zimmerli, Das Bilderverbot in der Geschichte des alten Israel, Fs A. Jepsen, 1971, 86–96 = Ges. Aufsätze II, 1974, 247–60; K. Jaroš, Die Stellung des Elohisten zur kanaanäischen Religion, 1974, 366 ff.; H. Motzki, Ein Beitrag zum Problem des Stierkultes in der Religionsgeschichte Israels, VT 35, 1975, 470–85; I. D. Miller, Other Gods and Idols in the Period of Hosea, Diss. Cambridge 1976, bes. 109 ff.; H. Utzschneider, a. a. O. 88 ff.; J. Hahn, Das „Goldene Kalb". Die Jahwe-Verehrung bei Stierbildern in der Geschichte Israels, 1981, 352 ff.

Jahweglaubens von baalistischem Fruchtbarkeitsdenken her. Allerdings darf man sich diese Überfremdung auch nicht zu drastisch vorstellen, denn sonst bliebe unverständlich, warum die Vorgänger Hoseas im Nordreich – insbesondere Elija und Amos – bei all ihren harten Anklagen gegen Königshaus und Bevölkerung das Stierbild nie erwähnen. Immerhin war Bet-El zu Elijas Zeiten Sitz von Prophetengruppen (2 Kön 2,2 f.; vgl. 1 Kön 13,11 f.), und Amos bestreitet dem Priester Amazja nicht, daß Bet-El „Königs- und Reichsheiligtum" ist (Am 7,13), so gewiß er der Überzeugung ist, daß Jahwe auf Wallfahrten nach Bet-El nicht zu finden ist (Am 4,4 f.; 5,5 f.). Hoseas Kritik ist ungleich härter und prinzipieller. Umstritten und nicht mehr sicher aufzuklären ist, ob schon der Ausdruck „Kalb" polemisch-ironisierend gebraucht ist (dann wäre die Verbindung zu Ex 32 und 1 Kön 12 sehr eng) oder aber – wahrscheinlicher – offizieller Terminus für den Jungstier war (J. Hahn, a.a.O. 5 ff.); der Singular als solcher steht, weil Dan mit seinem Heiligtum spätestens seit 733 erobert, vielleicht zerstört, zumindest aber Teil der assyrischen Provinz „Megiddo" geworden war. Sicher aber trägt die Bezeichnung „Kalb Samarias" – man könnte frei übersetzen „das Staatskalb" – überaus verächtlichen Ton. Warum das Stierbild in Bet-El vom Propheten so genannt wird, zeigt 10,5 mit seiner Beschreibung, wie die Bewohnerschaft Samarias „zum Kälberzeug (M. Buber) von Bet-Awen" (= Bet-El) wallfahrtet; was ursprünglich Repräsentant Jahwes hatte sein sollen, hat sich von Jahwe verselbständigt und ist an seine Stelle getreten. Israel hat Jahwe mit einem Staatsgott verwechselt, und das Gottesvolk ist darüber zum „Volk des Kalbes" (10,5) geworden. (In der Hauptstadt Samaria selber ist uns ein Stierbild nirgends im Alten Testament belegt, und den dortigen Baaltempel hatte Jehu Mitte des 8. Jh. ein für allemal entweiht; vgl. 2 Kön 10,27).

Deutlich wird die Abscheu des Propheten gegenüber dem Stierbild in Bet-El   4b
schon durch die Voranstellung von V. 4b. Denn in ihm wird der Vorwurf des Götzendienstes erhoben und damit die übergeordnete Kategorie genannt, unter der für Hos 8 das Königtum (V. 4a) und der Staatskult (V. 5–6) zu betrachten sind: der Bruch des 1. Gebotes. V. 4b spricht von Götterbildern im Plural (vgl. 4,17). Dabei fällt wie in 2,10 und 13,2a der Ton darauf, daß das kostbarste Material – Gold und Silber, in 2,10 betont als Gabe Gottes an Israel bezeichnet – schandbar zur Herstellung von Jahwe verhaßten Bildern mißbraucht wird (vgl. Ex 32,1 ff.). Gedacht ist am ehesten an (Stier-?)Plaketten und kleine Figuren für die Kultstätten im Land – etwa als Votivgaben – bzw. für Privathäuser; die Archäologie Palästinas hat dafür mancherlei Anschauungsmaterial geliefert[14]. Der Halbvers schließt mit beißendem Spott: Die scheinbar wertbeständige Geldanlage für die Frömmigkeit bedeutet hinausgeschmissenes Geld; Gott selber rottet die Bilder aus (passivum divinum wie in V. 5a). – Mit V. 5 ändert sich der Redestil. In dem Augenblick, in   5.6b
dem der Prophet das Stierbild von Bet-El erwähnt, macht die eher distanziert-überlegene Ironie von V. 4b leidenschaftlicher Anklage Platz; engste Parallelen bieten 10,5 f. und 13,2b. Die anfängliche kurze Anrede V. 5a steht als Ausdruck des Entsetzens, am ehesten 5,3b vergleichbar. Auch die verzweifelt-hoffnungslose Klage Gottes über die Unfähigkeit Israels zur „Reinheit" (der verwendete Ausdruck steht sonst für reine, d.h. unschuldige Hände) verbindet 8,5 mit 5,3, wonach „Un-

---

[14] Erinnert sei an die in nahezu jedem neueren Handbuch zur Archäologie bzw. Bildband zur Bibel reproduzierten beiden Stierbilder aus dem spätbronzezeitlichen Heiligtum von Hazor, Areal H: das erste eine bronzene Stierstatuette, die auf einem Podest stand, das andere ein Fragment eines Steinreliefs, das den Gott des Heiligtums auf einem Stier stehend darstellt. Vgl. die Erstpublikation Y. Yadin (u.a.), Hazor III–IV, 1961, pl. CCCXLI und CCCXXIV f.

zucht" Israel „verunreinigt" (vgl. auch 9,3f.). Demnach gehören für Hosea festlicher Höhenkult und Verehrung des Stierbilds von Bet-El als zwei Arten der Verwechslung Jahwes mit Baal eng zusammen. Im Zentrum von V. 5 aber steht – wieder als Zeichen der prophetischen Leidenschaft – die harte Aussage vom brennenden göttlichen Zorn, dem niemand entweichen kann (vgl. Ex 32,10f.). Davon war beim Höhenkult nie die Rede. Warum dann gerade hier (und beim Königtum; vgl. 13,11)? Deutlich steht Hos 8,5a in Beziehung zu V. 3: Israel verwirft das Gute – Jahwe verwirft das Kalb. Mit ihm hat er schlechterdings nichts gemein; es ist nicht „sein", sondern „dein Kalb" (V. 5), eben „das Kalb Samarias" (V. 6), wie denn auch Israel nicht mehr Jahwes, sondern „sein (des Kalbes!) Volk" ist (10,5). Das Kalb und mit ihm der Staatskult, den es symbolisiert, ist damit als Wurzel allen Übels bezeichnet [15], genauer: als Wurzel aller Haltlosigkeit Israels in einem Leben ohne Orientierung und ohne Maßstäbe, wie sie nur von dem wahren Gott kommen könnten, der Israels Retter in Ägypten war. Als Stier, d.h. als Symbolisierung von Macht verehrt, ist er nicht mehr von Baal unterscheidbar. Der Verlust des Gottes der Geschichte geht Hand in Hand mit einer Vergöttlichung der Staatsmacht. Ihr wird der wahre Gott daher ein Ende machen, indem er das Kalb zersplittert (vermutlich war sein Kern aus Holz, mit Blattgold überzogen).

6a   Einen anderen Akzent setzen spätere Ausleger in V. 6a wie auch in 13,2, wo ebenfalls ein Hoseawort gegen den Bilderdienst von ihnen aktualisiert wird. Ihnen geht es nach dem Untergang auch des Südreichs im Exil nicht wie Hosea selber um den Gegensatz Jahwe – Baal, sondern um die grundsätzlichere Unterscheidung zwischen Gott und Bild. Bilder sind Handwerkerarbeit und damit Menschenwerk (vgl. 14,4), können daher gar nicht Träger und Vermittler Gottes sein, der als Schöpfer allem Geschaffenen gegenübersteht (vgl. Ex 20,4b mit der umfassenden Aufzählung des dreiteiligen Weltbildes: *Alles* außerhalb Gottes ist Geschöpf!). Vielmehr verleiten Bilder zum Vertrauen auf Menschenwerk statt auf Gottes Tat! Hier liegen die Ansätze jenes aufklärerischen Spottes, den das nachexilische Israel über alle Herstellung von Götterbildern ausgießt [16].

7   **8,7–10: Außenpolitik – Verlust der Identität.** Zwei weisheitliche Sprüche dienen in V. 7 als Bindeglied zwischen den Themen Bilderdienst (V. 4b–6) und Außenpolitik (V. 8–10). Wenn sie auch kaum beschränkt auf ein Gebiet verstanden werden wollen, so bezieht sich doch der erste Spruch stärker auf das Vorangehende, der zweite stärker auf das Folgende. Der erste stellt Naturgeschehen (säen – ernten) in Analogie zu menschlichem Tun und Ergehen. Aber anders als das paulinische „Was der Mensch sät, das wird er ernten" (Gal 6,7), enthält er das Moment der Steigerung: Saat „geht in der Ernte vielfältig auf" (Wolff). Das Stichwort „Wind", das in der Weisheit sowohl das Nichtige im Sinne des Sinnlos-Nutzlosen meint als auch das Nichtende im Sinne des Vernichtenden, ruft dabei das Wortspiel zwischen 4,12 und 4,19 ins Gedächtnis, das auf der Identität von „Wind" und „Geist" im Hebräischen beruht; nach ihm „wickelt" der „Geist der Unzucht", der Israel im

---

[15] Darin folgt 1½ Jahrhunderte später im Exil das DtrG Hosea, wenn es als Hauptschuld Israels, die zum Untergang des Staates führte, immer wieder das „Wandeln auf den Wegen Jerobeams" (1 Kön 15,26.34 u.ö.) nennt; vgl. J. Debus, Die Sünde Jerobeams, 1967.

[16] Vgl. etwa Jes 44,9ff. und H.D. Preuß, Verspottung fremder Religionen im AT, BWANT 92, 1971.

nutzlos-verderblichen Gottesdienst von Jahwe abirren läßt, in Gestalt eines „Windes" das Gottesvolk „in seine Flügel". Freilich bezeichnet „Wind" bei Hosea andernorts auch die Verwerfung Jahwes durch Israels Laufen zu Assur und Ägypten (12,2); so könnte schon in V. 7a unmittelbar das Thema von V. 8–10 angeschlagen sein. In jedem Fall meint der Sturm Jahwes Verderbenshandeln (vgl. 13,15), in Kap. 8 in Gestalt des adlergleichen Feindes (V. 1.3). – Der zweite Spruch ist eingangs kunstvoll gereimt, in hebräischer Poesie eine Seltenheit. Sprossende Saat, die es nicht zur Bildung von Fruchthalmen bringt: das ist Israel, wenn es ohne Kontakt zu Gott Könige kürt, das „Kalb" verehrt, zu Assur läuft. Die zweite Hälfte des Spruchs – nach strenger Logik eine undenkbare Ausnahme – verläßt das Bild zugunsten einer neuen Sach-Assoziation und leitet zum Thema von 7,9 zurück: Assyrische Ausländer, d.h. für hebräische Ohren zugleich Jahwe-Fremde, werden das Wenige verzehren, das einem gottentfremdeten Israel noch bleibt.

Was V. 7b formal als kommendes Unheil beschreibt, ist jedoch längst Gegen-   8–10
wart, wie V. 8 zeigt. Ja, die Not reicht ungleich weiter: Nicht nur Israels Getreide („seine Kraft", 7,9) ist „verschlungen", vielmehr Israel selber, indem es seine Sonderstellung unter den Völkern preisgab, auf Jahwe verzichtete und so das gleiche Geschick wie alle Kleinstaaten erlitt: Vasall Assurs oder sogar (wie der größte Teil des Nordreichs, die Provinzen Dor, Megiddo und Gilead) von Assyrien einverleibt zu sein. Das kunstvoll gefertigte kostbare Gefäß wurde wertlos. So nimmt die Klage von V. 8 die Klagen von 7,8.11a wieder auf, während V. 9 (V. 8 begründend) zur Anklage übergeht, die in V. 10 in einer Strafankündigung endet, ein Aufbau, der 7,11f. parallel läuft. Die Anklage betont die Eigenmächtigkeit im Handeln Israels mit dem gleichen bewußt vorangestellten „sie", das V. 4 einleitete und in V. 13b das Kapitel ursprünglich abschloß. Angespielt wird mit dem Aufsuchen Assurs auf die Unterwerfung des neuen Königs und Königsmörders Hosea (732), der wenigstens das Kerngebiet des Gebirges Efraim vor dem Geschick, assyrische Provinz zu werden, bewahren wollte. Eine derartige Initiative ohne Kontakt mit Gott ist für den Propheten Hosea Auflehnung gegen Jahwe und dazu noch in doppelter Hinsicht widersinnig. Zum einen widerspricht es Efraims Wesen, wie es in seinem Namen zum Ausdruck kommt. Aus ihm hört der Prophet *pæræ'* „Wildesel" (andernorts *pᵉrî* „Frucht", 9,16; 13,15; 14,9) heraus, möglicherweise im Anschluß an eine stolze Selbstbezeichnung Efraims, die Ungebundenheit und Kraft hervorhob (so Rudolph); Hosea aber nennt den Wildesel als Tier, das sich natürlicherweise innerhalb seiner Herde hält und andere Tiere und Menschen scheut (vgl. Hi 39,5ff.). Zum anderen aber und ungleich gewichtiger erweist sich Israel auch auf dem Gebiet der Außenpolitik als „Dirne", die ihren rechtmäßigen Ehemann verläßt, um mit Liebhabern zu buhlen [17]. Aber statt wenigstens Lohn für ihre Preisgabe zu empfangen, muß die Dirne – eine bewußt paradoxe Steigerung – noch draufzahlen, um sich anzupreisen, und zwar in Gestalt von Tribut an die Assyrer. Aber auch diese absurde Weise der Selbstanbietung wird ihr nichts nützen, selbst wenn sie

---

[17] Hosea ist der erste Prophet gewesen, der das Bild der „Hure" für Israel vom baalisierten Gottesdienst auf die Außenpolitik übertragen hat. Er hat mit dieser Übertragung unter späteren Propheten Schule gemacht; vgl. Mi 1,7; Nah 3,4; Ez 16,30ff.; Jes 23,17f. u.ö.

noch andere Völker (etwa Ägypten, 12,2) in ihre Bemühung um Hilfe einbeziehen
würde: Gott gibt sein abtrünniges Volk jetzt preis. Im Bild vom Einsammeln (der
Tiere? der Garben auf der Tenne, vgl. Mi 4,12 ff.?) zum Gericht wird das ähnliche
Bild vom Einfangen des Vogelschwarms (7,12) nachwirken; das nächste Kapitel
(9,6) gebraucht das Verb für das Einsammeln Toter im Grab. Die hiesige Fortsetzung läßt an vollständige Unterwerfung und an Exilierung auch des verbliebenen
Rumpfstaates denken. Denn der „König der Fürsten" (Ez 26,7 „König der Könige") ist kein anderer als der „Großkönig" (5,13; 10,6), den Israel in seiner Suche
nach Hilfe an die Stelle Gottes setzt und dem es nun unter Schmerzen wie eine
Gebärende und unter Stöhnen wie ein Lasttier ausgeliefert wird. „Assyriens Oberherrschaft war Israels Sünde und Strafe zugleich" (Gnuse). Damit ist das Stichwort
„zurück nach Ägypten" (V. 13), Zielpunkt und Abschluß des Abschnitts, sachlich
schon vorbereitet.

11   **8,11–13: Gottesdienst statt Gottes Wille.** Mit dem letzten Vorwurf kommt das
Kapitel zum Höhepunkt: Selbst Israels Gottesdienst ist schuldhafter Abfall von
Jahwe (vgl. 4,4–19; 5,1–7) und damit Zeichen dafür, daß Israel „das Gute ver-
wirft" (V. 3). Genauer sind es drei zu unterscheidende Vorwürfe, wobei der erste
(V. 11) und zweite (V. 12) einander antithetisch zugeordnet sind. Die Menge der
Altäre wird der Fülle göttlicher Weisungen gegenübergestellt; hierin ist aufs kür-
zeste Israels ganzer Irrtum im gottesdienstlichen Handeln greifbar. Die Zahl der
Altäre und Kulthandlungen ersetzt und verdrängt alles Verantwortungsbewußtsein.
Hosea spricht Israel den guten Willen keineswegs ab. Aber von früh an beschäftigt
ihn, wie das irregeleitete Volk glaubte, in der Vermehrung von Priestern (4,7),
Opfertieren (5,6) und Kultstätten (10,1f.) Gott nahe zu kommen, faktisch aber
ebendamit in Baals Hände und Einflußbereich geriet (11,2 u.ö.)[18] oder – wie ein
späteres Wort den gleichen Sachverhalt benennt – den Wohlstand als Gott anbetete
und über dem Wohlstand den Geber der Gaben „vergaß" (13,6). So hat gerade die
fromme Vermehrung der Gottesdienste zur endgültigen Verfehlung des wahren
Gottes geführt. Der ursprüngliche Text von V. 11 hat diesen Gedanken vermutlich
im Wortspiel ausgedrückt, obwohl dieses in seinem ersten Teil nicht mehr sicher
rekonstruierbar ist[19]. Aber der übergreifende Sinn bleibt klar: Was besonderer
Ausdruck der Frömmigkeit sein sollte, wurde zum Anlaß furchtbarer Schuld. So
kann die Gemeinde Gott gerade in ihren Gottesdiensten verfehlen! Denn Gott mißt
sein Volk an seiner Hingabe an ihn und an die Mitmenschen, nicht an der Zahl der
12   Opfer, die gerade in falsche Sicherheit führen können (6,6). Scharf kontrastiert in
V. 12 der Menge der Altäre die Fülle der Willensäußerungen Gottes. Immer wieder
hat er in konkreten „Weisungen", wie sie die Priester in der Lehre zu verwalten

---

[18] Mit dieser Analyse hat Hosea das deuteronomische Grundsatzprogramm (Dtn 12)
stark beeinflußt und auch die josianische Kultreform 622/1, in deren Zuge die lokalen
Heiligtümer zugunsten des einen legitimen Tempels in Jerusalem entweiht wurden.
[19] ht' heißt im Qal „(ein Ziel) verfehlen, sündigen", im Pi'el „entsündigen", „Sühne
leisten". Letzteres ist allerdings ganz überwiegend in späteren Texten belegt, so daß auch
etwa an die (von akkadisch $hiātu$ II abgeleitete) Wurzel hw/it „(den Willen) erforschen"
gedacht werden könnte; vgl. zu ihr O. Loretz, ZAW 87, 1975, 208; S.E. Loewenstamm,
ZAW 90, 1978, 410.

haben, Israel Lebens- und Orientierungshilfen gegeben, ja er hat sie aufschreiben lassen (der älteste direkte Beleg für die Niederschrift von Priesterweisungen!) und mit der Schriftlichkeit ihre Autorität garantiert und sie vor verfälschender Ausdeutung geschützt. Aber über dem Opferkult haben die Priester diese Weisungen „vergessen" (4,6), und Israel selbst ist ihrer so weit entwöhnt, daß es sie als etwas Fremdes betrachtet, d.h. als etwas, das sein intakt geglaubtes Gottesverhältnis nicht tangiert oder nur stören kann[20]. Eine illusionslosere Aufdeckung des Verlustes aller Eigenart des Gottesvolks ist nicht mehr möglich. Für Israel findet Begegnung mit   13 Gott ausschließlich bei den Opferfeiern statt, wie sie 4,11ff. plastisch beschrieben, bei denen man die wertvollsten Tiere Gott darbringt und dann in ausgelassener Festfreude die Gemeinschaft in Sexualriten und Festmahl zu stärken gedenkt. Leidenschaft, Gier (*habhab[â]* ist ihre lautmalerische Umschreibung) und Genuß („Fleisch essen")[21] sind an die Stelle der Frage nach dem Gotteswillen getreten.

So ist V. 11–13 ein anschaulicher Kommentar zum Grundsatz von Hos 6,6, und nicht zufällig wird Gottes Urteil, mit dem das Wort die bislang das Kapitel beherrschende Gottesrede verläßt, mit einem Verb ausgesprochen, das die gleiche Herkunft und Bedeutung hat wie das Verb in 6,6 (*rṣh* wie *ḥpṣ* „Gefallen finden, annehmen", ursprünglich für die Billigung – oder negativ die Ablehnung – eines Opfers durch den Priester verwendet). Jahwe weist die Opfer Israels und mit ihnen (das Objekt ist bewußt doppeldeutig) Israel selber ab, weil Opfer Israel nicht zu ihm hin, sondern von ihm fort führen. Die explizite Folge (*ʿattâ* „jetzt" wie in V. 8 und 10) ist: Er „gedenkt" der Schuld Israels (vgl. 7,2: Er „gedenkt" all ihrer Bosheit). Solches göttliche „Gedenken" ist nie ein rein mentaler Vorgang, sondern führt zwingend zur Tat, hier der Strafe (vgl. die Bitte von Notleidenden im Psalter: „Gedenke nicht meiner Schuld", „gedenke deiner Güte" oder das Bekenntnis im Danklied: „Gott hat meiner Not gedacht")[22]. Aufs kürzeste, aber mit schneidender Schärfe formuliert, folgt die Beschreibung der „Ahndung" (vgl. zu 1,4) der Schuld: „Sie müssen zurück nach Ägypten". Das heißt nichts anderes, als daß Gott die Heilsgeschichte diesem schuldigen Israel, das er einst aus Ägypten befreite, entzieht, sie revoziert, im gleichen Sinne wie in 1,9, wo Hosea sein Kind „Nicht mein Volk" nennen muß. Gott kündigt seine zu Hilfe verpflichtende Bindung an Israel auf. So wird Israel verworfen, weil es „das Gute verwarf" (V. 3). Kein Strahl der Hoffnung dringt in dieses harte Wort. Dabei ist von untergeordneter Bedeutung, ob Hosea „Ägypten" als Chiffre für Assur, das Land der neuen Unterdrückung, gebraucht

---

[20] Nach Dtn 32,16f. sind die Baale Israel darum „fremd", weil sie keine Geschichte mit Israel haben! (Vgl. auch die Erwähnung der „Fremden", die Israel berauben, in V. 7).

[21] Parallelbelege wie Jes 22,13 und Jer 7,21 legen die Vermutung nahe, daß der Begriff „Fleisch essen" (in Hoseas Zeit auf Feiertage beschränkt) schon in sich für die Lösung des Opfers aus der Gottesbeziehung und damit für die Perversion des Opfers steht; vgl. in Dtn 12 die Unterscheidung zwischen kultischem Opfer (V. 14) und profanem „Fleisch essen" (V. 15) für das 7. Jh.

[22] Belege bei W. Schottroff, THAT I 507ff. und H. Eising, ThWAT II 571ff. Wie sehr die Härte des Urteils und der Ankündigung im Gedächtnis haften blieb, zeigt das wörtliche Zitat von V. 13aβ + bα in Jer 14,10.

(vgl. V. 10) oder mit Teilexilierung Israels nach Ägypten rechnet (vgl. zu 9,3)[23]. In jedem Fall hat V. 13 am Ende das Thema von Kap. 9 angeschlagen; der Vers nötigt den Leser, in seiner Lektüre fortzuschreiten (vgl. die bewußten Wortwiederholungen in 9,3b.9b).

14   Ein judäischer Zusatz in V. 14 nimmt der Zielaussage in 8,13 ihre Kraft und durchbricht die eben genannte Kompositionstechnik der Tradenten. Er gebraucht Erzählformen bei den Verben im Unterschied zum Rest des Kapitels. Der Vers will Hoseas Aufzählung von Verfehlungen Israels für seine Zeitgenossen in Juda aktualisieren, indem er eine Schuld Israels und Judas nennt, die im Hoseabuch nur eben anklingt (10,13b–15), aber breit bei Amos ausgesprochen wird: die prunkvollen Paläste der Großen und Reichen im Staat, die zugleich als Festungsbauten dienten. Sie werden wie die Altäre in V. 11 „vervielfältigt"; damit soll auch V. 14 als Antithese zu V. 12 verstanden werden: Solche Prunkentwicklung und solches Sicherungsstreben führt von Gott und seinem Willen fort. Mit dem Verb „vergessen" wird ein hoseanischer Terminus aufgegriffen (2,15; 4,6; 13,6), dagegen wird Gott nie bei Hosea „Schöpfer" Israels genannt (wohl aber später bei Deuterojesaja: Jes 44,2; 51,13 u.ö.). Die Strafankündigung V. 14b lehnt sich eng an die Völkersprüche des Amos an (vgl. Am 1,4.7.10; besonders deutlich erkennbar im Suffix „deren Palastfestungen"), ergeht daher auch, im Unterschied zu V. 14a, in Gestalt der Gottesrede. So wird Hoseas Schuldaufzählung und Gerichtsansage in neuer Lage und an neuem Ort von seinen Nachfolgern fortgeschrieben.

9,1–9: Der Prophet als Störenfried der Festfreude

1 Freue dich nicht, Israel,
  ‚juble nicht'[1] nach der Weise der Völker!
  Denn du hast dich hurerisch von deinem Gott abgewandt,
  hast Dirnenlohn geliebt auf allen Korntennen.

2 Tenne und Kelter werden sich ihnen verweigern[2],
  der Most wird ‚sie'[3] betrügen.

3 Sie können nicht in Jahwes Land wohnen bleiben:
  Efraim muß zurück nach Ägypten,
  in Assur müssen sie Unreines essen.

4 Da können sie Jahwe nicht Wein spenden,
  ihm nicht ihre Schlachtopfer darbringen[4];
  es geht ihnen wie beim Trauerbrot:
  jeder, der davon ißt, verunreinigt sich.

---

[23] Für die erstgenannte Deutung spricht die Antithese zu V. 9: „Sie zogen (von sich aus) nach Assyrien …" – „sie müssen zurück nach Ägypten."

[1] S. BHS.

[2] Wörtlich: „keinen Umgang mit ihnen pflegen". Die Ableitung von r‘h II (statt r‘h I „weiden") hat im Gefolge Nybergs und Wolffs zuletzt Utzschneider (Hosea 155f.) aufgewiesen.

[3] S.BHS. MT meint mit dem Suff. der 3.Pers.f.sg. („es") kaum, wie zumeist angenommen, rückweisend Israel als Dirne (Israel erscheint in V. 1 als Masculinum), sondern vorweisend das Land (V. 3).

[4] Vgl. zu dieser Bedeutung von ‘rb (im Südarabischen und Syrischen) Rudolph im Gefolge von G. R. Driver (Fs Th. H. Robinson, 1950, 64f.).

So dient ihr Brot nur ihrer Sättigung,
nichts davon kommt in Jahwes Haus.

5 Was wollt ihr dann am Feiertag machen
oder am Tag des Jahwefestes?
6 Denn fürwahr:
Die der Verwüstung entgangen sind,
die sammelt Ägypten ein,
die begräbt Memphis.
Ihr kostbares Silber[5]! –
Unkraut wird sie beerben,
Dornen, (die) in ihren Zelten (wachsen).

7 Gekommen sind die Tage der Ahndung,
gekommen die Tage der Abrechnung.
Israel wird es zu spüren bekommen! –
„Ein Dummkopf der Prophet!
Ein Verrückter der Geistesmann!" –
Weil deine Schuld so groß ist,
ist die Anfeindung so groß[6]!
8 Mag Efraim auflauern –
der Prophet (bleibt) bei ‚seinem'[7] Gott:
Vogelsteller-Fallen auf allen seinen Wegen,
Anfeindung (selbst) im Hause seines Gottes!
9 In tiefste Verderbnis sind sie gesunken[8]
wie in den Tagen von Gibea:
Er gedenkt ihrer Schuld,
ahndet ihre Vergehen.

Hos 9, 1–9 beschließt die Überlieferung von Hoseaworten zum syrisch-efraimitischen Krieg und dessen Folgen, die in 5,8 begann. Mit 9,10 setzen die hoseanischen Geschichtsrückblicke der Spätzeit ein. Insbesondere die Teileinheit 9,7–9
trägt Abschlußcharakter. Denn die Feindschaft gegen den Propheten will im Kontext nicht als Feindschaft einer einzelnen geschichtlichen Stunde gelesen werden,
sondern als äußerste Zuspitzung verfehlter Gottesbeziehung, um derentwillen
Jahwe seinen „Prozeß" (4,1) gegen Israel anstrengt. Zu diesem Prozeß wird der
Leser zurückgeführt, wenn die Verse 1–2 zum Thema der Anfangskapitel im Über-

---

[5] Zum st. cstr. vor Präpositionen vgl. G-K[28] § 130 a.

[6] Möglich ist auch die Übersetzung: „Zusätzlich zu deiner großen Schuld ist noch groß
die Anfeindung."

[7] L. mit 3 hebr. Mss das Suff. 3. Pers. ('ælohâw). Allerdings gehen die Deutungen der
Verszeile weit auseinander, da sie offensichtlich fehlerhaft überliefert ist, ohne daß sich der
Fehler sicher benennen ließe. Die Möglichkeiten nennt R. Dobbie (The Text of Hosea IX 8,
VT 5, 1955, 199–203). H.W. Wolff übersetzt im Gefolge von G: „Der Wächter Efraims ist
mit Gott", muß dazu aber „Prophet" zur Glosse erklären. Auch wäre sachlich eher „der
Wächter Israels" als Prädikation des Propheten zu erwarten. MT vokalisiert st. abs. im
Gegensatz zu G.

[8] Zur asyndetischen Parataxe der Verben bei adverbieller Funktion des ersten vgl. G-K[28]
§ 120 g und bes. Joüon, Gr § 177 g.

lieferungsblock Hos 4–14 zurückkehren, der „Hurerei" im Gottesdienst (4,1–5,7)⁹. In der Stunde der Verfolgung des Propheten findet der Gottesprozeß „mit den Landesbewohnern" sein Ende, indem das Gottesvolk aus „Jahwes Land" (V.3) vertrieben wird und damit das Ende aller Gottesbeziehung eingeleitet wird (V.4f.), das seinerseits notwendig in den Tod führt (V.6).

Unabhängig davon ist Hos 9,1–9 freilich andererseits derjenige Abschnitt innerhalb von Hos 4–14, der stärker als alle anderen noch unmittelbarer Niederschlag mündlicher Rede des Propheten in der Öffentlichkeit ist. Sind sonst zumeist verschiedene Hoseaworte unter thematischen Gesichtspunkten zusammengefaßt worden, so spricht bei 9,1–9 alle Wahrscheinlichkeit dafür, daß es das Verbot der Festfreude und die harte Ankündigung der Verbannung in V. 1–6 waren, die die leidenschaftliche Feindschaft der Hörer gegen Hosea wachriefen, von der V.7–9 handeln. Die Rede des Propheten fand offensichtlich anläßlich eines der großen kultischen Festtage statt, und zwar zur Zeit der Ernte (V.1f.), vermutlich beim Hauptfest Israels, dem einwöchigen Herbst- und Weinlesefest, das im Alten Testament mehrfach „das Fest" bzw. „das Jahwe-Fest" heißt (vgl. V.5b). Von diesem Hintergrund her werden die provozierenden Töne des prophetischen Wortes inmitten des ausgelassenen Festtreibens verständlich und nicht weniger die entrüstete Reaktion des Volkes.

Auch darin ist die Einheit innerhalb des Hoseabuches ungewöhnlich, daß die Gottesrede, die Kap. 8 und den folgenden Abschnitt 9,10ff. beherrscht, in ihr fehlt und sie nur Prophetenwort enthält. Diese Beobachtung weist ebenfalls darauf hin, daß der Abschnitt unmittelbarer als andere eine aktuelle Auseinandersetzung des Propheten mit seinen Hörern widerspiegelt. Allerdings werden die verschiedenen Funktionen des prophetischen Wortes insofern überdeutlich und in typisch schriftlicher Stilisierung unterschieden, als die prophetische Anklage in direkter Anrede ergeht, und zwar an die Hörer als Gesamtheit (2.Pers.sg.; V.1.7b), die ungewöhnlich breite Ankündigung kommenden Unheils aber (wie im Jüngerkreis) in Gestalt distanzierter Schilderung des je einzelnen Geschickes (3.Pers. pl.; V.2–6. 7a [Ausnahmen bilden der 2. Satz in V.3, der wegen des Subjekts Efraim im Singular steht, und die rhetorische Frage in Anredeform V.5, die die Hoffnungslosigkeit der Lage verdeutlichen soll]). V.7 bildet den entscheidenden Einschnitt innerhalb der Einheit. Nicht nur setzt er nach den Zukunft ankündigenden Imperfekten von V. 2–6 mit zwei Perfekten neu ein, sondern er greift auch die kollektive Anklage in Anredeform vom Anfang (V. 1) neu auf, allerdings mit dem bemerkenswerten Unterschied, daß jetzt Inhalt der Anklage die andeutend zitierte Reaktion Israels auf die Rede des Propheten in V. 1–6 ist. Mit V. 8, der durch das wiederholte Stichwort „Anfeindung" sachlich eng auf V. 7 bezogen ist, wird formal die unmittelbare Auseinandersetzung verlassen; die Beschimpfung des Propheten, seine Treue Gott gegenüber (V. 8) und die Verderbtheit des Volks (V. 9) werden in den summierenden Abschlußversen reflektierend als ein bleibendes Fazit festgehalten und klagend mit der Strafe Gottes (V. 9b) konfrontiert. Dabei zeigt sich im Abschlußvers der Wille

---

⁹ Vgl. die sorgfältigen Beobachtungen zu den Kontextbezügen von E. Zenger, Fs J. Schreiner, 1982, 187 f.

zu durchdachter Komposition durch die Tradenten der Hoseaworte. Denn die
Einheit schließt bewußt mit den gleichen Worten wie die vorhergehende (vgl.
9,9b mit 8,13b, wobei die letzten Worte von 8,13b schon in 9,3b vorweggenommen
sind), wodurch beide Einheiten einander wie zwei Strophen eines Gedichtes zugeordnet werden. Zugleich leitet der Geschichtsvergleich in 9,9a als ein typisches
Brückenstück des Hoseabuches zu den folgenden Einheiten über, in denen Geschichtsrückblicke im Zentrum der Verkündigung stehen (vgl. bes. 10,9: „Seit den
Tagen von Gibea …" mit 9,9: „… wie in den Tagen von Gibea").

9,1–6: „Efraim muß zurück nach Ägypten". Mit schrillen Tönen greift der 1
Prophet in das frohe Festtreiben der Kultgemeinde („Israel") ein, wie es grundsätzlich für das Herbstfest charakteristisch war (Lev 23,40; Dtn 16,14) und offensichtlich schon sogleich nach den schweren Kriegsjahren 733/32 wieder in aller Ausge-
lassenheit geübt wurde (vgl. 8,11ff.). Hosea gebraucht mehrfach derartige aufrüt-
telnde, plötzliche Imperative als Redeeinleitung; sie dienen im Hoseabuch geradezu
als Gliederungsprinzip (4,1; 5,1; 5,8; 8,1; vgl. 2,4; 4,4; 14,2). Hier kehrt er priesterliche Aufrufe zur Festfreude (Joel 2,21.23; Zef 3,14 u.ö.) in ihr Gegenteil um.
Veranschaulichung der Festfreude beim Weinlesefest in älterer Zeit bieten etwa
Ri 21,19.21 und 2 Sam 6,5.12ff.: freizügiger Tanz und Reigen unter Gesang und
musikalischer Begleitung von Rassel, Pauke, Harfe und Zimbel, feierliches Festmahl nach dem Opfer. Dabei ist zu beachten, daß das zweite Verb für die Festfreude (*gîl*), das im Pentateuch fehlt, zu Hoseas Zeiten wohl primär spezifisch
kanaanäisches Festtreiben im Fruchtbarkeitskult bezeichnet [10], wie neben 10,5 auch
die Erläuterung „nach Art der Völker" verdeutlicht. Schon Wellhausen hat darauf
hingewiesen, daß in diesem Vergleich der Plural „Völker" (*'ammîm*) erstmalig
nahezu die Bedeutung „Heiden" annimmt; wie so oft erweist sich Hosea als Weg-
bereiter des deuteronomischen Programms. Für den Propheten feiert Israel faktisch
seinen Abfall von Jahwe, feiert die Preisgabe der Geschichte Jahwes mit Israel, die
mit der Befreiung aus Ägypten begann (11,1; 12,10; 13,4), indem es „wie die
Völker" feiert und den Wohlstand erfolgreicher Ernte preist, um den es nach 7,14
gejammert hatte, statt den Geber der Gaben zu preisen. Hosea greift das Thema
seiner Frühzeitverkündigung (2,7–15) wieder auf: Wo Glaube wie in Israel auf den
Anspruch auf Versorgung mit Wohlstand reduziert ist, ist er zu Abfall und „Hurerei" geworden; er kümmert sich nur noch um den „Dirnenlohn" (vgl. 2,14) der
Ernte, wie ihn der Wohlstandsgott Baal als Liebhaber gibt, für den Israel immer
noch mißbräuchlich den Namen Jahwe verwendet (vgl. 7,14). Wem und wie im
Fest gedankt wird: das sollte nach des Propheten Meinung Israel von den Völkern
unterscheiden (vgl. 2,10). Israel aber ist nicht mit Jahwe, seiner Geschichte
(9,10ff.) und seinem Willen (8,12) beschäftigt, sondern einzig mit Ernte und Wohlstand. Die meist hochgelegenen und dem Wind ausgesetzten Dreschtennen vor der
Stadt sind nicht notwendig, wie häufig vermutet, als Kultort und hier als der Ort
der Festfeier genannt – für diesen Gebrauch fehlen eindeutige Belege im Alten

---

[10] Vgl. die Belege bei P. Humbert, ‚Laetari et exultare' dans le vocabulaire religieux de
l'AT, RHPhR 22, 1942, 185–214 = ders., Opuscules d'un Hébraïsant, 1958, 119–145;
D. W. Harvey, „Rejoice not, o Israel!", Fs J. Muilenburg, 1962, 116–127.

Testament, wenn er auch im Kontext der wahrscheinlichste bleibt –; es genügt auch, an den Ort zu denken, an dem die Dirne Israel ihre Wohlstandsgeschenke

2 entgegennimmt[11]. Aber damit wird es nun ein Ende haben; Erntesegen ist unmöglich, wo der Herr des Landes verworfen wurde. Tenne und Kelter[12] repräsentieren den gesamten Ernteertrag; sie werden der Dirne Israel nicht mehr zu Diensten stehen (wörtlich: sie werden mit ihr keinen Umgang mehr pflegen wie etwa der Sohn mit der Dirne nach Spr 29,3), weil es nichts mehr zu dreschen und zu keltern gibt; die Dirne bleibt ohne Dirnenlohn. Ob daran gedacht ist, daß der entweihte Boden sich Israel ganz versagt? Der Kontext legt die Auffassung näher, daß der Ertrag von Tenne und Kelter, den man jetzt ausgelassen feiert, insofern „trügt", als er den Feinden zufallen wird (vgl. 7,9; 8,7).

3–5 Wie dem auch sei, mit dem Verlust von Korn, Most, Öl (2,10; vgl. 7,14) hört Israels Kulturlandexistenz auf. Anders als in Kap. 2 verbindet sich mit diesem Gedanken aber nichts Heilvolles – keine Hoffnung auf einen Neubeginn des Gottesverhältnisses in der Wüste (2,16f.), keine Erwartung eines Endes aller baalistischen Überfremdung des Gottesdienstes (2,18f.21f.) –, sondern nur die Vorstellung der Gottesferne und des Todes. Für Hosea ist die Kulturlandexistenz das höchste Gottesgeschenk an Israel und als solches Zielpunkt der göttlichen Heilsgeschichte (2,17). Der Verlust des Gastrechts in „Jahwes Land", das er andernorts „Jahwes Haus" nennt (8,1; 9,15; fraglich: 9,8), ist gleichbedeutend mit dem Ende der Heilsgeschichte, impliziert die „Rückkehr nach Ägypten". „Mein ist das Land" (Lev 25,23) heißt der Grundsatz israelitischen Bodenrechts, mit dem dem Gottesvolk eingeschärft wird, daß es über Grund und Boden nicht nach Belieben verfügen kann, sondern seinem Lehensherrn Rechenschaft schuldig ist, der sein Lehen ebenso wieder nehmen kann, wie er es gegeben hat. Nimmt er es aber, so ist Israel aus dem schützenden Lebensbereich Jahwes herausgestoßen, ist aller Gottesdienst (V. 4) unmöglich geworden, wie ihn hier neben Opfern Wein-Libationen repräsentieren (vgl. Ex 29,40; Lev 23,13; Num 15,1–12), und schon gar aller Festgottesdienst (V. 5a), etwa an den drei Wallfahrtsfesten, oder der kultische Höhepunkt des Jahres, das Herbstfest (V.5b). Denn Gottesdienst fände in einem Bereich statt, in dem Jahwe nicht gegenwärtig ist und der fremden Mächten untersteht (1 Sam 26,19). Darum ist in fremdem Land nur „unreines" Essen möglich (V. 3; Ez 4,13), Essen ohne jeden Gotteskontakt bzw. Essen wie in einem Trauerhaus, das seinerseits verunreinigt, d.h. kultunfähig macht (Dtn 26,14; Num 19,14)[13].

Das also heißt Verbannung, wie sie der Prophet ansagt, für Israel: die gänzliche Trennung von Gott, die Unmöglichkeit, seinen Segen, seine Fürsorge und Güte zu

---

[11] Vgl. G.Münderlein, ThWAT II 68f.

[12] Die Kelteranlage für Wein und Öl wurde in den Felsen gehauen und bestand aus zwei Becken, einem Tretbecken und einem etwas tiefer gelegenen Sammelbecken, die durch eine Rinne miteinander verbunden waren; vgl. K.Galling (Hg.), BRL² 362f.

[13] Während es dem Prophetenwort beim Thema „Unreinheit" wesentlich um die Trennung von Gott aufgrund des Bruches des Gottesverhältnisses geht (vgl. auch 5,3 und 8,5b), hat ein späterer Leser in Juda mit V. 4b das Thema durch die Erläuterung verdeutlichen wollen, daß im Exil eine Weihung des Ernteertrags nicht möglich ist, weil die Ernteerstlinge nicht in den Tempel gebracht werden können (Ex 23,19). Mit „dem Haus Jahwes" kann hier nur der Jerusalemer Tempel gemeint sein wie nie bei Hosea selber.

erfahren, ihm im Gottesdienst und beim Festmahl zu danken oder ihn im Gebet zu erreichen, und schlimmer noch Tod in „unreinem Land", d.h. in Gottesferne (V. 6; vgl. Am 7,17 u. ö.) [14]. Auf diesem Hintergrund gewinnt V. 3b erst seine volle Härte: „Zurück nach Ägypten" heißt in der Konsequenz nicht weniger als die Revozierung der Rettungstat Jahwes, die Israel ins Leben rief, und damit Tod des Gottesvolkes (vgl. 8,13; 7,16; 11,5), auch wenn die neue Knechtschaft nach Assyrien führen wird. Freilich zeigt V. 6, daß Hosea auch real nicht nur mit einer Verbannung nach 6 Assyrien rechnete, sondern auch mit einer Fluchtbewegung nach Ägypten, wenn die Assyrer Israel verwüsten würden. Allerdings wird diese Flucht unmittelbar im Grab enden. Wie deshalb das neue „Ägypten", aus dem Jahwe einst rettete und in das er nun sein Volk stößt, heißt – ob Assur oder Ägypten, repräsentiert durch Memphis mit seiner berühmten Gräberstadt –: Das Geschick heißt Hoffnungslosigkeit und Tod, für Verbannte und Flüchtlinge gleichermaßen. Im Land Jahwes selber aber treten an die Stelle kostbarsten Besitzes, den die Feinde an sich nehmen werden (nachdem Israel ihn zuvor für abgöttische Zwecke verschleudert hatte: 8,4), überwuchernde Dornen, wenn es verlassen ist (die „Zelte" bezeichnen entweder die Behausung der Festpilger oder sie stehen poetisch für alle Wohnungen). Dabei hämmern die kurzen Zweiertakte in V. 6 die Unentrinnbarkeit des Todesgeschicks Israels ein.

9,7–9: Feindschaft gegen den Propheten. In ruhigeren Dreiertakten schließt die 7 prophetische Rede. Das angekündigte Unheil ist sicher (hebr. Perfekt), so gewiß die Zeit überreif ist, daß Jahwe Israel zur Rechenschaft zieht. Dieses Thema wird mit Hilfe der Wurzel *pāqad* am Anfang und am Ende der Teileinheit hervorgehoben. Sie meint von Haus aus die (verwaltungsrechtliche) „Überprüfung", nur daß bei Hosea deren Ergebnis feststeht, so daß der Begriff stets die Bedeutung „Ahndung" annimmt (vgl. zu 1,4), geht es doch um Schuld, die „beglichen" werden muß (so das zweite Substantiv, aus der Sprache des Privatrechts übertragen): eben im Entzug der Nähe Gottes und der daraus folgenden Unmöglichkeit zukünftiger Feste und Gottesdienste. Hier aber schafft sich die Empörung der Hörer in der Schmähung des Propheten Luft; Hosea ergeht es nicht anders als seinem Vorgänger Elischa (2 Kön 9,11) oder seinem Zeitgenossen Jesaja (Jes 5,19; 28,7ff.). Die Hörer bezeichnen ihn kurzerhand als nicht mehr zurechnungsfähigen Schwätzer. Der erste Begriff der doppelten Beschimpfung ist weisheitlicher Herkunft und meint eine Dummheit, die das Leben verfehlt und in den Tod führt (Spr 10,8; 29,9; Jer 4,22 u. ö.); die zweite (im Jiddischen als „meschugge" erhalten geblieben) greift tiefer und nimmt absonderliche Verhaltensweisen des Propheten (Jer 29,26) als Zeichen, daß nicht Gott aus ihm spricht. Beim volkstümlichen Begriff „Geistesmann" kann man schwanken, ob er noch grundsätzliche Anerkennung der prophetischen Voll-

---

[14] Von daher ist zu ermessen, was 1½ Jahrhunderte später der Aufruf Jeremias in seinem Brief an die Exulanten bedeutete: „Betet für sie (die Stadt Babylon!) zu Jahwe!" (Jer 29,7). Gebet zu Jahwe im fremden Land – und noch für den Feind! Über der Erfahrung des Exils hat eine Ausweitung der Gottesvorstellung stattgefunden. Der geheilte Aramäer Naeman nimmt noch einen Packen israelitischer Erde mit, um Jahwe in Damaskus anbeten zu können (2 Kön 5,17).

macht widerspiegelt oder in sich schon Hinweis auf befremdliches prophetisches Gebaren ist; die vorexilischen Schriftpropheten selber berufen sich – im Gegensatz zu den ältesten Propheten Israels und mit Ausnahme Ezechiels – nicht auf Geistbesitz. Wie dem auch sei, jedenfalls fühlen sich die Hörer – gängiger Verhaltensweise gegenüber unbequemen Worten entsprechend – der Pflicht enthoben, das prophetische Wort auch nur zu bedenken. Aus der Beschimpfung entsteht vielmehr erbitterte und radikale „Feindschaft" (vgl. V. 8; das hebr. Wort wird in nach-alttestamentlicher Zeit für die Herrschaft des Satans gebraucht [15]). Für Hosea belegt ebendieses Verhalten neu Israels rettungslose Schuldverfallenheit.

8f.   Stärker distanziert, reflektierend und grundsätzlich reden die Schlußverse von der Anfeindung des Propheten. Hier fehlt die Anrede auch in den Anklagen. Offensichtlich blicken diese Verse sachlich schon auf eine längere Zeit der Feindschaft gegen Hosea zurück. Man lauert ihm auf und stellt ihm Fallen, wie in bildhafter Psalmen-Sprache gesagt wird, deren konkrete Deutungsmöglichkeiten etwa 5,1f. und besonders 6,9 verdeutlichen. Offensichtlich ist Lebensbedrohung (vgl. Ps 37,32) impliziert. Daß jedenfalls mehr gemeint ist als nur Auflauern auf ein unbedachtes Wort, zeigt die abschließende Anspielung auf die „Tage Gibeas", die greuliche Schandtat an dem wandernden Leviten (Ri 19; Genaueres zu Hos 10,9f.). Jedoch wären diese Sätze mißverstanden, sähe man in ihnen wesenhaft Klage über das Geschick des Menschen Hosea. Obwohl V. 8a textlich unsicher überliefert ist und in V. 8b der Begriff „Haus seines (Hoseas) Gottes" nicht ganz sicher zu deuten ist [16], wird der Prophet in V. 8 deutlich zweimal ganz auf die Seite Gottes gerückt. Um des betonten Kontrastes zu Efraim willen wird Jahwe beide Male „sein Gott" (vgl. V. 17) genannt, weil einzig der Prophet – der kleine Kreis seiner Anhänger ist eingeschlossen zu denken – jenen kontinuierlichen Kontakt mit Gott hält, wie er nach Dtn 18,13 („beständig sollst du bei Jahwe, deinem Gott, bleiben") ganz Israel kennzeichnen sollte. Das aber heißt zugleich, daß die Feindschaft (V. 8b: gleiches Wort wie V. 7b), die der Prophet erfährt und die er nur ertragen kann, weil Jahwe sein Halt ist (vgl. Jer 1,8.18f.; Jes 50,7–9 u.ö.), letztlich Gott selber gilt, der in seinem Boten verworfen wird. Darum steht der starke Ausdruck „tiefste Verderbnis" in V. 9: Der Abfall Israels wird in der Abweisung des prophetischen Wortes und in der Anfeindung des Propheten zum Verfehlen einer letzten Heilsmöglichkeit, zur rettungslosen Verlorenheit (vgl. 6,5 und 12,11.14). Wenn Gott (wortgleich mit 8,13) der Schuld „gedenkt" und sie „ahndet" (und damit die „Tage der Ahndung" von V. 7 anbrechen läßt als notwendige Folge der „Tage von Gibea" in V. 9a), kann das Geschick nicht ausbleiben, von dem die Verse 2–6 ausführlich sprachen.

---

[15] Vgl. KBL Suppl. 169 und K.G.Kuhn (Hg.), Konkordanz zu den Qumrantexten 134.

[16] Meint der Begriff auch hier Jahwes Land wie in 8,1; 9,15 (Wolff)? Oder meint er das lokale Heiligtum am Ort der Prophetenrede (Rudolph)? Aber welches sollte das für Hosea sein können? Sicher ist, daß das in 8,5f.; 13,2 verurteilte Bet-El nicht so genannt werden könnte. Vielleicht darf eine kühne, spekulative Vermutung geäußert werden: Sollte das einzig in 6,9 erwähnte Sichem im Blick sein, mit dem sich Hosea besonders verbunden wußte? Immerhin hat der Ausdruck in 9,8a „bei seinem Gott" deutliche kultische Bezüge; vgl. Utzschneider, Hosea 205.

„Der Auftritt wirkt wie ein Abschied" (Wolff). Es geht in 9,1–9 durchweg um das Ende: das Ende der Kulturlandexistenz und das Ende der Heilsgeschichte (V. 3), das Ende von Gottesdiensten und von Festfreuden (V. 4f.), das Ende von Besitz und von gesegnetem Sterben (V. 6). Entscheidend für den Gedankengang als ganzen ist, daß noch nicht die Verwerfung Gottes als solche (V. 1) dieses Ende besiegelt, sondern erst die Feindschaft gegen Gottes Boten, der die Schuld Israels aufdeckt (V. 7f.). So schließt der zweite Teil der Hoseaworte aus der Zeit des syrisch-efraimitischen Krieges ähnlich hoffnungslos wie der erste mit Worten aus der Frühzeit (5,7). Allerdings hat 9,9a mit „Gibea" schon das Thema des dritten Teiles angeschlagen, zu dem 9,10 ohne formale Zäsur überleitet. 10,9f. wird die Chiffre „Gibea" näher auslegen.

4. Die Spätzeit (Hos 9,10–11,11)

9,10–17: Statt Gott – der Baal und der König

10 Wie Trauben in der Wüste
   fand ich Israel,
   wie eine Frühfrucht am Feigenbaum[1]
   erblickte ich eure Väter.
   Sie (aber), kaum nach Baal Peor gekommen,
   weihten sie sich schon der Schande,
   wurden zu Scheusalen wie ihr Liebhaber[2]!

11 Efraim gleicht einem Vogelschwarm,
   so verfliegt ihre Pracht:
   keine Geburt, kein (Austragen im) Mutterleib, keine
12 Selbst wenn sie ihre Söhne großbringen,   [Schwangerschaft.
   nehme ich sie ihnen, keiner bleibt;
   ja, wehe auch ihnen,
   wenn ich sie allein lasse.
13 Efraim, das ich ausersah
   zur Palme[3], gepflanzt auf einer Aue,
   dieses Efraim muß[4] seine Söhne
   dem Würger ausliefern!
14 Gib ihnen, Jahwe,
   was du ihnen (noch) geben kannst:

---

[1] „Seine allererste" (b – essentiae: Robinson, Wolff) ist steigernde Zufügung, die das Versmaß durchbricht und von S noch nicht geboten wird.
[2] Vgl. Ges.-B. und E. König s. v. 'ohab.
[3] Vgl. arab. ṣawr (Hitzig, Rudolph) und zum nachbiblischen Aramäisch und Hebräisch die Wörterbücher von G. Dalman und M. Jastrow s. v.
[4] Zum inf. mit l^e als Prädikat im Nominalsatz vgl. G-K²⁸ § 114 h. k.

Gib ihnen unfruchtbaren Mutterschoß
und vertrocknende Brüste!

15 Ihre ganze Bosheit (erwies sich) in Gilgal,
ja, dort begann ich sie zu hassen.
Wegen ihrer bösen Taten
vertreibe ich sie aus meinem Haus.
Ich will sie künftig nicht mehr lieben:
Alle ihre Führer sind Aufrührer.

16 Geschlagen ist Efraim;
ihre Wurzel ist verdorrt,
sie können keine Frucht mehr bringen.
Sollten sie doch gebären,
töte ich die Lieblinge ihres Leibes.
17 Mein Gott wird sie verwerfen,
weil sie nicht auf ihn hörten:
Sie werden Flüchtlinge unter den Völkern.

Lit.: J.Vollmer, Geschichtliche Rückblicke ..., 1971, 76—82. 125 f. (zu V. 10)

Daß zwischen 9,1–9 und 9,10ff. ein tiefer Einschnitt im Hoseabuch liegt, ist
mit Recht häufig herausgestellt worden. Mit 9,10 beginnen Einheiten, in denen
Rückblicke in die Geschichte Jahwes mit Israel im Mittelpunkt der Botschaft stehen, wie sie zuvor einzig in 2,16f. begegneten, in Kap. 4ff. aber noch nicht, sondern nur in 9,9 als eine Art Präludium für das Folgende. Freilich beschäftigt Hosea
bei solchen Rückblicken in die Vergangenheit nicht das Historische, sondern das
sich durchhaltende Typische; die Geschichtsrückblicke dienen der Aufhellung der
Gegenwart. Jeweils wird zu Beginn der Einheiten Jahwes Liebe und tiefe Zuneigung zu Israel bzw. sein Segen über das Gottesvolk mit der unverständlichen Abweisung Jahwes durch Israel konfrontiert. Mit Ausnahme des überraschenden
Schlusses von Kap. 11 durchzieht der Ton verzweifelter Klage über die hoffnungslose Verlorenheit Israels die Einheiten, wie sie insbesondere durch Kap. 8 und 9,1–9
sachlich schon vorbereitet wurde. Von (früher) möglicher Umkehr ist wiederum
nur in Kap. 11 die Rede.

Ob 9,10–17 eine Einheit bildet, ist umstritten. Häufig hat man V. 15–17 für sich
genommen, da hier 1) nach V. 10 (Wüste) mit V. 15 (Gilgal) ein neuer Geschichtsrückblick beginnt und 2) in V. 15 und 17 mit der Ankündigung der Verbannung
eine andere Strafe im Blick ist als die der Kinderlosigkeit von V. 10–14. Allerdings
beherrscht das Thema Kinderlosigkeit V. 16. So hat man diesen Vers in der Exegese
mehrfach für fehlplaziert gehalten und als ursprüngliche Reihenfolge
V. 10–11.16.12–14 (Wellhausen) oder gar V. 10.16a.11.16b.12–14 (Rudolph)
bzw. 10.13.16a.11.16b.12.14 (Duhm) angenommen. Beide Thesen – Teilung der
Einheit und Umstellung von V. 16 – überzeugen aber nicht. Zum einen sind die Suffixe in V. 15 („ihre Bosheit") deutlich auf das Vorausgegangene bezogen, zum anderen ist V. 16 mit V. 11–14 nicht auf eine Stufe zu stellen. Denn die Verse 11–13 bieten reine Ankündigung im Imperfekt, V. 16 aber in seiner ersten Hälfte Klage über

schon Eingetroffenes im Perfekt. Hier ist ein Gedankenfortschritt zu beobachten, der inhaltlich und grammatisch genau dem Fortschritt von 8,7 zu 8,8 entspricht.

Damit soll keineswegs ausgeschlossen sein, daß V. 10ff. und V. 15.17 zwei unterschiedliche Worte der mündlichen Verkündigung Hoseas widerspiegeln; diese Annahme hat vielmehr aus den oben genannten Gründen alle Wahrscheinlichkeit für sich[5]. Aber V. 10–17 bildet schriftlich eine unlösliche Einheit, die künstlerisch wie 9,1–9 in zwei Strophen gegliedert ist. Jeweils steht der Geschichtsrückblick als Schuldaufweis am Anfang (V. 10.15), rückt die Ankündigung von Tod und Aussterben im Bild der kinderlosen (bzw. der Kinder beraubten) Frau ins Zentrum (V. 11–13.16), endet der Gedankengang mit dem Übergang von der Gottesrede zum Gebet des Propheten (V. 14) bzw. zur Prophetenrede mit Anspielung auf eine Zwiesprache mit Gott („mein Gott", V. 17; vgl. 8,2). Dabei fällt in beiden Strophen das Nebeneinander von Gottesrede einerseits und ihr folgender, auf sie bezogener Gebetssprache des Propheten andererseits auf. Es weist mit hoher Wahrscheinlichkeit darauf hin, daß der Prophet diese Worte, hinter denen sein Ringen mit Gott erkennbar wird (vgl. die Visionen des Amos in Am 7–9 und die sog. „Konfessionen" Jeremias in Jer 11–12 und 15), ursprünglich vor seinen Vertrauten sprach. H.W.Wolff hat das gleiche auch für die Mehrzahl der restlichen Worte in Kap. 10–11 wahrscheinlich gemacht. Hinter den Geschichtsrückblicken von Hos 9–11 steht offensichtlich ein intensiver Umgang des Kreises um Hosea mit Israels Frühgeschichte und mit der Fülle göttlicher Heilstaten in ihr – um so unverständlicher mußte diesen Menschen sein, daß sich Israel an Baal wandte, der keine Geschichte mit ihm hatte (vgl. Dtn 32,17).

9,10–14: Baal Peor – Sie weihten sich der Schande. Mit geradezu emphatischen Vergleichen redet Gott eingangs von seiner ersten Begegnung mit Israel. Aller Ton liegt auf der Lieblichkeit und Kostbarkeit seines „Fundes". Das erste Bild, Trauben in der Wüste, übersteigert sogar bewußt den Bereich üblicher Erfahrung, um Gottes Begeisterung am jungen Israel auszumalen; im zweiten ist die seltene und besonders saftige Frühfeige im Blick, die noch am Trieb des vergangenen Jahres und daher um ca. 2 Monate vorzeitig (ab Ende Mai) reift; „wer immer sie sieht, verschlingt sie, sobald sie in seiner Hand ist" (Jes 28,4). Das „Finden" und „Entdecken" meint den Vorgang der Erwählung (vgl. 12,5 und sonst etwa Ps 89,21, wo Jahwe David „findet", oder Ps 132,5.13, wo David eine Wohnstätte für Jahwe „findet", die dieser „erwählt"). R.Bach hat deshalb vermutet, daß hier mit der „Erwählung Israels in der Wüste" (so der Titel seiner Diss. 1952) eine andere Erwählungstradition – er nennt sie „Fundtradition" – vorliege als im Pentateuch, wo die Erwählung Israels stets mit der Befreiung aus der Knechtschaft Ägyptens verbunden ist. Aber das ist sehr unwahrscheinlich, so gewiß Bach die Differenzen zu Texten des Pentateuch

---

[5] Im mündlichen Stadium ist vielleicht auch V. 10 ein Einzelwort gewesen. Darauf könnte die auffällige Anrede „eure Väter" deuten, wenn sie ein Nachhall öffentlicher Verkündigung (im Unterschied zu V. 11–17, s.u.) sein sollte. Auch der abrupte Übergang von V. 10 zu V. 11 könnte so erklärt werden. Eher ist die Anrede „eure Väter" allerdings als bewußt eingesetztes Stilmittel der Tradenten zu werten, das die Leser des Hoseabuches wachrütteln will (vgl. die absteigende Abfolge „Israel – eure Väter – sie – Efraim" im Verlauf von V. 10–11).

mit dem übergeordneten Thema des „Murrens in der Wüste" mit Recht hervorhebt. Auch Hosea nennt, wenn er von Israels Erwählung spricht, den Auszug aus Ägypten (2,17; 11,1; bes. 12,10.14; 13,4); die Wüste ist für ihn – wie in seinem Gefolge für den frühen Jeremia (2,2f.) und für Dtn 32,10 – die Zeit der ersten Liebe und ungeteilten Hingabe zwischen Gott und Gottesvolk (vgl. 2,16f.; 10,11; 13,5), und zwar um des betonten Gegensatzes zu Erfahrungen im Lande willen (V. 10b; vgl. 13,5 mit 13,6). Eben darauf aber wird in V. 10a abgehoben, wie die Bilder zeigen, nicht auf den Zeitpunkt der Erwählung, zumal die Wüste ohnehin nur innerhalb eines Vergleichs, und zwar nur des ersten der beiden Vergleiche, genannt ist[6]. Allenfalls kann man sagen, daß Hosea Erwählung („finden") und ideale Anfangszeit, die in 13,4–5 voneinander getrennt begegnen, hier in 9,10 in eins schaut.

Aber das frühe Israel war nicht besser als das spätere, so daß etwa die Väter als Vorbild dienen könnten. Das zeigt sogleich das abschätzige, distanzierende „sie" am Anfang von V. 10b, das auch das Kap. 8 bestimmte (8,4.9.13). Im Gegenteil, schon die allererste Berührung mit dem Baalkult, noch am äußersten Rande des Kulturlandes, führte zur Preisgabe des erwählenden Gottes, der in der Wüste schützte und versorgte (13,5; 11,3f.). Angespielt wird auf die Ereignisse von Num 25,1ff. Am Berg Peor neben dem Ort Bet Peor (vermutlich heute ḫirbet ʿaǧūn mūsa, gut 5 km südwestlich von Hesbon und etwa ebenso weit südöstlich von dem in 5,1 erwähnten Schittim; so O. Henke, ZDPV 75, 1959, 160ff.), wurde der Baal Peor verehrt; sein Heiligtum war Grenzheiligtum zwischen Moab und Israel. Ihm gaben sich die Väter bedenkenlos hin – Hosea vergleicht indirekt diese Hingabe ironisch mit der eines Naziräers wie Simson an Jahwe durch Übernahme bindender Verpflichtungen (Wurzel *nzr*) –, indem sie an den Sexualriten des Fruchtbarkeitskults teilnahmen. Damit übereigneten sie sich Baal, und das heißt seinem Wesen, der „Schande", ja sie wurden durch diese Bindung selber „ekelerregend" wie ihr neuer Kultpartner, den Hosea Israels „Liebhaber" nennt, um den Bruch des 1. Gebotes darzulegen. So „flüchtig" (6,4) war Israels erste Liebe zu Jahwe, so hingebungsvoll schon die erste Berührung mit dem „Schandgott"[7].

11–13   Aber Hosea geht es allein um die Wirkung der vergangenen Geschichte in die Gegenwart hinein; unausgesprochen vorausgesetzt ist, daß Israel dort stehengeblieben ist, wo es am Berg des Baal Peor angelangt war: in der „Schande". Israels Geschichte in Gottes Land ist für den Propheten ausschließlich Schuldgeschichte. „Schande" aber heißt im Hebräischen nicht nur subjektiv empfundene Schmach,

---

[6] So auch Vollmer, a.a.O. 81.126. Ähnlich H. Gese, der urteilt, für die von R. Bach behandelten Texte sei „die Konzeption der israelitischen Heilsgeschichte … vorauszusetzen, so daß wir die ideale Urzeit als Wüstenzeit vom Exodus an definieren können" (ZAW 79, 1967, 148 = Vom Sinai zum Zion, 1974, 42). Abwegig erscheint demgegenüber der Versuch R. Kümpels, hinter 9,10 eine ismaelitische Stammestradition (aufgrund von Gen 16) zu rekonstruieren, die Hosea aufgegriffen habe (Die Berufung Israels. Ein Beitrag zur Theologie des Hosea, Diss. Bonn 1973, 18ff.).

[7] Im Gefolge Hoseas wird im späteren AT gern der Name Baal – vor allem bei Eigennamen – in „Schande" umgewandelt (vgl. HAL 158), und der Begriff „ekelerregend, Scheusal" wird häufig (bes. bei Ez) direkt zur Bezeichnung heidnischer Kultbilder verwendet.

sondern auch objektiv erfahrenes „Zu-Schanden-Werden", Lebensminderung, Lebensohnmacht, Lebensverlust[8]. Schon der Wechsel von „Israel" (V. 10) zur Staatsbezeichnung „Efraim" deutet den Verlust der Eigenart als Gottesvolk an. Unmißverständlich auf Lebenseinschränkung zielt die Negation des Begriffs $k\bar{a}b\hat{o}d$ „Ehre, Pracht, Wert" (eigentlich: das, was einen Menschen oder eine Gemeinschaft gewichtig, d.h. angesehen, geehrt, wertvoll macht), der wie in 4,7 (und 4,18f.) Konträrbegriff zur „Schande" (V. 10) ist. Solche „Ehre" hatte Israel als Frucht seiner Bindung an den lebendigen Gott in sichtbarer Gestalt von Segen aller Art und insbesondere von Kinder-, d.h. Lebensreichtum besessen. Aber mit der Hingabe an Baal verfliegt sie wie ein aufflatternder Vogelschwarm; „das verbuhlte Volk wird unfruchtbar" (Duhm). Als Ergebnis des baalistischen Fruchtbarkeitskults bleibt statt erhoffter Lebenssteigerung der Fluch, bleibt der Tod anstelle von Lebensmehrung; ein Tod, der sogar kein keimendes Leben mehr zuläßt. V. 12 steigert noch (wie V. 16b gegenüber V. 16a) das Grauenhafte der Aussage. Die noch aufgewachsenen Kinder sind nicht kostbare Ausnahmen, sondern werden den Eltern grausam genommen, ob in der Schlacht oder durch Seuche und Krankheit. Kein Rest bleibt. Gott selber führt dieses furchtbare Geschehen herbei, aber auf höchst abgründige Weise: Er macht kinderlos, indem er sich und damit seine schützende Macht von „ihnen" (den Kindern? den Eltern? ganz Israel?) zurückzieht ($s\hat{u}r = s\hat{u}r$ oder $\check{s}\hat{u}r$ II). Leben in der Gottesferne, Leben angesichts der Unerreichbarkeit Gottes ist für Hosea Leben auf furchtbaren Tod hin. In V. 13 konfrontiert er den erwarteten Tod noch einmal mit den hoffnungsvollen Anfängen der Geschichte Gottes mit Israel (allerdings weichen bei der ersten Hälfte des Verses die alten Übersetzungen weit vom hebräischen Text ab). Wie in V. 10 wird das Verb „sehen" für Gottes Erwählungshandeln gebraucht, nun aber mit Zielangabe, so daß es die Bedeutung „ausersehen" erhält. Weil es vordringlich um die Identität von Erwählten und jetzt mit dem Fluch Bedrohten geht, gebraucht der Prophet nicht mehr „Israel" als Bezeichnung des Gottesvolkes wie in V. 10, sondern beide Male die Staatsbezeichnung „Efraim" (im Hebräischen ist diese Identität noch durch ein Wortspiel zwischen „auf einer Aue" und „seine Söhne" verdeutlicht). Das zur herrlichsten Gottespflanzung auf fruchtbarstem Boden erwählte Volk muß — von Gott verlassen — alle seine Kinder dem mächtigen Gegner in der Schlacht, dem grausamen Assyrer ausliefern, der sie erbarmungslos niedermacht, wie ein Großteil Israels es im syrisch-efraimitischen Krieg schon als Realität erfahren hatte. Durch den Kontrast zwischen herrlicher Pflanzung und hingemordeten Söhnen hindurch klingt die Stimme göttlichen Leidens am Untergang seines Volkes.

Trotz aller erfahrenen Feindschaft (9,7—9) kann der Prophet dieses entsetzliche 14 Sterben nicht teilnahmslos als Gottes Entschluß entgegennehmen. Er bricht in ein spontanes Gebet aus. Er ist so wenig wie Amos (7,2.5), Jesaja (6,11) und Jeremia (17,16 u.ö.) willenloses Werkzeug der göttlichen Gerichtsverkündigung, sondern lehnt sich wie seine Vorgänger und Nachfolger leidenschaftlich gegen sie auf. Freilich weiß er von der „tiefen Verderbnis" des Volkes, und er weiß auch, daß es — „der Schande geweiht" (V. 10) — rettungslos verloren ist; insofern steht er als

---

[8] Vgl. M. A. Klopfenstein, Scham und Schande nach dem AT, 1972.

Bote Gottes auch im Gebet ganz auf Gottes Seite. Er wagt keine Bitte um Abwendung des Fluchs mehr, sondern fleht nur um dessen mildeste Gestalt, wählt sozusagen unter den Strafen Gottes aus, wie es einmal David durfte (2 Sam 24,12 ff.): besser kinderlose Mütter (V. 11) als Söhne, die der Feind mordet (V. 12 a. 13 b). In der Stunde der Verwerfung durch Gott ist Nicht-Gebären-Müssen noch das mildeste Geschick. Es ist die Zeit der Seligpreisung der Unfruchtbaren (Luk 23,29). Der Inhalt der prophetischen Fürbitte erstickt die letzten Hoffnungsfunken.

15   **9,15–17: Gilgal – Ich will sie nicht mehr lieben.** Eine neue Art der Zurückweisung Gottes durch Israel hat V. 15 im Blick, der wieder zur Gottesrede zurückkehrt: Auflehnung auf politischer Ebene. Kult und Politik sind als gleichgewichtige Schuldherde in 9,10–17 einander ebenso zugeordnet wie in Kap. 7–8 (vgl. 7,3–7 mit 7,13–16; 8,4a mit 8,4b–6; 8,7–10 mit 8,11–13), nur daß sie in Kap. 9 von ihrem Ursprung her beurteilt werden. Der grundsätzliche Ton der Rede (Beginn des göttlichen „Hasses") verbietet es ebenso wie die Zuordnung von V. 15 zu V. 10 in der strophischen Gliederung, hinter der Anspielung auf die „Bosheit in Gilgal" beliebige gegenwärtige Unrechtstaten (wie in 5,1 f.; 6,7–9; vgl. für Gilgal 12,12) zu erblicken; andererseits schließt die Fortsetzung in V. 15 b und 17 die Möglichkeit aus, an kultischen Abfall des frühen Israel in Gilgal (2 km nördlich Jericho, nach Jos 3 f. Ort der Landnahmefeier) zu denken, von dem die Überlieferung auch nie redet. Vielmehr ist im Alten Testament mit Gilgal der Anfang des Königtums verbunden (1 Sam 11,15; vgl. 15,12–21), und dazu paßt die Rede von Israels „Verwerfung" in Analogie zu Saul (V. 17) und die Erwähnung der politischen Autoritäten am Ende von V. 15 (die Übersetzung „Führer" will das Wortspiel *sorêhæm sor^e rîm* imitieren, das auch Jesaja in Jes 1,23 verwendet). Gemeint sind primär die Parteigänger der Revolutionskönige, von denen 7,3–7 sprach; ihre Bezeichnung als „störrisch", „aufrührerisch" weist ihre Taten als permanent widergöttlich aus (vgl. zu 4,16; 7,14). In unüberbietbarer Härte wird somit in V. 15 das Königtum als solches von seinen Anfängen her, nicht mehr nur der einzelne König mit seinen Beamten, als Widersacher Jahwes gesehen und (in Verbindung mit V. 10) in gleicher Weise auf die Ebene des Götzendienstes gerückt wie in 8,4. Nur werden im Unterschied zu V. 10 beim Königtum nicht heilvolle Anfänge von schlimmer Fortsetzung unterschieden; es war von Anbeginn wie in der Gegenwart des Propheten widergöttlich und „böse". (13,10 f. wird später ausführen, daß das Königtum zum Vertrauen auf Menschen statt auf den wahren Helfer und König verführte; vgl. auch den Exkurs zu 1,4). Dieser „Bosheit" folgten notwendig „böse Taten": innenpolitische Wirren (7,1 f., wo gleich zweimal das Stichwort „Bosheit" begegnet), „Bosheit" in Königsmorden (7,3) und im Abfall zum Baal (7,15; vgl. die „Bosheit" in Bet-El in 10,15). Darum ist „Gilgal" der Anlaß des göttlichen „Hasses" geworden bzw. – wie es in V. 15 b in Anspielung auf die Namen der Kinder Hoseas „Ohne Erbarmen" und „Nicht mein Volk" (1,6 ff.) heißt – Anlaß des Endes seiner „Liebe" zu Israel. „Hassen" kann nur der verstoßene und bitter enttäuschte Gott, der zuvor „geliebt" hat und sich nun in einem willentlichen Akt (Jussiv) in einer Art Kampf mit sich selber (wie in 11,8 f., nur dort mit umgekehrtem Ergebnis) von dieser Liebe löst. Liebe und Haß Gottes sind als Komplementärbegriffe (nur hier bei Hosea) sich ausschließende Alternativen, aber nicht primär auf der Ebene des

Gefühls, sondern der göttlichen Tat und Bindung an Israel; der Liebe entspricht Fürsorge und Segen, dem Haß der Entzug der Gegenwart Gottes und des Segens (V. 11–13.16) bzw. als äußerste Steigerung die Verstoßung aus dem Land, das „mein Haus", d.h. Eigentum Gottes ist (vgl. oben zu V. 3). Offensichtlich bestimmt das Bild der untreuen Frau wie zuvor schon im Verb „hassen" (vgl. Dtn 22,13; 24,3) jetzt die Terminologie (vgl. „verstoßen" in Lev 21,7.14). Damit ist das Thema genannt, das Kap. 9 als ganzes beherrscht; wie in 9,3–6 wird die Landgabe revoziert und damit die Erwählung Israels rückgängig gemacht. Mit der unlöslichen Eingebundenheit Israels in eine politische Schuldgeschichte seit „Gilgal" und in eine kultische Schuldgeschichte seit „Baal Peor" begründet Hosea vor seinen Vertrauten die Notwendigkeit der Verstoßung Israels aus Gottes Land noch eingehender und reflektierter als in seiner öffentlichen Festansprache (9,1ff.), die die Feindschaft gegen ihn nach sich zog.

Um die Zusammengehörigkeit von „Baal Peor" und „Gilgal" noch stärker her- **16** auszustellen und V. 10–14 und V. 15–17 als zwei parallele Strophen einander zuzuordnen (s.o.), schieben die Tradenten Hoseas mit V. 16 einen Gedanken ein, der V. 11–14 parallel läuft, den sachlichen Zusammenhang von V. 15 und 17 (Verstoßung und Verbannung) aber unterbricht. Baal Peor ist ja letzte Station der Wüstenwanderung, Gilgal die erste Station im geschenkten Land; nebeneinander verdeutlichen sie den bleibenden, ja sich steigernden Abfall Israels von Gott seit der ersten Berührung mit dem Kulturland, auf kultischem wie auf politischem Gebiet. Dabei verschärft V. 16 insofern V. 11–14, als hier in der anfänglichen Klage („geschlagen ist Efraim …") das Geschehen von Kinderlosigkeit und Kindestötung als schon im Begriff befindliches, nicht erst zukünftiges Ereignis gesehen wird. Diese Verschärfung muß nun allerdings nicht bedeuten, daß V. 16 aus späterer Zeit stammt als V. 11–14, wie die exakt analoge Aneinanderfügung von 8,8 und 8,7 zeigt. Gegen zeitliche Differenz spricht, daß V. 16b logisch die gleiche Gedankenabfolge bietet wie V. 11f. (keine Geburt mehr V. 11b; keine Frucht mehr V. 16a – sollten sie doch Söhne großbringen … V. 12a, sollten sie doch gebären … V. 16b). Sicher aber ist eine sachliche Steigerung im Blick. Das Wortspiel „Efraim" / $p^e r\hat{\imath}$ („Frucht") greift auf das Bild der Pflanzung aus V. 13 zurück, zielt dabei aber aufs Grundsätzliche („Fruchtland wird fruchtlos", Wolff); Gott selber wird als der Tötende genannt, und damit wird implizit selbst das behutsame, um Milderung der Strafe bemühte Gebet des Propheten von V. 14 abgewiesen. So kommt es, daß der Prophet im Unterschied zu V. 14 am Ende von Kap. 9 keinen Einspruch im Gebet mehr **17** wagt, sondern notgedrungen in das Urteil Gottes einstimmt (vergleichbar mit dem Verstummen der Fürbitte des Amos in Am 7,7f.; 8,1f. im Unterschied zu 7,2.5). Er bleibt auf der Seite Gottes, auch wo die aufgetragene Botschaft allem eigenen Wünschen und Wollen diametral entgegengesetzt ist, im Kontrast zu seinem ungehorsamen und hörunfähigen Volk. Diese Differenz liegt schon im betonten exklusiven „mein Gott" offen zutage, das seine Entsprechung in 9,8 („sein Gott") findet, wo das Volk im Propheten als dem Boten Gottes auch Gott selber anfeindet und verfolgt. Ein Israel, das das Prophetenwort als belanglos von sich stößt, ist nicht mehr Gottes Volk, sondern wird – wie einstmals Kain – zum Flüchtling in der Völkerwelt, ohne Ziel und Ruhe. Die Abfolge von V. 16 zu V. 17 samt dem harten

Begriff der „Verwerfung" deutet darauf hin, daß für den Propheten dies das härtere Geschick ist als der physische Tod. Zugleich ist „Verwerfung" für ihn ein unlöslicher Bestandteil des Themas „Gilgal", wie die vielfachen Anspielungen auf die Erzählung von Sauls Verwerfung (1 Sam 15) in V. 17 erweisen[9]. 9,10–17 endet ebenso hoffnungslos wie 9,1–9 mit Israels Verstoßung aus Gottes Nähe. Gäbe es nicht auch 11,8 f. (2,16 ff.; 14), wäre Hoseas Verkündigung hier zu Ende.

10, 1–8: Das Ende der falschen Glaubensstützen

1 Ein üppiger[1] Weinstock war Israel,
   der ständig Frucht reifen ließ[2].
   Je mehr Frucht er brachte,
   desto mehr tat er für die Altäre;
   je schöner sein Land geriet,
   desto schönere Malsteine errichteten sie.
2 Ihr Herz ist falsch!
   Jetzt müssen sie es büßen:
   Er zerbricht ihre Altäre,
   verwüstet ihre Malsteine.

3 Ja, dann werden sie sagen:
   „Wir haben keinen König (mehr),
   weil wir Jahwe nicht fürchteten.
   Aber auch der König – was könnte er für uns tun?"
4 Worte ‚machen'[3],
   Meineide schwören,
   Verträge schließen:
   so „blüht" das Recht – wie Giftkraut
   auf den Furchen der Ackerflur.

---

[9] E. Sellin hat in seinem Kommentar mit Recht auf diese Anspielungen aufmerksam gemacht („verwerfen" 1 Sam 15,23.26; „nicht gehorchen" 15,19.22; „mein Gott" 15,30). W. Rudolph bestreitet sie, da die Sprache zu wenig spezifisch sei, übersieht aber, daß Hosea auch sonst nachweislich auf 1 Sam 15 Bezug nimmt (vgl. die Exegesen zu 4,6 und 6,6). – Umgekehrt hat Hosea mit Formulierungen und Vorstellungen bes. in V. 15 – „ihre bösen Taten", Gottes „Liebe und Haß" (vgl. N. Lohfink, CBQ 25, 1963, 417) – auf die deuteronomische Bewegung eingewirkt.

[1] Nur in Hos 10,1 ist *gæpæn* sicher mask.: ein Zeichen, wie stark das Bild sogleich von der Sache geprägt ist. Das Ptz. *bôqēq* deutet man meist von arab. *baqqa* „ausbreiten, viel hervorbringen" (Humbert) her.

[2] Zu *šiwwâ* „reifen lassen" vgl. arab. *sawwa* und das häufigere *istawâ* „reif werden" (Nyberg z. St.).

[3] L. Inf.; vgl. G (Ptz.).

5 Beim Kalbszeug[4] von Bet-Awen suchen
die Einwohner Samarias Schutz[5].
Seinetwegen trauert schon sein Volk,
aber seine Pfaffen umjubeln es,
(umjubeln) seine Pracht – weil sie ihm geraubt ist.
6 Denn auch sie wird nach Assur gebracht,
als Tribut für den Großkönig[6].
So trägt Efraim Schmach davon,
wird Israel zuschanden an seinem Holz-Gott[7].
7 Wenn Samaria vernichtet[8] ist, (treibt) sein König
wie ein Zweig auf der Wasserfläche (fort).
8 Zerstört werden dann die Kulthöhen des Frevels,
Israels Sünde;
Dornen und Disteln wachsen
auf ihren Altären.
Da werden sie zu den Bergen sagen: „Bedeckt uns!"
und zu den Hügeln: „Fallt auf uns!"

In 10,1–8 sind mehrere Hoseaworte (drei oder vier) zu einer Überlieferungseinheit verbunden; sie stimmen formal darin überein, daß sie weder Gottesrede noch Anrede an die Hörer enthalten und somit stärker distanziert-reflektierend gestaltet sind. Eine solche Zusammenstellung ist im Hoseabuch singulär; andernorts sind analog geformte Worte (etwa 4,16–19; 5,5–7; 9,8f.) in einen Kontext eingebunden, der zumindest entweder Gottesrede oder Anrede an die Hörer enthält, zumeist beides. H. W. Wolff hat aus diesen Merkmalen geschlossen, daß 10,1–8 als eine Art Lehrrede im Kreis der Vertrauten gesprochen wurde. Dafür könnte die Beobachtung sprechen, daß die genannten Formparallelen im Hoseabuch am Schluß von größeren Einheiten stehen, wo der Prophet resümierend Bilanz öffentlicher Reden (und Auseinandersetzungen) zieht. Aber Sicherheit über die Situation der mündlichen Verkündigung ist hier schon darum nicht zu gewinnen, weil die Einheit sehr bewußt kunstvoll als „konzentrische Figur" gestaltet ist (wie 4,11–14 und 5,3–4): Den äußersten Rahmen bilden die Verse 1f. und 8 mit dem Thema Altäre und Malsteine (Mazzeben), einen inneren Rahmen die Verse 3f. und 7 mit dem Thema Königtum, im Zentrum stehen die Verse 5–6 mit dem Thema Stierbild. Dabei herrscht in V.1–5 Anklage vor, in V.6–8 Strafankündigung. Die Zusammenstellung dieser drei Themen erinnert nicht nur an Kap. 8, wo die Außenpolitik hinzu-

---

[4] Vokalisiere *'æglût* (Rudolph). Die Konstruktion wird fortgeführt, als stände das Substantiv „Kalb".

[5] Möglich ist auch die Übersetzung „sich ängstigen um"; die Schwierigkeit der Deutung liegt darin, daß *gûr* I („Fremdling sein"; „sich bergen bei") und *gûr* III („sich fürchten") normalerweise mit anderen Präpositionen gebraucht werden als mit *lᵉ*.

[6] Vgl. Anm. 4 zu 5,13.

[7] Ist *'ēṣâ* hier femininum zu *'ēṣ*? So Rudolph, der allerdings inkonsequent die einzige Analogie in Jer 6,6 emendiert. Oft wird *'ᵃṣabbô* „sein Götzenbild" konjiziert. Bei der Auffassung von MT („sein Plan") könnte der Text wohl nur (wie Jes 30,1 u.ö.) auf Israels Bündnispolitik anspielen, von der in 10,1–8 sonst nicht die Rede ist.

[8] *dmh* III wie in V.15 und in 4,5f.; vgl. HAL s.v.

tritt, sondern stärker noch an Kap. 3; nur dort begegnen wie in 10,1f. die Malsteine. Wichtiger ist, daß in 3,4 ähnlich wie in 10,1–8 eine Zeit erwartet wird, in der Jahwes Gericht Israel aller falschen Stützen beraubt. Aber Kap. 3 endet in seiner gegenwärtigen Gestalt hoffnungsvoll mit dem Ausblick auf einen Neuanfang, 10,1–8 dagegen hoffnungslos im Anblick der Katastrophe. Im einzelnen finden sich in 10,1–8 viele Parallelen zu den Kapiteln 6 und 8 (zu V. 1f. vgl. 8,11–13; zu V. 4 vgl. 6,7–9; zu V. 5 vgl. 8,4–6; zu V. 6 vgl. 7,8ff.; 8,9f.); das legt die Annahme nahe, daß die Worte in 10,1–8 in die Zeit unmittelbar nach dem syrisch-efraimitischen Krieg gehören. Das Kap. 9 beherrschende Thema der Verbannung wird nicht explizit genannt, bildet aber den Hintergrund der einzelnen Strafankündigungen.

1   **10,1–2: Zerbrechende Altäre.** Die Stellung von 10,1–8 hinter Kap. 9 mag durch die Ähnlichkeit des Bildes in V. 1 zu 9,10 bestimmt sein (die Wendung „Frucht reifen lassen" knüpft zudem antithetisch an 9,16 an). Jedoch ist der Kontrast, auf den V. 1 abzielt, ein anderer als in 9,10: Ging es dort um die anfängliche Kostbarkeit Israels in seiner ungeteilten Hingabe an Gott, die so schnell zur Schmach der Hingabe an den Schandgott verwandelt wurde, so im Bild des Weinstocks von 10,1 um den Reichtum der Kulturlandgaben und dessen Mißbrauch durch Israel[9]. Das Unheimliche des Vergleichs, in dem anfänglich Bild und Sache kunstvoll stilistisch miteinander verbunden sind (bis der letzte Satz ausdrücklich von Menschen im Plural redet), liegt darin, daß gerade die Fülle göttlichen Segens (gedacht ist vermutlich vornehmlich an die sorglosen Friedensjahre unter Jerobeam II.) Israel in tiefste Schuld führte, nämlich zum Vergessen des Gebers der Gaben, wie es 13,6 und 2,10 ausdrücken. Gottes Segen wurde zum Anlaß der Gottvergessenheit! Auf den ersten Blick freilich wirkt Israels Fürsorge für den Kult, die immer prachtvollere Ausgestaltung der Kulteinrichtungen (vgl. zu 3,4) lobenswert. Aber sie muß von deutlicheren Hoseaworten her ausgelegt werden, wie die Fortsetzung in V. 2 und 8 erweist. 8,4 hatte davon gesprochen, wie Israel seinen Reichtum zur Herstellung von Götzenbildern benutzt – in diesen Horizont gehören Altäre und Malsteine für Hosea, wie V. 2 zeigt (Dtn 12,3 spricht im Gefolge Hoseas schärfer von „Mazzeben und Altären der Kanaanäer", die es zu zerstören gelte; vgl. Ex 34,13). Vor allem aber wird der Prophet nicht müde einzuschärfen, daß die Vermehrung der Priester (4,7), Opfertiere (5,6) und Altäre (8,11ff.) wie hier die Verschönerung der Kulteinrichtungen nicht nur Israel seinem Gott nicht näherbrachten, sondern es vielmehr von ihm fortführten; denn mit ihnen drang kanaanäisches Denken in Israels Gottesdienst ein, der Kult wurde zum Selbstzweck der Sicherung des Wohlstands, die Gaben selber wurden in ihrer Vielfalt angebetet, dagegen gerieten der Wille und die Einzelweisungen des Gebers und die Vergegenwärtigung seiner Güte

2   in Vergessenheit (4,6; 6,6; 8,11–13 u.ö.). Die scheinbare Frömmigkeit, die in Wirklichkeit zur Verwerfung des wahren Gottes führte – „man verehrte ihn, aber

---

[9] In noch einmal anderer Weise dienen Vergleiche bzw. Gleichnisse vom Weinstock/Weinberg bei Jesaja (5,1ff.) und Jeremia (2,21) dazu, die Fürsorge Jahwes und die Schuld Israels einander gegenüberzustellen (vgl. Luk 13,6ff.; Joh 15 etc.), während exilische Psalmen das Bild nutzen, um die gegenwärtige Not mit vergangenem Wohlergehen zu kontrastieren (Ps 80,9ff.; 44,3).

was man wirklich im Sinn hatte, war die Produktion von Getreide" (Mays) –, hat Israels „falsches (wörtlich: glattes, heuchlerisches) Herz" ans Licht gebracht. Dieses Bild übersteigert bewußt die in den Psalmen gebräuchliche Rede vom „glatten Mund", der „glatten, heuchlerischen Zunge, Lippe" etc. [10]. Wo das Herz als Organ der Willensentscheidung korrupt ist, gibt es keine Hoffnung auf Änderung mehr. Gott – nur andeutend „Er" genannt, weil 10,1f. als unmittelbare Fortsetzung von 9,17 gelesen werden will – zieht darum Israel jetzt, d.h. in der unmittelbar bevorstehenden Zeit, zur Rechenschaft (zum Verb ʾāšam vgl. 5,15) und zerstört die Kultstätten gewaltsam – jene Orte also, an denen man ihn (!) zu verehren dachte! Das erste Verb lautet wörtlich drastisch: „das Genick brechen" und verdeutlicht schon in sich, daß es um Verwerfung Israels geht, nicht um neue Zuführung zu Gott; vor allem der abschließende V.8 spricht hierzu eine eindeutige Sprache.

10,3–4: Ohne König. Stilistisch und inhaltlich locker mit V.1f. verbunden 3 („dann" ist im Hebräischen identisch mit „jetzt", V.2), fügt sich ein Wort an, das voraussetzt, daß Israel zum Zeitpunkt der Gottestat von V.2 auch ohne König sein wird (vgl. 3,4). Wie oft zuvor seit 5,8ff. wird hier erneut deutlich, daß für Hosea irregeleiteter Gottesdienst und Verfehlung Jahwes im Königtum fest zusammengehören; wenn die Altäre zerbrechen, fällt auch das Königtum dahin (gedacht ist an Verheerung und Eroberung des Landes durch die Assyrer; vgl. V.7). In Israels Mund bedeutet diese Tatsache nicht so sehr ein Schuldbekenntnis als vielmehr eine Einsicht, die zu spät kommt. Sie beginnt mit der Klage über gegenwärtige Führerlosigkeit, anerkennt sie aber dann als verdiente Folge fehlender Gottesfurcht in Israel und gipfelt in der entscheidenden illusionslosen Feststellung, daß ein König ohnehin keine Hilfe bringen könnte. Der Prophet erwartet also, daß das von Gott des Königs beraubte Israel zu der Einsicht gelangen wird, daß das Königtum ihm eine trügerische Stütze war, ohne Möglichkeit zur Hilfe in der Stunde des Gottesgerichts. Wahre Hilfe wäre vielmehr nur von der „Gottesfurcht" [11] zu erwarten gewesen, an der es Israel um des Königs willen fehlen ließ, so daß es nun die Strafe Gottes traf. In den sich ständig steigernden Aussagen über die Schuld des Königtums im Hoseabuch (vgl. den Exkurs zu 1,4) wird der König erstmals implizit in der Rolle des Konkurrenten Gottes gesehen; 13,9–11 wird noch schärfer als 10,3 sagen, daß Vertrauen auf Jahwe und Vertrauen auf den König einander ausschließen. – V.4 gibt die Antwort auf die Frage, was der König nütze, in hämmerndem 4 Stakkato-Stil und entlarvt die „Hilfe" des Königtums, auf die Israel hoffte, mit drei drastischen Schuldaufweisen, die sich ständig steigern. Die „Hilfe" bestand in bedenkenlosem Wortbruch bei politischen Absprachen, und seien sie unter feierlicher Selbstverfluchung beeidet (vgl. 4,2) oder sogar in Gestalt offizieller Verträge unter

---

[10] Die bei anderer (passivischer) Vokalisation auch mögliche Übersetzung „geteiltes Herz" (vgl. ʾA, Σ, S, T, V) trägt einen Hosea fremden Gedanken aus den Elijaerzählungen ein (1 Kön 18,21); für Hosea ist Israels „Herz" ungeteilt – bei den Altären etc., aber nicht bei Jahwe.

[11] „Gottesfurcht" ist dabei das zentrale Stichwort für das rechte Gottesverhältnis in der Pentateuchquelle, die Hosea zeitlich und räumlich (Nordreich) am nächsten steht: beim Elohisten; vgl. H.W.Wolff, EvTh 29, 1969, 397ff. = Ges.St., ²1973, 402ff. Hosea gebraucht den Begriff nur hier.

Anrufung Jahwes (vgl. den Einzelfall in 6,7) ergangen. Angespielt ist dabei allenfalls in zweiter Hinsicht auf außenpolitische Abmachungen (etwa die Schaukelpolitik zwischen Assur und Ägypten: 12,2 u.ö.), primär aber auf innenpolitischen
Wortbruch bei Verträgen zwischen König und Volk. Denn die Fortsetzung sieht als
Folge der Vertragsbrüche das Recht im Land außer Kraft gesetzt (vgl. zu 5,1.11;
6,5). Das Bild vom Giftkraut, das einen guten Acker ruiniert, für die Rechtsverwil-
derung wandelt ein bekanntes Amoswort (6,12; vgl. 5,7 und Dtn 29,17) ab, unter
Benutzung einer formelhaften poetischen Wendung, die in 12,12 wiederkehrt[12].
Man kann schwanken, ob diese Beschreibung der Schuld des Königtums noch wie
in V. 3 Teil der verspäteten Einsicht Israels in der Katastrophe ist oder aber – wegen V. 4b mir wahrscheinlicher – ironische Antwort des Propheten in der Gegenwart. Jedenfalls aber leitet die Einsicht Israels im Gericht zu keiner Hoffnung über,
sondern ist Ausdruck aussichtsloser Verzweiflung, wie in V. 7 das Bild des im Wasser treibenden Holzes für den König zeigt.

5   **10,5–8: Die Schmähung des Kalbes.** Wieder in nur lockerem Anschluß an das
Voraufgehende kündet V. 5–6a die Wegnahme einer weiteren Stütze Israels an: des
Stierbildes von Bet-El. Wie in 8,4–6, wo erstmalig bei Hosea vom Stierbild die
Rede war, begegnet es in unmittelbarem Zusammenhang mit dem Königtum (es
geht im Unterschied zu 10,1f. um den offiziellen Staatskult), und wie in 8,4–6 wird
besonders gefühlsbetonte Anteilnahme des Propheten bei diesem Thema spürbar.
Aber der Ton hat sich gewandelt. War 8,4–6 von leidenschaftlicher Verzweiflung
geprägt – wie tief war das Gottesvolk gesunken! –, so beherrscht nur noch beißen-
der Spott über diesen Irrweg Israels den Abschnitt 10,5–6. Das Stierbild heißt
verächtlich „Kalbszeug"; Bet-El („Gotteshaus") ist zu Bet-Awen („Haus des Frevels") verballhornt wie in 4,15; 5,8 (daran schließt „Höhen des Frevels" V. 8 an);
die Einwohner der Hauptstadt als wesentliche Träger des Staatskults in Bet-El
heißen „sein (des Kalbszeugs) Volk" in bewußtem Kontrast zu „Gottes Volk" (vgl.
8,5f.: „das Kalb Samarias" als Kontrast zu „der Gott Israels"); die Priester in Bet-
El werden mit einem Schimpfwort „Pfaffen (eines Fremdkultes)" genannt. Nein,
Jahwe hat mit dem Treiben am Staatsheiligtum nichts zu tun. Wenn „Trauer"
neben ekstatischem „Jubel" steht, so ist damit zunächst auf die kanaanäische Klage
um den „Tod" Baals in der Zeit sommerlicher Trockenheit (vgl. 7,14) und den
unlöslich darauf bezogenen Jubel über seine „Auferstehung" in der wiedereintre-
tenden Regen- und Erntezeit (vgl. 9,1) angespielt. Aber die ironischen Sätze in
V. 5b und 6a geben „Trauer" und „Jubel" in einem Wortspiel darüber hinaus
einen aktuellen Sinn: Die Trauer des Volkes gilt schon dem Ende des Kalbes, während dessen Pfaffen noch immer jubeln, aber sie „jubeln" (*gîl*) unwissend darüber,
daß die „Pracht" des Stierbildes, sein herrlicher Goldüberzug, dem Bild abgezogen
wird und in die Gefangenschaft wandert (*gālâ*), als auferlegte Tributleistung des
6   assyrischen Großkönigs. (Wenn in V. 6a mit dem Personalpronomen das Stierbild
selber gemeint sein sollte und nicht seine „Pracht", der Goldüberzug, müßte „Tri-

---

[12] Da auch die Begriffe *šāw'* (V. 4) und *'āwæn* (V. 5) in 12,12 begegnen, sollte mit der
Wendung vermutlich eine bewußte Verbindung zwischen beiden Versen geschaffen werden,
so daß sie sich gegenseitig interpretieren.

but" übertragen als Siegestrophäe verstanden werden.) Übrig bleibt ein häßlicher
Holzkern (vgl. 8,6). Um die Wehmut des Propheten hinter seinem Spott zu erspü-
ren, muß man hinter der Rede von der „Schutzsuche beim Kalbszeug" die großen
Psalmworte von der bergenden Schutzsuche „im Zelt Jahwes" (Ps 15,1; 61,5)
hören, hinter der Beschreibung der abtransportierten „Würde", „Pracht" *(kābôd)*
des Kalbes Aussagen des Alten Testaments über Jahwes die ganze Welt erfüllende
„Ehre" und „Herrlichkeit" *(kābôd)*, etwa in Jes 6,3. Vom Kalb erntet Israel aus-
schließlich „Schande"; damit ist der Gegenbegriff zu *kābôd* genannt, der – wie
V. 7–8 erweisen – nicht so sehr subjektive Schmähung als vielmehr objektives „Zu-
Schanden-Werden" bezeichnet (Vgl. 4,7; 9,10f.).

V. 7–8 runden die Einheit ab, indem V. 7 den Gedankengang von V. 3–4 zu Ende   7
führt und V. 8 den Gedankengang von V. 1–2. Wenn zunächst in V. 7 die
„Schande" Israels in der Zerstörung der Hauptstadt und in der Vernichtung des
Königtums aufgewiesen wird, so zeigt sich erneut, wie eng für Hosea Königtum,
Staatskult und Hauptstadt zusammengehören; in V. 5 war ja als „Volk" des Kalbes
die „Einwohnerschaft Samarias" genannt, jetzt heißt der König „Samarias König"[13]. Auf die Lächerlichkeit des Königs als Kopf dieser Trias zielt V. 7b ab. In
einem statischen Bild, das die Ankündigungssätze V. 6 und V. 8 unterbricht, wird
die vermeintliche Vertrauensstütze Israels als Treibholz gezeichnet, fortgerissen von
assyrischen Wassern, die Samaria überschwemmen (vgl. zum Bild Jes 8,7f.; 28,1
u.ö.). Zuletzt trifft das Vernichtungsgeschehen die Höhenheiligtümer, die 4,13   8
näher beschrieb und die wie in 5,3 als Hauptschuld des Gottesvolkes als ganzen
bezeichnet werden, wie das Hoseabuch ja auch mit dem Thema des kanaanisierten
Gottesdienstes beginnt und endet. „Höhen des Frevels" heißen sie in Analogie zu
Bet-Awen, „Haus des Frevels", in V. 5; der gleiche Begriff zeigt die Zusammengehörigkeit beider Schuldherde. Damit wird V. 2 (Zerstörung der Altäre und Malsteine) aufgegriffen und präzisiert[14]. Das Bild von den Dornen und Disteln erinnert
an 9,6 und ruft die dortigen Assoziationen an das Exil wach. Ihr „Wachsen" wird
mit einem Verb beschrieben, das üblicherweise das „Darbringen" von Opfern auf
den Altären bezeichnet; so wird das Ende der Altäre für den Leser sinnfällig dargestellt. Noch einmal wird dann die Reaktion der vom Gericht Betroffenen laut wie
in V. 3. Aber nun kann kein Zweifel mehr bestehen, ob sie hoffnungsvoll oder
verzweifelt gemeint ist: Die von Gott Gerichteten, d.h. aller ihrer vermeintlichen
Zufluchtsstätten Beraubten, sehnen nur noch den Tod herbei (vgl. 9,12.14), und
zwar durch ebenjene Berge, die einst ihre Kultstätten trugen. Ohne Altäre, ohne das
Stierbild von Bet-El und ohne den König wird Israel sich endlich sehen lernen, wie

---

[13] Viele Ausleger deuten diesen Ausdruck trotz des Fehlens jeglicher Parallele auf das
Stierbild (Sellin, Rudolph, Mays u.a.), weil sie den kunstvollen Aufbau des Abschnitts ver-
kennen. Zudem spricht der eindeutige Sinn des Verses 15, der das gleiche Verb gebraucht,
gegen diese Deutung. Wohl aber kann das Bild vom König als Treibholz bewußt gewählt
sein, um Holz zu Holz (das Stierbild ohne Goldüberzug) zu gesellen.
[14] An diese Zusammenstellung von Höhen, Mazzeben (und Ascheren) sowie Stierbild
knüpfen die Kreise, denen wir das DtrG verdanken, an, wenn sie die Könige des Nordreichs
ausnahmslos wegen der „Sünde Jerobeams" verurteilen; vgl. J.Debus, Die Sünde Jerobeams,
1967.

es vor seinem Gott dasteht. Aber dann wird es zu spät sein; dann wird der Tod die einzige Möglichkeit sein, dem Zorn des heiligen Gottes in der Endzeit zu entgehen (Luk 23,30; Offb 6,16 wird Hos 10,8 so zitiert), des Gottes, den Israel so leichtfertig mit höchst zerbrechlichen Glaubensstützen verwechselte.

10,9–15: Vernichtungsschlacht statt Heilsgemeinschaft

9 Seit den Tagen von Gibea hast du gesündigt, Israel;
  dort sind sie stehengeblieben.
  Wird sie nicht [1] Krieg (wie) in Gibea erreichen,
  der Frevler [2] wegen?
10 Da ich vorhabe, sie zu züchtigen [3],
  werden Völker wider sie versammelt,
  sind sie doch verstrickt [4] in ihre doppelte Schuld [5].

11 Dabei war Efraim doch eine gelehrige Jungkuh,
  willig [6] zum Dreschen.
  Als ich an ihrem schönen Nacken vorübergegangen war,
  wollte ich Efraim [*Juda*] zum Pflügen einspannen,
  Jakob sollte für sich eggen:
12 „Säet für euch gemäß rechten Verhaltens,
  erntet gemäß der Hingabe!
  Brecht euch Neuland,
  ist es doch Zeit [7], Jahwe zu suchen,
  auf daß er komme und euch Heil regnen lasse!"
13 (Aber) ihr habt Unrecht gepflügt,
  habt Frevel geerntet,
  habt die Frucht des Betrugs gegessen!

  Weil du auf deine ‚Streitwagen' [5] vertrautest,
  auf die Menge deiner Helden,
14 wird sich Kriegslärm gegen deine Mannen erheben,
  und alle deine Festungen werden verwüstet,
  wie Schalman Bet-Arbeel verwüstete
  am Tag der Schlacht,
  als Mutter samt Kindern zerschmettert wurde:

---

[1] Frage ohne Fragepartikel wie 4,16; 7,13; 13,14.

[2] Zum Aramaismus *'alwâ* vgl. G.R.Driver, JThS 36, 1935, 294.

[3] Imperf. mit *waw* anstelle eines Inf.; vgl. G-K^{28} § 165a (zur Verbalform vgl. ebd. § 71).

[4] Vokalisiere: *bᵉussᵉrām* (Inf.pu.: HAL und Rudolph); vgl. Anm.13 zu 7,12.

[5] S. BHK.

[6] Zum *j*-compaginis beim st.cstr. vgl. G-K^{28} § 90 k.l.

[7] Bei Änderung nur eines Konsonanten ergibt sich die Auffassung von G und T: „Brecht euch Neuland der Erkenntnis, Jahwe zu suchen." Die Aufnahme der sonst nicht belegten Wendung „brecht euch Neuland" ohne Explikation in Jer 4,3 spricht aber für MT.

15 *Ganz Entsprechendes hat euch Bet-El angetan*
   aufgrund eurer übergroßen Bosheit.
   Schon beim Morgengrauen ist gänzlich vernichtet[8]
   der König Israels.

In 10,9—15 sind drei in sich recht unterschiedliche Hoseaworte (V. 9f. 11—13a. 13b—15) zu einer größeren Einheit locker verbunden. Sie beginnt mit der Anrede an Israel und endet mit dem Namen Israel; sonst begegnet Israel nicht. Die drei Hoseaworte sind sämtlich als Gotteswort formuliert (das letzte ist auch als Prophetenrede deutbar), und das erste und dritte sind inhaltlich eng aufeinander bezogen, da sie jeweils verheerenden Krieg als göttliche Strafe für Schuld ankündigen. Das geschieht mit dem geläufigen Stichwort „Krieg" (*milḥāmâ*) auffälligerweise nur hier im Hoseabuch. Dabei enthält das erste Wort einen Geschichtsrückblick, der, 9,15 entsprechend, die Kontinuität der Schuldgeschichte des Gottesvolkes zum Thema hat. So könnte Kap. 10 insgesamt als Parallelkomposition zu 9,10ff. gedacht sein: Jeweils leitet den ersten Teil ein Geschichtsrückblick ein, der den heilvollen Beginn der Geschichte des Gottesvolkes mit dem früh vollzogenen Abfall von Jahwe konfrontiert (9,10 par. 10,1), während ein zweiter Geschichtsrückblick, der die ständig beibehaltene Schuld Israels betont, den zweiten Teil einführt (9,15 par. 10,9). Im übrigen ist 10,9f. darin ungewöhnlich innerhalb von 9,10—11,11, daß ein besonders abscheuliches Vergehen (vgl. 9,9) bis in alle Einzelheiten vom Propheten typologisch ausgedeutet wird; nur die Jakobsgeschichte Hos 12 bietet eine Analogie. Umrahmt von den beiden Kriegsankündigungen stehen im Zentrum von 10,9ff. die Verse 11—13a, in denen Gott klagend beschreibt, was aus dem Gottesvolk nach den guten Anfängen in der Wüste hätte werden können, wenn es seinem Willen gefolgt wäre; das Mahnwort V. 12 hat dabei programmatischen Charakter. Die drei Worte gehören vermutlich in eine Zeit, in der sich nach dem Tod Tiglat-Pilesers III. (727) wieder ein Sicherheitsgefühl ausbreitete und man auf militärische Kraft vertraute (V. 13b), mit Krieg aber nicht rechnete (V. 9b).

10,9—10: Krieg in Gibea. Wie so häufig bei Hosea (4,4—6.7f.; 5,3f. u.ö.) beginnt 9f. die Anklage Gottes mit dringlicher Anrede an Israel als ganzes in der 2.Pers.sg., um dann in eine Schilderung der Taten in Form der 3.Pers.pl. überzuleiten. Das Stichwort „Gibea", das schon in 9,9 fiel, ist in sich mehrdeutig (oft bezog man es auf Saul, dessen Heimatort Gibea war), wird aber durch den Kontext festgelegt[9]; es ruft die Schandtat der Verletzung elementarer Gastfreundschaft an einem reisenden Leviten ins Gedächtnis, die zum Krieg der israelitischen Stämme gegen Benjamin führte (Ri 19—21). Das Gibea-Geschehen, das Ri 19,30 (vgl. 20,6) als analogielos-abscheulich seit Israels Auszug aus Ägypten bezeichnet, wird zum Typos gegenwärtiger Schuld, und zwar in fünffacher Weise. Zum ersten konstatiert der Satz: „Dort sind sie stehengeblieben" die unverändert gleiche Haltung des Gottesvolkes im Bruch des Gottesrechts (deshalb empfiehlt sich die grammatisch mögliche Überset-

---

[8] Vgl. Anm. 8 zu 10,1—8.
[9] Vgl. die ausführliche Begründung bei O. Keel, Wirkmächtige Siegeszeichen im AT, OBO 5, 1974, 13—16.

zung: „Mehr als in den Tagen von Gibea hast du gesündigt", die Rudolph vor-
schlägt, nicht), die 2) notwendig auch wieder zum Krieg (milḥāmâ wie
Ri 20,14.20.23) gegen die Schuldigen führen muß, was auch die erneute Ortsan-
gabe „in Gibea" (d.h. wie damals in Gibea) hervorhebt. Die Erwähnung der „Frevler" (vgl. Ri 19,22; 20,13) als Kriegsgrund zeigt 3) erstmals die Steigerung im
typologischen Vergleich: Damals waren es nur die Bewohner Gibeas, jetzt sind es
alle Israeliten. Dem entspricht genau 4) die Steigerung in den Folgen der Schuld:
Damals waren es Stämme, die gegen den einen Stamm zu Felde zogen ('āsaph nif.Ri
20,11), jetzt sind es Völker, die das schuldige Gesamtvolk strafen ('āsaph pu.).
Schließlich ist 5) die Erwähnung „doppelter Schuld" kaum anders als vom typologischen Gebrauch her verständlich: Die Wiederholung und Beibehaltung der Schuld
von Gibea verdoppelt die Vergehen [10]. Das so aus Gewohnheit unlöslich in Schuld
verstrickte Israel darf sich über die Folgen nicht im unklaren sein. Es wird mit dem
lebendigen Gott konfrontiert, der es zur Rechenschaft zieht (das hebräische Wortspiel zwischen „züchtigen" und „verstrickt sein" verstärkt den Zusammenhang von
Schuld und Folge), und dieser Gott ist der Weltenherrscher, der Völker souverän
einsetzt, um als Erzieher sein Recht-vergessendes Volk zu strafen.

11   10,11–13a: „Brecht euch Neuland!" Der Schuldgeschichte Israels wird im Bericht
von V. 11 die Zeit der ersten Anfänge gegenübergestellt in einem Bild, das grundsätzlich den Vergleichen von 9,10 an die Seite zu stellen ist. Wie dort die unerwar-
teten Trauben in der Wüste und die köstliche Frühfeige, so ruft hier bei der ersten
Begegnung die junge Kuh Gottes Freude hervor, zeichnet sie sich doch (im Gegensatz zur störrischen älteren: 4,16) durch gute Lernfähigkeit sowie durch Kraft
und Willigkeit aus. Im Bild meint Dreschen nicht das Ziehen des schweren Dresch-
schlittens, was schon das Joch voraussetzen würde, sondern das Zertrampeln des
Getreides mit den Hufen, wobei die Kuh auch fressen kann (Dtn 25,4; G.Dalman,
AuS III 104ff.). Diese erste Begegnung wird mit einem gewichtigen traditionsge-
prägten Ausdruck beschrieben: Gottes „Vorübergehen an" ('ābar 'al) ist im Alten
Testament (besonders im Nordreich) Fachausdruck für die Theophanie am Sinai
gewesen, der mit einer Fülle verschiedener Assoziationen verbunden wurde [11]. So ist
es nicht zufällig, daß auch die Deutungen moderner Interpreten weit voneinander
abweichen (vgl. Rudolph z.St.). Aber der Kontext legt den Sinn fest. Die Begegnung
des Bauern mit der kräftigen Jungkuh ist nicht um ihrer selbst willen erzählt, sondern weil sie zu seinem Entschluß führt, die Kuh für wichtigere Aufgaben zu nutzen
und sie dazu ins Joch einzuspannen. Der Vers zielt auf die hohen Erwartungen
Gottes an das junge Tier ab, nicht so sehr wie 9,10 auf die ideale Anfangszeit.
Allerdings ist auch nicht die Last des Joches im Blick; dagegen spricht schon der
Dativ „für sich eggen" – der Nutzen fällt, das Bild durchbrechend, (wie in V. 12)

---

[10] Der junge Jeremia greift wohl diese Vorstellung auf, wenn er von „doppeltem Bösen"
redet, das Israel tut: Es verläßt Jahwe als Quelle lebendigen Wassers, um sich rissige Brunnen zu graben (2,13).

[11] Sie reichen von „vorbeiziehen an" über „verschonen, begnadigen" bis hin zu „offenba-
ren", vgl. Ex 33,19.21; 34,6; 1Kön 19,11 und dazu J.Jeremias, Theophanie, ²1977, 197–
203. Zur Wirkungsgeschichte nach Hosea vgl. bes. Ez 16,6.8 im Kontext.

Jakob zu – und dazu die Wiederaufnahme des Bildes in 11,4. Vielmehr ist der Blick ganz auf die heilvolle Zukunft gerichtet, auf die Brauchbarkeit des Tieres für weitreichende Ziele, im Bild: für die Bestellung des Kulturlands. Es kann als Zugtier für ertragreiche Feldarbeit dienen, zum Aufbrechen des harten Bodens und zum Zerkleinern der Ackerschollen. Ohne Bild kann mit dieser Steigerung wohl nur gemeint sein, daß die guten Erfahrungen Gottes mit Israel in der Wüste (vgl. 2,16; 12,10; 13,5)[12] höchste Hoffnungen für die Zeit der Landgabe wachriefen.

Sie sind in V. 12 als Zitat der Gottesrede am Übergang von der Wüste zum ge- 12 schenkten Land im Imp. pl. formuliert, als ein Mahnwort also, das sich an jeden einzelnen richtet. Das neue, aber verwandte Bild (Ackerbau des Menschen, nicht mehr Arbeit der Kuh) und die intendierte Sache (Lebensgemeinschaft) liegen stärker als in V. 11b ineinander, da die Verben der Tätigkeit des Bauern entstammen, die Objekte aber auf ideale Gemeinschaft zielen. Zu beachten ist, daß zu Beginn von V. 12 Säen und Ernten als *ein* zusammengehöriger Vorgang im Leben des Bauern gesehen sind, der gelingt oder aber nicht gelingt (V. 13), so daß sie nicht wie von vielen Auslegern in Analogie zu weisheitlichen Sprüchen (Spr 22,8; Hi 4,8 u.ö.) im Sinne von Voraussetzung und Folge voneinander getrennt werden dürfen. Vielmehr gilt für Säen und Ernten *ein* Maßstab, der nur in zwei Begriffe zerlegt ist (vgl. die Ausweitung zu sechs Begriffen in 2,21f.), wie auch die Verfehlung des Maßstabs in V. 13a (drei Glieder) zeigt. Die Folge rechten Verhaltens ist erst in Gestalt einer Verheißung der Ankunft Gottes („auf daß er komme ...") am Ende des Verses genannt, die allein darum gewiß ist, weil Gott sie zugesagt hat, nicht aber, weil sie sich aus der Tat von selbst ergibt. Diese Verheißung knüpft auffällig und kühn an Vorstellungen der von kanaanäischem Denken geprägten Willenserklärung des Volkes in 6,3 an. Auch dort war vom Kommen Gottes bzw. von seinem neuen Aufbrechen die Rede, auch dort war das damit verbundene Heil bei gleichem Verb mit der Vorstellung erquickenden Regens verbunden (vgl. auch Jes 45,8). Vermutlich setzt 10,12 damit wie 5,15–6,6 ein Ausbleiben göttlichen Segens in der Zeit des gesprochenen Wortes voraus. Im übrigen aber ist 10,12 als Gegenentwurf zu 6,1–3 gemeint, um das Volk in seiner eigenen Sprache zu gewinnen. Vor dem Mißverständnis eines naturhaften Automatismus, wie Hosea ihn in 6,1–6 dem Volk in seiner Erwartung des Kommens Gottes vorwirft, ist das Mahnwort 10,12 auf dreifache Weise geschützt. Zuerst darin, daß die Verheißung neuen Heils im Bild (Israel muß den Boden beackern, dann wird Jahwe regnen lassen) und in der Begrifflichkeit ($\text{{\d{s}}}\textit{ædæq}$) gebunden ist an die Voraussetzung rechten Verhaltens ($\text{{\d{s}}}^e\textit{dāqâ}$), das der Maßstab des Säens ist[13]. Mit $\text{{\d{s}}}^e\textit{dāqâ}$ ist ein Handeln gekennzeich-

---

[12] Hosea gebraucht bewußt „Jakob" in Parallele zu „Efraim", weil es ihm um die Gesamtheit der Stämme in der Frühzeit geht (vgl. die Jakobstradition in Kap. 12 und dort bes. die Aufforderung Gottes an Jakob V. 7 mit 10,12). Die etwas unglücklich plazierte Aktualisierung „Juda" („ich wollte Efraim einspannen, damit Juda pflüge ...") hebt für judäische Leser nach dem Untergang des Nordreichs hervor, daß auch sie im Wort des Propheten gemeint sind.

[13] „Rechtes Verhalten säen" ist ein weisheitlich geprägter Begriff; vgl. Spr 11,18 und die Opposition „Frevel säen" in Spr 22,8. – Die Folge („auf daß er komme und euch Heil regnen lasse") bildete in der auch möglichen Form der Deutung: „... und euch Gerechtigkeit

net, das sich an der Förderung der Gemeinschaft als Ziel und am Willen Gottes als Grundlage orientiert; der Dativ „euch" drückt aus, daß solches Verhalten Israel zugute kommt (vgl. den ähnlichen Dativ in Überschreitung des Bildes am Ende von V. 11). Der zweite Satz der Mahnung, der Maßstab des „Erntens" (der im genannten Horizont von 5,15–6,6 vom Volk verfehlt wird; vgl. 6,4.6), verdeutlicht, daß mit „rechtem Verhalten" nicht eine abstrakte Norm gemeint ist. Die Fürsorge für Arme und Unterdrückte, der hilfreiche Blick auf Schwache und Bekümmerte und ihre Integration in eine Gemeinschaft, die sich auf diese Weise als intakt erweist, sind als „Hingabe" das eigentliche Kriterium rechten Verhaltens gegenüber den Menschen, aber auch gegenüber Gott (vgl. die Auslegung zu 4,1 und 6,6). Wenn der Prophet schließlich als Abschluß der Imperativreihe den Begriff des Neubruchs, d.h. des Gewinnes neuen Ackerlandes durch Urbarmachung des Bodens, gebraucht, so verbindet er geschickt Landnahmesituation im Bild und aktuellen Aufruf an seine gegenwärtigen Hörer in der Sache: Es geht für sie in dieser Stunde („es ist Zeit") anhand der Maßstäbe des Rechten und der Hingabe um eine völlige Neuorientierung, wie sie nur in lebendigem Kontakt mit Jahwe zu gewinnen ist. Dieser Kontakt wird – wiederum wie in 5,15 – mit einem Begriff des Gottsuchens ausgedrückt, nur daß es jetzt ein spezifisch prophetischer ist; *dāraš 'æt Jhwh*, „Jahwe suchen", „nach Jahwe fragen" ist vornehmlich im Nordreich Fachausdruck (darum steht „Jahwe" in der Gottesrede) für das Aufsuchen des Propheten, um in der Not durch sein vollmächtiges Gebet und durch seine Weitergabe des Gotteswortes den Willen Gottes zu erfahren[14]. So sollen die am Anfang von V. 12 genannten Maßstäbe in aktuellen Entscheidungssituationen vom prophetischen Wort her inhaltlich gefüllt werden, und allein dieser programmatischen Neuorientierung gilt Gottes oben beschriebene Zusage[15]. Die Gründung allen gemeinschaftsfördernden, hilfreichen Handelns im Gottesverhältnis, wie es der Prophet für die jeweilige Gegenwart zu aktualisieren und zu vermitteln vermag, ist für Hosea die Realisierung der Erwählung (V. 11) auf menschlicher Seite, der die Verheißung gilt. – Aber

13 a Jahwe ist längst bitter in seinen Erwartungen enttäuscht worden. V. 13 a läßt das Mahnwort nahtlos in direkte Anklage übergehen, ohne Rückkehr zum Berichtstil von V. 11. Saat, Ernte und Getreidewuchs sind ohne Gottes Maßstäbe, ja im Gegensatz zu ihnen erfolgt. „Unrecht" *(ræša')* bezeichnet als Gegenbegriff zu *ṣᵉdāqâ* ein Verhalten, das heillose, zerstörte Gemeinschaft schafft, „Frevel" (Anspielung an V. 9) ist als Antithese zu „Hingabe" die den Hilfsbedürftigen schädigende Tat,

---

lehre" die Schriftbasis für den Titel des „Lehrers der Gerechtigkeit" in der Gemeinde von Qumran.

[14] Den Vorgang solcher „Jahwe-Befragung" zeigen anschaulich Prophetenerzählungen aus dem Nordreich (etwa 1 Kön 14,1 ff.; 22,5 ff.; 2 Kön 1,2 ff.; 8,8 ff.) und im Jeremiabuch (21,1 ff.; 37,3 ff.; 42,1 ff.); vgl. C. Westermann, KuD 6, 1960, 2–30 = Ges. St. II, 1974, 162–90; J. Jeremias, Kultprophetie und Gerichtsverkündigung in der späten Königszeit Israels, 1970, 140–49.

[15] A. A. Sitompul, Weisheitliche Mahnsprüche und prophetische Mahnrede im AT ..., Diss. Mainz 1967, 132–135 deutet daher zu Recht V. 12b als „Grundmahnung", die die Einzelmahnungen von V. 12a interpretiert. Formal ist V. 12b eine „Mahnung in Aussageform" (ebd.).

„Betrug" (vgl. zu 4,2) als Gegensatz zum „Suchen Jahwes" die Verwerfung Jahwes und seines Propheten im selbstgewählten Baal-Gottesdienst und in emanzipierter Politik. Diese Saat und diese Ernte haben notwendigerweise auch das Gegenteil des verheißenen Heils erbracht. Angedeutet wird dieser Gedanke noch mit dem Bild-Verb „Essen", das auf schon erfolgte Demütigung (733) zurückblickt; ausgeführt aber wird das Gericht Gottes mit Hilfe eines anderen Wortes mit eigener Anklage, so daß die Verse 11—13a für sich ein Fragment bleiben, das des umgebenden Kontextes bedarf.

10,13b—15: Alle Festungen verwüstet. Das im mündlichen Vortrag selbständige   13b
Wort hat im Kontext die Funktion, die Unabwendbarkeit und Grausamkeit des vernichtenden Krieges, von dem die Verse 9f. sprachen, zu beschreiben. Es beginnt allerdings mit neuer Anklage, die sich im Unterschied zu V. 12—13a an Israel als Einheit (2. Pers. sg.) richtet und damit stilistisch an V. 9 anknüpft[16]. Das Gottesvolk hat den Halt seines Lebens, seine Sicherheit und Geborgenheit statt in Gott in militärischer Rüstung und in der Schulung seiner Berufssoldaten gesucht. Damit nennt Hosea an dieser einen Stelle und darum vermutlich in fortgeschrittener historischer Stunde (nach 727) eine neue Weise der Verwerfung Gottes durch Israel und des Bruches des ersten Gebotes, die bei seinem judäischen Zeitgenossen Jesaja eine zentrale Rolle spielt (und dort den Gegensatz zur „Gottessuche" — vgl. V. 12 — bildet: Jes 31,1); das mit dieser speziellen Schuld eng verbundene, theologisch gewichtige Verb „vertrauen auf" (*bātaḥ*), das in seinem genuinen Sinn des Vertrauens auf Jahwe zu den häufigsten Verben der Psalmen gehört, begegnet ebenfalls nur hier im Hoseabuch. Hervorgerufen war die bei Hosea singuläre Anklage (vgl. den   14
Nachtrag in 8,14) wohl durch die Nachricht einer unmittelbar zuvor erfolgten Zerstörung einer mächtigen Stadt unter brutaler Tötung aller Bewohner, die die Hörer Hoseas mit Grauen erfüllte. Wir können weder den angreifenden König sicher ermitteln („Schalman" ist entweder Name des in einer Tributliste Tiglat-Pilesers III. genannten Moabiterkönigs Salamanu oder ungewöhnliche Abkürzung für den Assyrerkönig Salmanassar V.) noch die zerstörte Stadt (Bet-Arbeel wird meist mit dem heutigen ʾirbid im nördlichen Ostjordanland identifiziert[17]; aber für einen Angriff der Moabiter liegt ʾirbid sehr weit entfernt, und über einen Angriff der Assyrer gegen das Ostjordanland haben wir keine Nachrichten). So endet, wer seine Hoffnung auf Berufskrieger und Streitwagen setzt (damals gefährlichste Waffe; zur Schlacht bei Karkar gegen Salmanassar III. 853 stellte Israel mehr als 2000 solcher Wagen) statt auf den Herrn der Geschichte. Dessen „Mannen" (ʿam „Volk" in seiner urtümlichsten Bedeutung) fallen, Frauen und Kinder werden nicht geschont (vgl. 14,1). Dem Geschick des Königs als obersten Feldherrn gilt der letzte   15
Satz; der Übergang von der Anrede zum Bericht versinnbillicht Distanz und definitives Ende. Mit diesem Abschluß wird das Vertrauen auf Waffen als eine Sonder-

---

[16] Nur die Ergänzung eines späteren Judäers in V. 15a geht wieder zum Plural über. Er bezieht den Vergleich mit der Zerstörung von Bet-Arbeel auf die schon erfolgte Zerstörung des Nordreichs, die mit den Stierbildern von Bet-El begründet wird.
[17] Weitere Kandidaten nennt H. Donner, Israel unter den Völkern, VT Suppl. 11, 1964, 166f.

form des Vertrauens auf den König gedeutet. Doch der wird schon ausgeschaltet sein, bevor die Schlacht noch begonnen hat, beim ersten Morgenlicht des „Tages der Schlacht". Als Treibholz hatte der terminologisch deutlich verwandte V. 7 den König gezeichnet; mehr ist er auch hier nicht. Kein Hoffnungsschimmer dringt durch die letzten Verse; über den großen Imperativen im Zentrum des Abschnitts, die Leben weisen wollen, steht für die zuerst angeredete Generation nur noch die Überschrift: vertan! Mit diesem Ernst im Rücken werden sie den Nachgeborenen überliefert.

11,1–11: Die „Reue" des Vaters

1 Als Israel jung war, gewann ich es lieb,
   heraus aus Ägypten rief ich meinen Sohn.
2 ‚Kaum daß ich'[1] sie rief,
   liefen sie schon fort von ‚mir'[1].
   Den Baalen wollten sie opfern,
   den Götterbildern räuchern.
3 Dabei hatte ich doch Efraim laufen gelehrt[2],
   ‚indem ich'[3] sie an ‚meine'[1] Arme nahm;
   aber sie begriffen nicht, daß ich sie heilte.
4 An menschlichen Seilen zog ich sie,
   an Stricken der Liebe.
   Ich behandelte sie wie die,
   die ihnen das Joch hochheben,
   das auf ihren Backen (lastet);
   so neigte ich mich ihm ständig zu,
   um ‚ihm'[4] zu essen zu geben.
5 Zurück muß er ins Land Ägypten,
   ja Assur, der ist sein (wahrer) König,
   weil sie sich weigerten umzukehren.
6 Dann wird das Schwert in seinen Städten wüten
   und wird vernichten und vertilgen
   seine Orakelpriester – aufgrund ihrer Pläne.

7 Aber mein Volk bleibt verstrickt[5] in die Abkehr von mir:
   zum „Hohen"[6] rufen sie;
   ‚der' bringt ‚sie'[7] nie und nimmer hoch.

---

[1] S. BHS.   [2] Ein seltenes Tiph'el (mit Hiph'il-Bedeutung).
[3] L. *'æqqaḥēm* (S, T, V; vgl. G) mit BHK und gegen BHS. Das Imperf. steht für den begleitenden Umstand.
[4] L. *lô* (bzw. das Suff. [*'ôkîl*]ô: Rudolph) mit G. MT ist wohl als Frage ohne Fragepartikel zu verstehen; vgl. zu 10,9.
[5] Zur philologischen Begründung der Übersetzung im Blick auf das Syrische vgl. E. A. Speiser, JBL 44, 1925, 190; vgl. weiter Dtn 28,66 (2 Sam 21,12) und zur Präposition Gispen z. St.   [6] Vgl. Anm. 17 zu 7,16.
[7] Trenne *jiqrā'u* und *hû'* und l. *je'rîmēm* (bzw. *je'rôme'mēm*) mit Nyberg u. a. nach 'A und G.

8 Wie könnte ich dich preisgeben, Efraim,
   dich ausliefern, Israel?
   Wie könnte ich dich preisgeben wie Adma,
   dich zurichten wie Zeboim?
   Mein Herz hat sich in mir umgewandt,
   mit Macht ist meine Reue entbrannt.
9 Ich kann meinen glühenden Zorn nicht vollstrecken,
   kann Efraim nicht wieder verderben:
   denn Gott bin ich, nicht Mensch,
   in deiner Mitte der Heilige:
   Ich lasse Zornesglut nicht aufkommen[8].
10 *Hinter Jahwe werden sie herziehen,*
   der wie ein Löwe brüllt.
   Wenn er brüllt,
   kehren bebend die Söhne aus dem Westen zurück.
11 Bebend kehren sie aus Ägypten zurück wie Vögel,
   wie Tauben aus dem Land Assur.
   Zu ihren Häusern lasse ich sie ‚heimkehren‘[1],
   spricht Jahwe.

Lit.: D. Ritschl, God's Conversion. An Exposition of Hosea 11, Interp 15,1961, 286–303; J. Jeremias, Die Reue Gottes, 1975, 52–59.

-11   Hos 11 ist Abschluß und zugleich Höhepunkt des zweiten Teils des Hoseabuches, der die Kap. 4–11 umfaßt (vgl. o. S. 18 f.). Einzig in 11,8–11 wird innerhalb von Hos 4–11 für einen kurzen Moment Heilsverkündigung laut. Deren Gewicht ist allerdings nicht an Verszahlen meßbar; denn sie schließt den Mittelteil wirkungsvoll ab, wie auch die anderen Teile des Hoseabuches mit Heilsbotschaft beendet werden. Indem Israel erstmals nach Kap. 4 wieder „mein Volk" genannt wird (V. 7; sonst nur im Nachtrag 6,11), rundet sich auch inhaltlich der von Kap. 4 bis 11 reichende Bogen der Verkündigung.

Kap. 11 ist aus zwei Teilen zusammengesetzt, die ausschließlich Gottesrede enthalten, aber einander antithetisch zugeordnet sind. Der erste Teil (V. 1–6) beginnt mit Israels Auszug aus Ägypten und gipfelt in der Ankündigung der Rückkehr Israels *nach* Ägypten (V. 5), der zweite Teil (V. 7–11) führt zu der Ankündigung der Rückkehr Israels *aus* Ägypten (V. 11). Um diesen Gegensatz in aller Schärfe zu erkennen, muß man sich verdeutlichen, daß „Rückkehr nach Ägypten" für Hosea das Ende der Heilsgeschichte und damit das Ende der Wege Gottes mit seinem Volk impliziert, „Rückkehr aus Ägypten" dagegen den totalen Neubeginn ebendieser Wege Gottes. Beide Teile sind von Hosea nicht in einem Atemzug gesprochen, beide wollen aber als schriftliches Wort im Hoseabuch nur noch gemeinsam und aufeinander bezogen ausgelegt werden. Wie gehören sie zusammen? Im Aufbau ist der erste Teil leicht zu bestimmen. Auf eine „geschichtstheologische Anklagerede" (Wolff) in V. 1–4, die die ständige Zurückweisung göttlicher Heilstaten durch den

---

[8] *'îr II* „(zornige) Erregung" wie in Jer 15,8; vgl. Ges.-B. und KBL s. v.; *bô' b*^{e} heißt hier: „geraten in …".

„Sohn" Israel darstellt, folgt mit V. 5 f. die Strafansage des Vaters, die das Ende der
Heilsgeschichte und den Tod durch das Schwert beinhaltet. Merkwürdig adversativ
schließt sich daran die verzweifelte Feststellung in V. 7 an: „Aber mein Volk bleibt
verstrickt in die Abkehr von mir ...". Sie setzt als Kontrast eine nicht ausgespro-
chene, sondern nur zu erschließende Hoffnung Gottes voraus, die bitter enttäuscht
wird. Statt der nun zu erwartenden Verschärfung der Strafe folgt aber entgegen
aller üblichen Logik eine feierliche Erklärung des Vernichtungsverzichts durch Gott
(V. 8 f.), die ihrerseits zur genannten Ankündigung des neuen Anfangs in V. 11
führt. Die Verse 8 f. sind damit deutlich Dreh- und Angelpunkt des Gedankenganges, indem sie genau an der Stelle, an der V. 7 das endgültige Ende jeglicher Hoffnung auf Änderung im Gottesvolk festgestellt hat, das Bekenntnis Gottes offenle-
gen, daß er sein unlöslich in Schuld verstricktes Volk gar nicht vernichten *kann*,
weil sein Erbarmen stärker ist als sein Zorn. Allein dieser „Herzensumsturz" in
Gott (V. 8) führt dazu, daß auf die Revozierung der Heilsgeschichte und die bleibende Unansprechbarkeit und Umkehrunfähigkeit Israels nicht dessen Verwerfung
folgt, sondern der Neubeginn der Heilsgeschichte. Während nun V. 1–6 eine Einheit auch schon in mündlicher Verkündigung gebildet haben kann, setzt die Enttäu-
schung Gottes in V. 7 offensichtlich eine Wirkung der Verkündigung von V. 1–6
auf die Hörer voraus oder sogar eine Wirkung der dort angesagten Ereignisse. Die
Verse 7–11 sind demnach später gesprochen worden als V. 1–6, waren aber
wohl immer auf V. 1–6 bezogen. Am ehesten ist das Verhältnis beider Teile im
mündlichen Stadium so vorzustellen, daß V. 1–6 öffentlich verkündet wurden,
V. 7–11 dagegen später im Kreis der Vertrauten; zu vergleichen ist das Verhältnis
zwischen 9,1–6.7 und 9,8 f. Allerdings ist Kap. 11 zu einer klareren literarischen
Einheit als 9,1–9 gestaltet worden – jegliche Anrede an Israel etwa fehlt vor V. 8 –,
und als solche gehört das Gesamtkapitel deutlich in die theologische Reflexion der
Kreise um Hosea (Wolff). Der Vergleich von 11,6 mit 10,9 f. 13 b–15 läßt eine
zeitliche Nähe des gesprochenen Wortes zu 10,9 ff. (nach 727) vermuten.

1–4   **11,1–6: Gottes Liebe und Israels Undankbarkeit.** Die Verse 1–4 sind geprägt
von ständigem Subjektwechsel zwischen Gottes „Ich" und Israels „sie" (V. 1–2a/
2b; 3a/3b; 4/5), der durch Adversativpartikel und Personalpronomina noch betont
wird. So wird scharf hervorgehoben, wie den zahllosen Erweisen göttlicher Liebe
und Zuneigung auf seiten Israels nur ständige Undankbarkeit gegenüberstand. Im
Unterschied zu 9,10 ist von einer anfänglichen Freude Gottes an Israel in der
Wüste nicht die Rede, sondern alle Aussagen bleiben auf den Kontrast von Gottes
grundloser Güte und Israels unverständlicher Abkehr von Gott konzentriert. Auffallen muß, daß die Bildhaftigkeit der Sprache dem fürsorglichen Handeln Gottes
vorbehalten bleibt, während Israels Schuld ohne bildliche Vermittlung direkt bei
Namen genannt wird.

1   Anders als die bisherigen Geschichtsrückblicke in Kap. 9 f. weist V. 1 auf die
allerersten Anfänge Israels hin und damit auf das Urbekenntnis Israels zur Befreiung aus ägyptischer Unterdrückung als Heilstat, die sein Gottesverhältnis be-
gründete. Bemerkenswert ist, daß Hosea dafür das Bild eines Vater-Sohn-Verhältnisses gebraucht, das an die Stelle des Ehegleichnisses aus Kap. 1–3 tritt. Dieses Bild
begegnet im Alten Testament auffällig seltener als in seiner Umwelt, weil es dort

unlöslich mit Vorstellungen des Pantheons verbunden war; „Vater der Götter" hieß dessen Haupt in Ugarit, Sumer und Ägypten. Im Südreich Juda (und wiederum in Israels Umwelt) war dieses Bild zudem „besetzt" für das Verhältnis Gottes zum König. Aber während bei dieser Verwendung des Bildes die Vollmacht und Verantwortlichkeit des Königs als Sohn zum Ausdruck kommen sollte (Ps 2,7; 2 Sam 7,14), geht es Hosea einzig um die Fürsorge des Vaters für das noch unselbständige kleine Kind (V. 3), um jene innigste Zuneigung, die er nur mit dem Begriff „Liebe" auszudrücken vermag. Indem dieser für damalige, in kanaanäischem Denken verfangene Hörer mehrdeutige Begriff auf das Vater-Sohn-Verhältnis übertragen wird, verliert er alle Assoziationen des Sexuellen (vgl. 2,9.12.14f. u.ö.), alle verborgenen Anspielungen auf kanaanäische Sexualriten (vgl. 4,13f.), bleibt aber dennoch Ausdruck engsten persönlichen Bezuges. Liebe war für Hosea einseitige Tat Jahwes, wie sie sich in der Erwählung Israels zeigte (vgl. in Hoseas Gefolge die deuteronomische Predigt: Dtn 7,8.13; 10,15; 23,6) und sich in der Befreiung Israels aus Ägypten realisierte. So *wurde* Israel „Sohn" in einem Adoptionsakt, war es nicht von Anbeginn an[9]. Der Begriff des „Rufens" schillert; er impliziert sowohl das Herausrufen aus Ägypten als auch die Berufung zum (l^e) Sohn; beides war *ein* Akt und geschah in *einem* Ruf. Aber schon im Akt der Befreiung selber erfolgte der 2 Abfall, noch beim „Ruf" das Weglaufen. Anders als in 9,10 und 10,11 überspringt Hosea um dieser scharfen Antithese willen die Wüstenzeit und sieht die Herausführung aus Ägypten und die Hineinführung in das Kulturland als unlösliche Einheit. Das Weglaufen geschah im Hang zum Opferkult, geradezu in einer angeborenen Opfermentalität – für Hosea die Opposition zum Willen Gottes schlechthin (vgl. zu 6,6 und 8,11f.) –; sie bestimmt den Alltag Israels von Anbeginn bis heute (Imperfekt zum Ausdruck sowohl der Absicht als auch der Dauer) und kann gar nicht Jahwe gelten, sondern nur den Baalen (verächtlicher Plural wie in 2,15) und Bildern (vgl. 8,4), wie insbesondere der negativ geprägte Begriff „Räucheropfer darbringen" verdeutlicht (vgl. zu 2,15 und 4,13). Dieses Verhalten ist um so unver- 3 ständlicher, als der Sohn nach dem „Ruf" keineswegs sich selbst überlassen blieb, sondern vom Vater ständig geführt und in großer Geduld an der väterlichen Hand die ersten Schritte gelehrt wurde (vgl. den ähnlichen Kontrast in 7,15). Hat V. 3 sachlich nun doch nachholend die Wüstenzeit im Blick? M.E. schwerlich. Hosea geht es hier nicht um Einzelereignisse und Einzelperioden, sondern um ständig wiederholte, typische Erfahrungen bzw. auf seiten Israels um Grundeinstellungen. Jedenfalls greift er einerseits das Bild von V. 1–2a wieder auf und bezieht sich auf vielfältiges göttliches Handeln, das dem Abfall Israels vorausliegt, tut das andererseits aber so, daß nun im Plural alle einzelnen Glieder des Gottesvolkes im Blick sind wie schon in V. 2. Wiederum tritt hart neben diese Zeichen göttlicher Liebe

---

[9] Darin unterscheidet sich das Bild grundsätzlich von der Bezeichnung Els als *'ab 'adm* „Vater der Menschheit" in Ugarit, die ihn als Schöpfer ausweist. Vgl. im AT etwa Dtn 32,6; Mal 2,10 und dazu L. Perlitt, Der Vater im AT, in: H. Tellenbach (Hg.), Das Vaterbild in Mythos und Geschichte, 1976, 97–101, und zur jüdischen Exegese im Mittelalter V. Huonder, Israel Sohn Gottes, OBO 6, 1975. Hoseas Gebrauch des Vaternamens für den geschichtlichen Akt der Erwählung hat vor allem auf Jeremia gewirkt: „Ich bin Israel zum Vater geworden, Efraim ist mein Erstgeborener" (31,9; vgl. 31,20; 3,4f.19f.22).

das rätselhafte Gebaren Israels, wie in V. 2 unter Verlassen des Bildes: Unverständiger als das Vieh, das weiß, wem es sein Futter verdankt (Jes 1,3), begreift Israel nicht, wer es gerufen und geleitet hat, wer deshalb sein Halt in aller Not ist. Solche (politische) Not impliziert der Begriff „Heilung" (rāphā') in V. 3b (vgl. 5,13; 6,1; 7,1), der hier vermutlich um des Wortspiels mit „Efraim" willen gewählt ist. Er zeigt zugleich, daß Hosea von der Vergangenheit nur um der Gegenwart willen spricht. Das Weglaufen des mühsam großgezogenen Kindes vom Vater ist ebenso widernatürlich und selbstmörderisch wie das Weglaufen des Kranken vom Arzt. Ebendies aber tut Israel, weil es den alleinigen Helfer (13,4) mit geschichtslosen

4   Naturmächten und stummen Bildern verwechselt (V. 2). – Nach der kurzen Anspielung auf Jahwe als Arzt gebraucht V. 4 das noch einmal andere Bild des Bauern, das sich eng mit 10,11 berührt; es zielt ab auf die gütige, verständnisvolle Erziehung Israels durch Gott. Er hat das junge Rind Israel, wie kein irdischer Bauer es tun würde, für die Arbeit auf dem Feld zugerichtet[10]. Es waren nicht Wunden und Striemen scheuernde Seile, sondern „menschliche Seile" und „Stricke der Liebe", mit denen er es lenkte: „menschliche", insofern alle notwendige Züchtigung milde war (vgl. 2Sam 7,14 für das Vater-Sohn-Verhältnis)[11], „Stricke der Liebe", insofern alle Erziehung nur dem einen Ziel diente, Israel zum Heil zu führen und es in ungeteilter Liebe und Hingabe an sich zu binden. Alles Anlernen des Tieres war von steter Fürsorge des Bauern begleitet; er befreite das Tier vom Joch, damit es leichter fressen konnte – das Joch verbindet das Rind mit einem zweiten Tier und erschwert sein Bücken und Kauen (daher die Erwähnung der Kinnbacken; vgl. G. Dalman, AuS II 99f.). Das Futter wurde ihm nicht hingeworfen, sondern in freundlicher Zuneigung dargereicht.

5a.6a   Abrupt und ohne Begründungspartikel schließt sich an V. 4 die Strafankündigung an[12], ohne daß die Zurückweisung der Güte Gottes noch einmal erzählt würde. Gott hat alles an seinem Volk getan, was denkbar war, ohne etwas bei ihm zu erreichen. Der Singular für Israel in der letzten Verszeile von V. 4 („so neigte ich mich ihm zu …") hat den Singular vorbereitet, der in V. 5 („zurück muß er …") als Kontrast zu V. 1 steht. Jahwe verfügt „Rückkehr" in ebenjenes Ägypten, aus

---

[10] Manche Ausleger (van Hoonacker, Sellin, Buber, zuletzt Wolff und Mays) wollen das Bild auf der Ebene des Vater-Sohn-Verhältnisses belassen und lesen ohne Unterstützung in den alten Textzeugen im Mittelteil 'ûl „Säugling" für 'ol „Joch". Aber ein Vers wie Jes 5,18 zeigt, wie sehr das Verb („ziehen") und die Substantive („Stricke" / „Seile") für den Hebräer sogleich den von Kühen gezogenen Bauernwagen assoziieren.

[11] Originell, aber auch sehr kühn ist die jüngste Deutung dieser „(Seile) von Menschen" auf Mose bzw. die Propheten durch E. Zenger (Fs J. Schreiner, 1982, 194). Von der Theologie Hoseas her (6,5; 9,7–9; 12,11. 14) läßt sie sich gut vertreten.

[12] Die gelegentlich (Wolff, Donner, Mays, Willi-Plein) vertretene Ansicht, V. 5f. beschrieben gegenwärtige Schuld und deren Folgen, hält näherer Nachprüfung nicht stand. Ich habe die Gegenargumente andernorts gesammelt (Die Reue Gottes 53 Anm. 21; Fs H. W. Wolff, 1981, 226–229). Wesentlich ist, daß „Rückkehr nach Ägypten" bei Hosea nur im Gerichtswort erscheint (8,13; 9,3), daß 7,15f. in vielen Einzelheiten Kap. 11 (V. 3. 5. 7) parallel laufen, daß 11,11 als Konsequenz von 11,8f. den Strafcharakter von V. 5 voraussetzt, daß schließlich bei einer Anklage Ägypten und Assur („aber Assur, der ist sein König", Wolff) in eine Opposition zueinander geraten wie nie sonst bei Hosea.

dem er einst das junge Israel herausgerufen hatte; er macht den Ruf rückgängig, durch den Israel überhaupt erst „Sohn" geworden war. Damit endet Gottes Heilsgeschichte mit Israel (vgl. 8,13; 9,3–6; auch 7,16), Sohnschaft und Erwählung sind aufgehoben (vgl. 1,9). Schärfer ist „das Ende für mein Volk Israel", wie Amos es in seinen Visionen nennt (8,2), nicht auszudrücken. Alle näheren Erläuterungen verblassen hinter dieser Grundaussage. Dazu gehört, daß das neue „Ägypten" in Hoseas Zeit Assyrien heißt; diesem Assyrien hat Jahwe als seinem Gerichtswerkzeug die Macht über Israel gegeben – als Nebengedanke klingt an, daß der König Israels, dem noch immer Hoffnungen gelten (13,9), eine lächerliche, machtlose Figur ist (vgl. 10,7). Allerdings ist zu vermuten, daß Hosea „Ägypten" nicht nur allgemein als Chiffre für Unterdrückung nennt, sondern auch wie in 9,3.6 als reales Land, in das man vor den Assyrern zu fliehen gedenkt, um doch nur einen schmachvollen Tod in der Gottesferne zu sterben. Zu den Erläuterungen gehört ferner, daß sich die Verwerfung Israels in grausamem Kriegsgeschick vollzieht, beim „Tanzen" und „Wirbeln" (ḥûl) des unersättlichen Schwertes (vgl. 10,14; 14,1).

1½ Jahrhunderte später, im Juda der Exilszeit, hat man das Schwert besonders auf die Orakelpriester bezogen, wie man sie im Exil in Babylon kennenlernte (bad IV; vgl. Jes 44,25; Jer 50,36 und HAL s.v.), weil Hosea oft Priester als Hauptschuldige nennt (Hos 4,4ff.; 10,5), und man hat wie am Ende von 10,6 (vgl. Anm. 7 zu 10,6) in der Terminologie der Schule Jesajas die selbstherrlichen „Pläne" der Politiker als erneuten Schuldherd genannt. Wichtiger ist die Kommentierung in V. 5b. In einer Zeit, in der erweckliche sog. „deuteronomistische" Kreise zur Umkehr als letzter Rettungsmöglichkeit riefen, hat man das harte Gerichtswort Hoseas mit fehlender Umkehrwilligkeit (statt Undankbarkeit wie in V. 1–4) begründet. Man hat dazu ein – Hosea selber kongeniales – Wortspiel genutzt: „Rückkehr" (šûb) nach Ägypten – wegen fehlender „Umkehr" (šûb) zu Jahwe. Freilich unterbricht die Erläuterung, die schon im Numeruswechsel (5b.6b Plural „sie") sowohl gegenüber V. 5a als auch V. 6a (je Singular „er") erkennbar ist, die Strafansage 5a.6a durch erneute Anklage. Wichtiger noch ist, daß sie V. 7 als Wendepunkt des Gedankenganges thematisch vorgreift, aber in charakteristischer Abwandlung; V. 5b spricht von Umkehr-Unwilligkeit, V. 7 viel schärfer von Umkehr-Unfähigkeit [13].

11,7–11: Willensumsturz in Gott. Das harte Gerichtswort, das bei Hosea – besonders in Kap. 8–10 – viele Parallelen hat, erhält mit V. 7ff. eine singuläre Fortsetzung. Verzweifelte göttliche Klage wird wieder laut wie in Kap. 2 und Kap. 4–7, Israel wird wieder „mein Volk" genannt wie sonst nur noch am Anfang von Kap. 4 (V. 6.8.12; in Zusätzen Späterer noch: 2,3.25; 6,11), ja Jahwe spricht in feierlicher Strafverzichtserklärung seine Unfähigkeit zur Verwerfung Israels aus (V. 8f.) und verheißt erneute Rückkehr aus Ägypten (V. 11). Warum? Israel hat sich nicht gewandelt (V. 7), wohl aber – Gott selber (V. 8f.)! Nach meinem subjektiven Urteil stellen diese Worte den theologischen Höhepunkt der Verkündigung Hoseas dar. Sie öffnen dem Kreis der Vertrauten um Hosea die Augen für die Frage, ob mit dem – notwendigen – Gericht Gottes das absolute Ende da ist, ob also mit der Revozierung der Geschichte des Gottesvolkes, die Gott um der Schuldverfallenheit Israels willen verfügt, auch das Ende der Geschichte überhaupt gesetzt ist; oder an-

5b.6b

7–11

---

[13] Weitere Gründe für den Nachtragscharakter von V. 5b habe ich in dem zuvor genannten Aufsatz S. 229 genannt.

ders ausgedrückt: ob Gott als zornig Vernichtender seine eigenen Heilstaten mitvernichtet und damit aufhört, Gott zu sein, weil er kein Gegenüber mehr hat. Hatte das mit Hos 11 verwandte Kap. 2 die Hoffnung auf ein Heil nach dem Gericht mit Israels neuer Einsicht (2,8 f.) oder einfach mit dem Neubeginn der Heilsgeschichte begründet, die nun zum Ziel führen würde (2,16 f.), so verlagert Hos 11,7–11 dieses Heil ganz in Gottes eigenes Herz hinein.

7 Der Anfang von V. 7 scheint mit seinem adversativen „aber mein Volk" schon auf die ergebnislos gebliebene Verkündigung der Worte in V. 1–6 zurückzublicken. Auch die Ansage der Vernichtung bzw. der Rückführung in die Unterdrückung und Gottesferne hat Israel ebensowenig getroffen wie schon zur Zeit des großen Festes (9,1 ff.). Klagend steht Gott vor so viel Undank (V. 1 f.), Unverstand (V. 3) und nun Verstocktheit. Wieder wird deutlich, daß für Hosea die harten Gerichtsworte, die er im Namen Gottes auszusprechen hat, noch immer auf Einsicht des Volkes aus sind, noch immer von Gottes Hoffnung begleitet sind, nicht strafen zu müssen (vgl. 6,5). V. 7 scheint alle derartige Hoffnung endgültig zu widerlegen, obwohl sie in der Bezeichnung „mein Volk", die äußerste Nähe und Mitleid ausdrückt (vgl. im Kontrast 1,9), noch indirekt spürbar ist. Israel ist verstrickt (wörtlich: „aufgehängt", „gefesselt"; vgl. unser: „ein Herz hängt an etwas ...") in seine Abkehr von Gott, seinem Vater (V. 1. 3 a), Arzt (V. 3 b) und gütigen Erzieher (V. 4). Nur so ist die bleibende Hinwendung zum machtlosen Baal (dem „Hohen", d.h. Erhabenen, der doch niemand „hochbringt") in seinen vielen Erscheinungsformen verständlich (vgl. die ähnliche Gegenüberstellung in 7,15 f.). Zu ihm „ruft" man in Not (vgl. 7,14) – vor des lebendigen Gottes „Ruf" lief Israel fort (V. 1 f.). So zeigt sich Verstocktheit. Was in der Frühzeit Hoseas „Geist der Unzucht" (4,12; 5,4) hieß, um die widersinnige, selbstmörderische Abweisung Gottes zu bezeichnen, heißt jetzt abstrakter m^{e}šûbâ, „Abkehrwilligkeit", „Abtrünnigkeit" und „Umkehrunfähigkeit" in einem [14]. Ein Wandel ist ausgeschlossen, der Untergang unaufhaltsam.

8 f. Doch an die Stelle eines nun zu erwartenden abschließenden Gerichtswortes tritt überraschend die feierliche göttliche Erklärung des Strafverzichts [15]. Nach der langen, in V. 7 gipfelnden Anklage vor einem fiktiven Gerichtshof wendet sich der Richter dem Angeklagten selber zu, um ihm die eigene Unfähigkeit zur Ausführung der gut begründeten Strafe anzusagen. Dies geschieht in der ungewöhnlichen Form einer Selbstanklage („Wie" ist Klagepartikel und läßt erwarten: „Wie konnte ich nur ..."), die, in den Potentialis umformuliert, zur „Selbstverwarnung" (Wolff) wird („Wie könnte ich ...!" vgl. etwa Gen 39,9; 44,34), um jede Möglichkeit des beklagten Handelns schon im Ansatz auszuschließen. Angesichts der unlöslichen Schuldverstricktheit und Verstocktheit Israels (V. 7) könnte die Strafe im Zuge des in V. 6 beschriebenen Kriegsgeschehens nur in der Totalvernichtung bestehen,

---

[14] Ausgeschlossen ist die Wiedergabe „Umkehr" durch W. Rudolph, der auch selber zugeben muß, daß das Wort „sonst nur in der negativen Bedeutung ‚Abkehr' belegt ist" (S. 211). Nur unter schweren Eingriffen in den Text erhält R. aus V.7 den gesuchten Sinn der „Bemühung des Volkes um Umkehr".

[15] Die schon sprachlich problematische Deutung von V. 8 f. als Gerichtswort (Wellhausen, Marti, Nowack, Nyberg) ist häufig widerlegt worden und wird meines Wissens von keinem Exegeten heute mehr vertreten.

analog der Vernichtung von Adma und Zeboim, zwei Städten am Toten Meer, die
das Geschick Sodoms und Gomorrhas teilten[16]. Ebendas aber ist dem Vater, der
den Sohn liebgewann und sich an ihn band, unmöglich. Zur Erläuterung dessen
wagt es Hosea vor seinen Schülern, Gott im Kampf mit sich selber zu beschreiben,
in einem Kampf, an dem Israel sozusagen unbeteiligt ist und der doch über Leben
und Tod Israels entscheidet. Es ist ein Kampf in Gottes „Herz" (wie stets im Alten
Testament ist das Herz nicht Sitz des Gefühls, sondern der Willens- und Entschei-
dungsbildung). Zwei leidenschaftlich „brennende" Kräfte ringen in Gott; sie sind
nicht nur grundverschieden, sondern einander genau entgegengesetzt. Die eine ist
Gottes Zorn als die primäre Reaktion in Gott, die sogleich und nahezu mechanisch
aufflammt, wo immer menschliche Schuld geschieht (5,10; 8,5). Sie drängt unaufhaltsam auf die Tat hin: auf Vernichtung Israels, auf Revozierung der Erwählung
(in V. 9a meint „wieder verderben" ein solches Rückgängigmachen der Anfänge;
vgl. 2,11). Menschlicherseits gibt es gegen diese verheerende Kraft in Gott keinen
Schutz. (Hiob bittet Gott, er möge ihn vor seinem eigenen Zorn verbergen, Hi
14,13ff.; er drückt damit aus, daß nur Gott vor seinem Zorn schützen kann.) Aber
nun „entbrennt" eine zweite Kraft in Gott, sein *niḥûmîm* (V. 8 Ende: Abstraktplural vom Intensivstamm *niḥam,* „sich [einen Plan] leid sein lassen", zum Ausdruck
gesteigerter Energie), seine „Reue", wie man zumeist im Gefolge von G und V übersetzt. Das ist keine selbständig für sich in Gott existierende Macht, sondern eine
reine Gegenkraft gegen seinen Zorn, die auflodert, um ihn zu unterbinden, um
Israel vor der Vernichtung zu bewahren (V. 9a). Sie ist stärker als Gottes Zorn und
führt dazu, daß Gottes Herz „umstürzt". Das hier verwendete Verb bezeichnet
üblicherweise das „Umstürzen" von Häusern und Städten und wird häufig gerade
im Zusammenhang mit Sodom und Gomorrha (bzw. Adma und Zeboim) gebraucht (*hpk* ni.; vgl. Gen 19,21.25.29; Dtn 29,22; Am 4,11 u.ö.). Es geschieht
also, wie nach der langen Anklage zu erwarten, ein „Umsturz", aber nicht der
befürchtete Umsturz Israels im Sinne totaler Vernichtung, sondern ein Umsturz in
Gottes Herz, der zum Willenswandel in Gott führt. Die Kraft in Gott, die durch ihr
„Entbrennen" diesen Wandel herbeiführt, ist mit der Übersetzung „Reue" insofern
nicht ganz glücklich bezeichnet, als dieser Begriff im Deutschen ein „Bereuen", ein
Widerrufen einer Absicht aus besserer Einsicht impliziert; die Verse 1–7 haben aber
zur Genüge gezeigt, wie berechtigt, ja notwendig die Vernichtung Israels ist. Noch
weniger trifft allerdings die oft gewählte Übersetzung „Mitleid", weil sie verdeckt,
daß der hebräische Begriff einen Willenswandel beschreibt, die Rücknahme einer
zuvor gehegten Absicht. Ich habe andernorts den von J.Hempel (Festschrift
H.W.Hertzberg, 1965, 56ff.) eingeführten Begriff der „Selbstbeherrschung" Gottes
aufgegriffen (Die Reue Gottes 46), um zu verdeutlichen, daß eine Kraft gemeint ist,
die Gottes Zorn am Vernichten hindert und ihn besiegt, *obwohl* dieser Zorn nur
allzu begründet ist. Diese Selbstbeherrschung Gottes ist in Israels Verhalten ganz
und gar nicht begründet (V. 7!), sondern nur in Gott selber, der sein schon verlorenes Volk nicht preiszugeben vermag. Es ist im Blick auf Israel Gottes Rettungswille,

---

[16] Vgl. Dtn 29,22; Gen 10,19; 14,2.8. Nach der apokryphen Schrift Weisheit Salomos
(10,6) bildeten die genannten vier Städte zusammen mit Zoar eine Pentapolis.

die letzte Möglichkeit Gottes, seine Menschen trotz übergroßer Schuld noch zu verschonen[17]. So schreitet Gott gegen sich selbst ein; in letzter Stunde fällt er dem eigenen Gerichtswillen in den Arm.

Was in V.8b–9a als dramatischer Kampf zweier auflodernder Kräfte in Gott beschrieben wird, ist für Hosea jedoch kein einmaliges Kampfgeschehen mit unsicherem Ausgang, sondern zutiefst in Gottes eigenem Wesen begründet. Der Kampf ist grundsätzlicher Art, der Sieg des Rettungswillens ein für allemal gewiß. Das sagen die abschließenden Nominalsätze, die Statisches, Bleibendes, stets Gültiges ausdrücken. Jahwe kann Israel nicht vernichten, weil er Gott ist. Der eigentliche Abstand Gottes zum Menschen besteht für Hosea nicht in unnahbarer Erhabenheit, sondern im Sieg über seinen gerechten Zorn, in seinem Willen, die des Todes Schuldigen vor dem Untergang zu bewahren. Für diese Selbstbeherrschung Gottes versagen alle Analogien menschlichen Denkens und Handelns. Bis in welche Tiefe Hosea diese Differenz durchdacht hat, zeigt die Tatsache, daß er es wagt, die Prädikation Jahwes als des Heiligen für seinen Rettungswillen in Anspruch zu nehmen. „Heilig" ist Gott nach der Tradition als Weltenkönig, vor dessen Glanz selbst die Himmlischen sich schützen müssen (Jes 6,1–3), der Unreinheit und Unrecht nicht zu ertragen vermag (vgl. das häufige „denn ich bin heilig" als Gehorsamsmotivation in Lev 17ff.), vor dem niemand bestehen kann (1 Sam 6,20 u.ö.) usw.; „heilig" ist Gott hier als der Verschonende, der noch die ihm Treulosen liebt und der zugleich seinem Volk so nah wie möglich ist: „in deiner Mitte" (ein Begriff der Erwählungstheologie; vgl. Dtn 6,15; 7,21 u.ö. sowie Jesajas Gottesprädikation „der Heilige Israels" und zum Gegensatz dessen: Hos 5,6.15; 9,12).

Der abschließende V. 11 verläßt die leidenschaftliche Anrede von V. 8f. und   11 kehrt zum Berichtstil von V. 1–7 zurück. Er nennt die Folgen des Willenswandels im Heiligen zugunsten Israels und bindet V. 8–9 fest in den Kontext von Kap. 11 ein. Zugleich ist er deutlich im Kontrast zu V. 5 formuliert. Aber er hebt das Gerichtswort von V. 5(f.) nicht auf; es bleibt in Kraft: Israel muß wieder unter fremde Oberherrschaft ins fremde Land ziehen – sei es nach Ägypten oder nach Assyrien – wie zu Beginn seiner Existenz. Die bisherige Geschichte Jahwes mit seinem Volk, durch Israels Halsstarrigkeit eine einzige Geschichte zurückgewiesener göttlicher Güte, wird aufgehoben. Aber die Revozierung der Heilsgeschichte bedeutet nicht Israels Untergang, nicht das Ende seiner Geschichte, sondern den Neubeginn einer Geschichte, in der Jahwe mit seinem Volk endlich zum Ziel kommt (vgl. 2,16f.). Noch einmal schafft Jahwe einen befreienden Exodus. Beim zweiten Exodus aber führt er ein Volk heim, das von seiner Abtrünnigkeit (V. 7) geheilt ist, wie es später heißt (14,5), jetzt aber nur im Begriff des „Bebens" angedeutet wird („bebend [zurückkehren]" ist Gegenbegriff zum Weglaufen von V. 2; vgl. 3,5 und weiter 1 Sam 13,7; 16,4; 21,2 sowie das „Beben" Israels am Sinai: Ex 19,16 und 19,18 G). Das Vogelbild wird primär die Schnelligkeit der Rückkehr verdeutlichen wollen, aber die Erwähnung der Taube mag zugleich eine Antithese zu 7,11 anklingen

---

[17] Im Gefolge Hoseas formuliert Jeremia: „Ist mir denn Efraim ein so teurer Sohn, ist er mein Lieblingskind? So oft ich von ihm rede, muß ich ständig seiner gedenken; darum stürzt ihm mein Innerstes entgegen, ich *muß* mich seiner erbarmen – Spruch Jahwes" (Jer 31,20).

lassen: Jetzt hat die Taube die richtige Orientierung gefunden. Wie dem auch sei, es geht für Hosea beim zweiten Exodus nicht (wie später bei Ezechiel und Deuterojesaja) um Überbietung des ersten – er führt ja vielmehr wie der erste zum erneuten Wohnen im Land (ähnlich Jeremia; vgl. etwa Jer 31,15–17; 32,15) –, sondern um den unbelasteten Neuanfang Gottes mit seinem Volk (vgl. 2,16f.; 12,10). Dieser Neuanfang, der eigentlich durch die von Israel verweigerte Umkehr (V. 5b.7) unmöglich geworden ist, wird nur durch den „Herzensumsturz" in Jahwe, den Sieg seines Verschonungswillens über den Zorn möglich, freilich nicht ohne Gericht, sondern durch das Gericht hindurch.

Ein späterer Judäer hat mit V. 10 Hoseas Heilswort für seine Zeit aktualisiert. Stilistisch hebt sich der Vers schon dadurch vom Kontext ab, daß nur er die Gottesrede von V. 7–9.11 unterbricht und von Gott in 3.Pers. spricht. V. 10b überträgt die Heimkehr unter „Beben" (V. 11) auf Verbannte „im Westen", von denen das Alte Testament erst in nachexilischer Zeit spricht (vgl. Joel 4,6). V. 10b nennt die Verbannten „Söhne" im Anschluß an V. 1, aber in Abänderung des Singulars „Sohn" in den Plural, bildet mit „herziehen hinter Jahwe" eine deutlichere Antithese zu V. 2 („sie liefen fort von mir") als Hosea selber in V. 11, indem er eine Wendung Hoseas aufgreift, die dieser nur anklagend gebraucht („herlaufen hinter jmd." 2,7.15; 5,11), und deutet schließlich das Rufen des Vaters (V. 1) als das unwiderstehliche Brüllen des Löwen im Anschluß an Am 1,2; 3,4.8 (vgl. den ähnlichen Anschluß an Amosworte in den Nachträgen 4,15; 8,14).

Die abschließende Gottesspruchformel, die nur noch in Kap. 2 wiederkehrt, hat vermutlich doppelte Funktion. Zum einen soll sie wohl wie in 2,18.23 die Verläßlichkeit der Heilsankündigung unterstreichen, zum anderen aber markiert sie das Ende einer Sammlung. Denn während die Kapitel 4–11 ein zusammengehöriges Ganzes darstellen, aus dem kein Einzelstück isoliert werden darf, sondern eines auf dem anderen aufbaut, gilt das für Kap. 12 nach 11,8–11 keinesfalls. Im anfänglichen Sinn ist 11,8–11 ein Abschluß, der jetzt nur nicht mehr als solcher erkennbar ist, weil mit Kap. 12–14 ein III. Teil von Hoseaworten folgt.

Teil III: Die letzten Worte (Hos 12–14)

12, 1–15: Jakob, der Betrüger

1 Mit Täuschung hat mich Efraim umzingelt,
mit Betrug das Haus Israel.
Auch Juda ist noch unstet[1] mit Gott,
aber ‚den Kedeschen‘[2] hält es Treue.

2 Efraim pflegt Umgang[3] mit Wind,
jagt allezeit dem Ostwind nach,
vermehrt Lüge und Unterdrückung:
Während sie noch einen Vertrag mit Assur schließen,
wird schon Öl nach Ägypten geliefert.

3 Jahwe hält einen Prozeß *auch* mit *Juda*[4];
er muß[5] Jakob strafen nach seinen Wegen,
nach seinen Taten wird er ihm heimzahlen.

4 (Schon) im Mutterleib hinterging er seinen Bruder,
in seiner Manneskraft gar stritt er gegen Gott:

5 Doch ‚Gott‘ [*ein Engel*][4] erwies sich als Herr; er kam davon,
indem er weinte und ihn anflehte.
In Bet-El wollte er ihn finden,
dort wollte er mit ihm[6] reden:

6 *Jahwe aber ist Gott der Heerscharen,*
Jahwe ist sein Name!

7 „Ja, du darfst mit Hilfe deines Gottes zurückkehren.
Bewahre nur Hingabe und Recht
und harre beständig auf deinen Gott!"

8 Ein(em) Kanaanäer (gleich), in dessen Hand betrügerische Waage ist,
der zu unterdrücken liebt,

9 dachte Efraim: „Wie bin ich reich geworden,
wie habe ich für mich Vermögen gefunden!
An all meinem Erwerb wird man nichts finden,
was schuldhafter Frevel wäre."

---

[1] Zur Bedeutung des Verbs vgl. Nyberg, Studien 92 f.

[2] L. *qᵉdēšîm*.

[3] Vgl. Anm. 2 zu 9,2.

[4] Vgl. die Auslegung.

[5] Zur Konstruktion vgl. Anm. 4 zu 9,13.

[6] Vermutlich ist *'immænnû* zu vokalisieren (de Boer, NedThT 1, 1947, 162 Anm. 2; vgl. M. Dahood, Ugaritic-Hebrew Philology, 1965, 32), das um des Gleichklangs zum vorigen Verb willen das geläufige *'immô* vertritt. Daß die ursprüngliche Lesart von G dem entspricht, hat J. Ziegler, Duodecim Prophetae 130, gezeigt.

10 Aber ich bin Jahwe, dein Gott,
vom Land Ägypten her:
Ich lasse dich nochmals in Zelten wohnen
wie an den Tagen der Begegnung.

11 Ich habe (immer neu) zu den Propheten geredet,
ich war es, der viele Gesichte gab,
durch die Propheten bildete ich (Künftiges) ab[7].

12 Wenn (schon) Gilead abgöttisch war und sie zunichte wurden:
In Gilgal opferten sie (dennoch) Stiere;
so sollen auch ihre Altäre wie Steinhaufen
an den Furchen der Ackerflur werden!

13 Jakob aber floh ins Aramäergebiet.
Israel diente um ein Weib,
ja, um ein Weib hütete er.

14 Aber durch einen Propheten führte Jahwe
Israel aus Ägypten herauf;
ja, durch einen Propheten wurde es behütet.

15 Bittere Kränkung hat Efraim (Gott) zugefügt.
So lädt ihm sein Herr seine Blutschuld auf,
zahlt ihm seine Schmähung heim.

Lit.: M.Gertner, An Attempt at an Interpretation of Hosea XII, VT 10, 1960, 272–284; H.Utzschneider, Hosea 186–230.

Während die Kap. 4–11 als Einheit verstanden werden wollen, in der ein Teilstück das vorhergehende voraussetzt, beginnt und endet Kap. 12, als stünde Kap. 11 (bes. 11,8–11) nicht im Hoseabuch. Da in Hos 12 zudem eine andere Weise literarischer Verbindung einzelner Worte vorliegt als in 4–11, ist Hos 12 mit hoher Wahrscheinlichkeit als Einleitung einer separaten dritten Sammlung von Hoseaworten neben Hos 1–3 und 4–11 anzusehen, die im großen Heilswort Hos 14 gipfelt (H.W.Wolff).

Hos 12 ist das wohl schwierigste Kapitel des Hoseabuches, aber auch eines seiner theologisch bedeutsamsten. Schwierig ist es vor allem darum, weil die einzelnen Aussagen des Kapitels durch eine Fülle von Stichworten und indirekten Anspielungen so miteinander verknüpft sind, daß sie einen immer neuen Sinn gewinnen, je nachdem mit welchem anderen Vers in Verbindung sie gelesen werden. Um ein beliebiges Beispiel zu nennen: Das Substantiv 'wn ('ôn bzw. 'āwæn) wird in V. 4 im Sinne von „Manneskraft" gebraucht, in V. 9 im Sinne von „Reichtum" (vgl. V. 9b 'wn = „Frevel"), in V. 12 im Sinne von „abgöttischer Kult". Aussagen, die beim ersten Lesen eindeutig erscheinen, gewinnen vom Kontext her eine hohe Zahl sehr unterschiedlicher Nuancen, schillern bewußt, weil sie sehr vieles in einem Atemzug aussagen wollen. Jede Übersetzung und Auslegung bleibt notgedrungen

---

[7] Die Vokalisation des MT deutet zu Recht auf *dmh* I im Unterschied zu 4,5f.; 10,7.15 (*dmh* III); vgl. zur Bedeutung A.R.Johnson, The Cultic Prophet in Ancient Israel, ²1962, 42f.

hinter dem Text weiter zurück als bei den anderen Kapiteln. Man hat diese scheinbar spielerischen Sinnverschiebungen im Text zu Recht mit einem Begriff der Exegese des nachbiblischen Judentums als „Midrasch" bezeichnet[8]. Sie belegen, wie
intensiv der Kreis der Vertrauten um Hosea mit den Worten Hoseas beschäftigt
war, wie er mit ihnen ständig umging, um ihnen von neuen Erfahrungen und von
späteren Worten Hoseas her immer neue Inhalte abzugewinnen.

Das Kapitel ist in seiner komplexen Struktur eine Einheit, die aber erkennbar
allmählich gewachsen ist. Relativ leicht sind vier judäische Aktualisierungen und
Neudeutungen abzuheben (V. 1 b. 2 aγ. 3 a. 6). Im Rest des Kapitels bilden offensichtlich die Verse, die von Jakob handeln, den Kern. Sie sind aber jetzt weit von einander getrennt (V. 3–5 + 7 und V. 13 f.), obwohl sie stilistisch deutlich aufeinander
bezogen sind – nur diese Verse sind vom Erzählstil (Perf. + Imperf. consec.) geprägt – und obwohl sie auch inhaltlich zusammengehören; man vergleiche die
doppelte Antithese „hüte das Recht" / Jakob aber „hütet um ein Weib" (V. 7.13) und
„er hütet um ein Weib" / Israel wird „durch einen Propheten behütet" in V. 13.14
(jeweils aufgrund des Verbes šāmar „hüten, bewahren"). Im gegenwärtigen Kontext bildet aber nicht V. 13 die Antithese zu V. 7 („hüte das Recht"), sondern V. 8 f.
(Thema: Betrug, Reichtum, Überheblichkeit), und diese Antithese wird mit einer
göttlichen Ankündigung abgeschlossen, die Gericht und Heil zugleich beinhaltet
(V. 10). Der späteren Antithese in den Jakob-Versen 13 f. („um ein Weib hüten" /
„vom Propheten behütet werden", d. h. Sexualriten / prophetische Führung) ist
ebenfalls eine neue Antithese als ihr Deutehorizont vorangestellt worden (V. 11 f.:
Prophetenwort/frevelhafter Kult); beide letztgenannten Antithesen, im Verhältnis
zueinander chiastisch geordnet, führen zum abschließenden Gerichtswort V. 15.
Somit haben die Tradenten aus Hoseas Jakobswort mit Hilfe anderer Hoseaworte
(V. 8–10. 11 f. 15) eine zweigipflige Prophetenrede gebildet. Ihr erster Gipfel liegt im
Heilswort V. 10, ihr zweiter im Gerichtswort V. 15. Sie besagen zusammen, daß
Gott auch schwere Schuld zu tilgen gewillt ist (V. 10: Rückführung Israels in die
Wüste und neuer Anfang wie in 2,16 f.; vgl. auch die Annahme des rebellischen
Jakob in V. 5), daß Gottes Vergebung aber dort unmöglich ist, wo Israel die Propheten ablehnt, die es als Gottes Boten ständig mit seinem Willen und seinem Heil
konfrontieren (V. 11–14). So führen Hoseas Tradenten die Botschaft Hoseas in
engster Anlehnung an ihn selber (vgl. 6,5) weiter, wie ihre Verkündigung ihrerseits
im Exil von Kreisen aufgegriffen wird, die am Deuteronomium geschult waren und
ansagen: Für die in der Katastrophe, beim Untergang Jerusalems Bewahrten ist
noch einmal eine Rettungsmöglichkeit gegeben, wenn sie jetzt auf das Prophetenwort hören und zu Gott „umkehren"; erst der erneute Ungehorsam gegen die Propheten und die Verweigerung der Umkehr machen die Verwerfung endgültig[9].

Schließlich haben die Tradenten das Jakobswort Hoseas kunstvoll doppelt gerahmt. Einen inneren Rahmen bietet die Einleitung des Jakobswortes in V. 3, deren

---

[8] M. Gertner, a. a. O.; vgl. den vorzüglichen Aufsatz von I. L. Seeligmann, Voraussetzungen der Midraschexegese, VT Suppl. 1, 1953, 150–81.
[9] Vgl. für das dtr Geschichtswerk H. W. Wolff, ZAW 73, 1961, 171 ff. = Ges. St. 308 ff.,
sowie für die dtr Worte im Jeremiabuch J. Jeremias, Die Reue Gottes, 1975, 75 ff.

Ende von V. 15b wieder aufgenommen wird. Sie führt die Abschlußsammlung der spätesten Hoseaworte betont in Analogie zur Mittelsammlung Kap. 4–11 ein; nur in 4,1 und in 12,3 begegnet das Substantiv „Prozeß" (*rîb*) bei Hosea. Ein äußerer Rahmen entstand durch Voranstellung eines weiteren Einzelwortes Hoseas (V. 1f.); sein Anfang (V. 1a) weist auf V. 15a voraus, indem er die im folgenden genannte Schuld Israels nicht als Verletzung von Normen deutet, sondern als „Betrug" (gleicher Terminus in V. 8) an Gott wie in V. 15a als persönliche „Kränkung" Gottes. Im Jakobswort wird dieses Thema besonders in V. 4b (Streit gegen Gott) aufgegriffen.

12,1–2: Betrug in der Politik. Die mehrstufige Überlieferungsgeschichte des 1 Kapitels wird sogleich in V. 1f. sichtbar. Zugrunde liegt den beiden Versen ein Einzelwort Hoseas in der Gottesrede[10] (V. 3ff. enthalten – mit Ausnahme von V. 7 und V. 10f. – Prophetenrede!) gegen die Außenpolitik des Nordreichs. Im Kontext von Hos 12 aber gewinnt V. 1a Überschriftcharakter: „Täuschung" und „Betrug" gegenüber Jahwe meinen nicht mehr nur Vertrauen auf und Hilfesuche bei den Weltmächten (V. 2), sondern auch Unterdrückung der Mitmenschen im Handel (V. 8f.), trügerischen Baalkult (V. 12.14) und dazu all jene Nuancen des Verrats, auf die die Jakobserzählung in V. 4f. anspielt. Eine solche Ausweitung von V. 1a lag um so näher, als Hosea hier nicht den König und die Beamten für die Politik Israels verantwortlich macht, sondern die ganze Bewohnerschaft des Nordreichs bzw. die Sippenhäupter als deren Repräsentanten (vgl. 5,1 zur Wendung „Haus Israel"). Außerdem gebraucht Hosea das Substantiv *kaḥaš* („Täuschung, Betrug") für sehr verschiedenartige Vergehen gegen Gott (7,3; 10,13; vgl. 4,2).

Die judäischen Trägerkreise der Botschaft Hoseas sind in ihrer Aktualisierung des Prophetenwortes für ihre Zeit dann diesen Weg konsequent weitergegangen und haben Einzelvorwürfe dem Eingangswort selber zugefügt: Unbeständigkeit gegenüber Gott (vgl. zum Verb Jer 2,31) aufgrund der Beibehaltung geweihter Prostituierter beiderlei Geschlechts (V. 1b)[11], lügnerische Übervorteilung und Unterdrückung des Nächsten im Alltag (V. 2a Ende). Die Überlieferungsgeschichte des Wortes zeigt, wie die Schulung am Hoseawort den frühen und späten Tradenten ein waches Gewissen bescherte, analog zu Hosea immer neu verborgene Weisen des „Betrugs" an Gott aufzudecken.

Hosea selber hatte in diesem Wort zunächst einen einzelnen Sachverhalt im 2 Blick: die Sucht nach immer neuen Verträgen und das damit verbundene haltlose Schwanken Israels in der Außenpolitik. Hilfesuche bei den Weltmächten ist nach Hosea für das Gottesvolk schon in sich Haschen nach Wind, d.h. nach verfliegendem Nichtigem (vgl. 5,12ff.: Assur kann nicht „heilen"), und zugleich Haschen nach Ostwind, d.h. nach dem alles versengenden heißen Glutwind der Wüste, dem

---

[10] H. W. Wolff deutet V. 1 als Prophetenrede (Betrug am Propheten). Für die mündliche Rede ist das denkbar, für den schriftlichen Kontext des Kapitels m.E. nicht (vgl. bes. V. 15a).

[11] Sie besaßen in Jerusalem Wohnungen im Tempelbezirk (2 Kön 23,7; vgl. 1 Kön 14,24; 15,12; 22,47). M. Gertner (a.a.O. 283, Anm. 3) vermutet eine Anspielung an Gen 38 (Judas Umgang mit Tamar als Dirne). Allerdings ist zu beachten, daß V. 1b unsicher überliefert ist und eine Fülle verschiedener Deutungen gefunden hat. Sein Nachtragscharakter zeigt sich unabhängig davon schon stilistisch im Durchbrechen der Gottesrede.

Schirokko (Bild für Assur; vgl. 13,15 und weiter 8,7: Wer Wind sät, erntet Sturm). Verwerfung Jahwes (V. 1) geschieht also nicht zugunsten einer anderen Macht, sondern zugunsten des ohnmächtig Sinnlosen, das zugleich ins Verderben führt. Spätestens dort müßte Israel das merken, wo es auch in der Außenpolitik vertragsbrüchig wird (vgl. 6,7; 10,4) und von einem „Wind" zum nächsten läuft, kaum mit der einen Weltmacht paktiert hat und schon zur anderen Öl als Huldigungsgabe bringt (Verb wie in 10,6), durch die ihre Oberhoheit über Israel in symbolischer Handlung anerkannt wird[12]. Klagend steht Gott vor so viel selbstzerstörerischer Verblendung. Angespielt ist wohl einerseits auf Hosea ben Elas Unterwerfung unter Assur 732, andererseits auf seine Verhandlungen mit Ägypten nach dem Tod von Tiglat-Pileser III. (727; vgl. 2 Kön 17,3 f.).

3   **12,3–7: Jakobs Kampf gegen Gott.** Auch das bekannte Jakobswort Hoseas (V. 4 ff.) ist nach dem Fall des Nordreichs auf Juda bezogen worden, und zwar unter Tilgung eines älteren „Israel" (und der Zufügung eines „auch") in V. 3 a, wie sich aus V. 4 zwingend ergibt. Diese Aktualisierung bot sich insofern von selbst an, als Hosea mit dem Namen „Jakob" das im Ahnherrn verkörperte vorstaatliche Gottesvolk bezeichnete, das alle Stämme umschloß. In seinem älteren Stadium geht V. 3 auf die Tradenten Hoseas zurück und dient einem doppelten Zweck. Zum einen schlägt er mit den beiden parallelen Stichen von V. 3 b einen Bogen hinüber zum Abschluß in V. 15 b, wobei Formulierungen von 4,9 aufgegriffen und abgewandelt werden; V. 3 und V. 15 bilden damit einen kunstvollen Rahmen um den Hauptteil des Kapitels. Zum anderen aber leitet V. 3 a das Folgende programmatisch mit dem Stichwort „Prozeß (*rîb*) Jahwes" ein, wie es sonst nur 4,1 tut; und wie 4,1 als Überschrift zu Kap. 4–11 im ganzen gedacht ist, so auch analog V. 3 zu

4   Kap. 12–14 im ganzen. – Von Anbeginn an aber müssen in Hoseas Jakobswort der Name „Jakob" und parallel zu ihm der Name „Israel" genannt gewesen sein. Denn auf sie nimmt die Namensdeutung in V. 4 Bezug (*'āqab* „hintergehen", *śārâ* „streiten"), die das innerste Wesen Jakob-Israels enthüllen wollen, das für den Menschen des Alten Orients im Namen verborgen liegt. Beide volksetymologischen Namensdeutungen[13] waren Hosea schon vorgegeben, hatten in der Tradition aber eine völlig andere Intention als bei dem Propheten. Die Interpretation des Jakob-Namens kombiniert zwei verschiedene Namensdeutungen der Vätererzählungen. Die eine (Gen 25,26) begründet Jakobs spätere Überlegenheit über Esau damit, daß er ihn schon bei der Geburt „an der Ferse" (*'āqēb*) packte; die andere (27,36) spricht von Jakobs „Betrug" (*'āqab*) an Esau (= Edom) beim Gewinn des väterlichen Segens. Beide Stellen schillern, insofern sie Segen und Überlegenheit Jakobs mit Handlungsweisen verbinden, die weltklug-listig, zugleich aber auch fragwürdig sind; beide Stellen lassen die Kritik an Jakob freilich deutlich in den Hintergrund

---

[12] Belege bei E. Kutsch, Salbung als Rechtsakt, 1963, 66–69. Unwahrscheinlicher ist die Deutung auf einen formellen Abschluß eines Vasallitätsvertrages durch D. J. McCarthy, VT 14, 1964, 215–21; ähnlich K. Deller, Bib. 46, 1965, 349–52.

[13] Die Grundbedeutung beider westsemitischer Namen ist nicht mehr mit letzter Sicherheit auszumachen. Jakob ist wahrscheinlich Kurzform für *Jahqub-ila* in Obermesopotamien: „Gott möge (dem Kind) gewogen sein"; vgl. etwa M. Noth, Aufs. zur bibl. Landes- und Altertumskunde 2, 1971, 225.

treten (in 27,36 redet Esau vom „Betrug", nicht der Erzähler). Ihre Kombination
(„schon im Mutterleib betrog er ...") läßt einen eindeutigen Schuldaufweis entstehen: Jakob ist verdorben – noch bevor er geboren ist (vgl. die Wirkungsgeschichte
in Jer 9,3 und Mal 3,6). Analoges gilt für die Deutung des Israel-Namens. Nach
Gen 32,23 ff. hinterließ der „Gottesstreiter" Jakob als Gesegneter und neu Benann-
ter das nächtliche Schlachtfeld am Jabbok, wenngleich hinkend und gezeichnet. In
Hos 12,4 kann der zweite Satz nur als Steigerung des ersten verstanden werden:
Der Betrüger von Geburt an legt sich als Mann sogar mit Gott an; dem Bruderbetrug folgt die Rebellion gegen Gott. Für Hosea sind alle positiven Züge der alten
Erzählungen über die zwielichtige Jakobsgestalt verbannt. Jakob ist so grundlegend
verdorben wie seine Nachfahren, die vor dem Propheten stehen, und umgekehrt
gilt: Die Schuld des gegenwärtigen Volkes läßt sich nicht mehr als zufällig-vermeid-
bares Unglück deuten; sie ist schon im Erzvater, der als „heros eponymos" das
spätere Volk verkörpert und dessen Taten mit den Taten dieses Volks identisch
sind, sichtbar und hat sich seit seinen Tagen kontinuierlich durchgehalten, ja vermehrt. Älteste Vergangenheit und Gegenwart Israels fließen untrennbar ineinander
und durchdringen sich.

Wie Hosea Jakobs Kampf mit Gott am Jabbok (Gen 32,23 ff.) im einzelnen 5
versteht, ist deshalb unklar und umstritten, weil das Subjekt der ersten beiden
Verben in der knappen Schilderung unbestimmt bleibt und das erste Verb zudem
mehrdeutig ist. Sicher ist dagegen, daß Jakob Subjekt des Weinens und Flehens in
V. 5 a ist (freie Deutung von Gen 32,27b.30), während Gott Subjekt des „Findens"
(d.h. Erwählens; vgl. 9,10) und des Redens in V. 5b ist. Alle Wahrscheinlichkeit
spricht zunächst dafür, daß die massoretische Vokalisation im Recht ist und das
erste Verb in V. 5 von śrh „streiten" (V. 4) zu unterscheiden ist, da eine andere
Präposition als in V. 4 (und Gen 32,29) verwendet wird. Dann bleiben śûr = sûr
(wie in 9,12) „weichen" und śrr „sich als Herr erweisen". Das erste Verb hätte den
Vorteil, daß man Jakob durchweg als Subjekt verstehen könnte: „Er wich aus auf
einen Engel und hielt durch, indem er weinte und ihn anflehte", aber weder gibt
Jakobs (bzw. nach W.Rudolph: Gottes) „Ausweichen auf einen Engel" einen eini-
germaßen plausiblen Sinn, noch wird der von Hosea beabsichtigten zweiten Deu-
tung des Israel-Namens in V. 5a Genüge getan. So bleibt der Lösungsvorschlag von
Nyberg, Gertner und Wolff der bei weitem wahrscheinlichste, wajjāśar ʾēl (statt
MT: ʾæl) zu lesen: „Aber Gott erwies sich als Herr". Damit ist für Hosea der
Israel-Name hinsichtlich seiner zweiten Komponente gedeutet: Gott bleibt der Herr
– auch wenn Jakob vermessen gegen ihn aufbegehrt (erste Namensdeutung in
V. 4b). Erst Spätere hätten dann den Engel eingeführt, um nicht von einem direkten
Gegenüber von Gott und Jakob reden zu müssen[14]. Im Unterschied zu den genann-
ten Autoren bin ich allerdings der Überzeugung, daß schon das folgende Verb – wie
in Gen 32,29 – auf Jakob zu beziehen ist; nur so wird der Wechsel zum Perfekt in

---

[14] Vgl. zur näheren Begründung Gertner, a.a.O. 277f. 281; W.L.Holladay, VT 16,
1966, 55f. und Wolff z.St. Aquila und Theodotion kennen den Engel in V. 5 nicht; ersterer
sprach allerdings schon in V. 4 vom Engel. Vulgata und Targum sind den Weg konsequent
zu Ende gegangen und nennen den Engel in V. 4 und V. 5.

bākâ („er weinte") wirklich verständlich [15]. Hosea deutet den Gotteskampf Jakobs am Jabbok so, daß Jakob, der Betrüger, nur darum am Leben blieb, weil er Gott um Gunst anflehte und weil Gott mit Jakob Großes vorhatte. Beide Aussagen sind freilich ungleich mehr als Reminiszenzen an lang Vergangenes: Das – erfolgreiche – Flehen Jakobs, das ihm das Leben rettet, tritt in Kontrast zu den verfehlten baalistischen Notklagen des gegenwärtigen Israel (vgl. 8,2; 7,14; auch 6,1–3); die Absicht Gottes mit Jakob in Bet-El – hier als Ort des Erwählens Gottes nicht wie sonst bei Hosea zu Bet-Awen entstellt – tritt in Kontrast zur gegenwärtigen Verehrung des „Kalbszeugs" (10,5) in Bet-Awen, „Haus des Frevels" (4,15; 5,8; 10,5).

6   Im alten Text folgte die Gottesrede V. 7 unmittelbar auf ihre Ankündigung in V. 5. V. 6 bietet zwischenhinein eine Hymnenformel, die Jahwes Machtfülle preist und ähnlich in Einschüben des Jeremia- und des Amosbuches begegnet [16]. An unserer Stelle lobt die das Prophetenwort hörende Gemeinde mit der Formel die unverdiente Begnadigung und Erwählung des besiegten rebellischen Jakob (V. 5) und zugleich die gültige Wahrheit des an Jakob ergehenden Gotteswortes (V. 7). Denn sie weiß, daß niemand anders als sie selber „Jakob" ist. So bezeugt der Vers vermutlich die Verlesung des Hoseawortes im Gottesdienst des nachexilischen Juda; er hat zugleich die aktualisierende Veränderung des ursprünglichen „dort redete er mit ihm" (G, S) in „dort redete er mit uns" im hebräischen Text von V. 5 Ende (durch Umvokalisation der Konsonanten) nach sich gezogen.

7   Die (wie in 10,12) in Gestalt eines Zitates angeführte Mahnrede Jahwes an Jakob in V. 7 zeigt, wie sehr Hosea mit der Jakobserzählung auf seine eigene Generation abzielt. Aber nicht die Imperative stehen am Anfang, sondern die Zusage Gottes, die zugleich erhörende Antwort auf das Weinen und Flehen Jakobs ist. Für das Volk ist Bet-El als Ort des Reichsheiligtums Unterpfand seines Anspruches auf das Land und seinen Wohlstand; für Hosea ist es der Ort, an dem Jakob-Israel die Möglichkeit neuen Lebens eröffnet wird. Die Verheißung der Rückkehr aus dem Aramäergebiet, die an Jakob nach der Nacht von Bet-El erging (Gen 28,15.21), wird als gnadenvolles Angebot zur Rückkehr des Rebellen zu Gott gedeutet, zur Rückkehr, wie sie nicht in Jakobs eigenen Möglichkeiten liegt, sondern wie sie nur im Beistand Gottes (Präposition *bᵉ* wie in V. 13f.) gelingen kann. Jakob bleibt nicht nur am Leben (V. 5), sondern wird trotz Rebellion neu von Gott angenommen. Freilich erhofft Gott sich aus der Annahme des verschonten Rebellen ein neues Gottesverhältnis Jakobs, das in Imperativen ausgedrückt wird. „Beständig"

---

[15] Asyndetischer perf. Verbalsatz zur Bezeichnung eines Umstands; vgl. etwa G-K[28] § 156d und BrSynt § 139a. Der gegenwärtige hebräische Text ist demnach vermutlich so zu verstehen: „Er (Jakob) erwies sich als Herr über den Engel und kam durch, indem er weinte und ihn anflehte"; ähnlich de Boer, NedThT 1, 1947, 161ff. und Bentzen, VT 1, 1951, 58f. – Aus der Fülle sonst nicht zitierter neuerer Literatur zu den Jakob-Versen seien genannt: E. Jacob, Fs W. Vischer, 1960, 83–87; H. L. Ginsberg, JBL 80, 1961, 339–347; P. R. Ackroyd, VT 13, 1963, 245–259; E. M. Good, VT 16, 1966, 137–151; R. B. Coote, VT 21, 1971, 389–402; L. Ruppert, Bib. 52, 1971, 488–504; F. Diedrich, Die Anspielungen auf die Jakob-Tradition in Hosea 12,1–13,3, 1977; R. Vuilleumier, RHPhR 59, 1979, 491–498; L. M. Eslinger, JSOT 18, 1980, 91–99.

[16] Zu Parallelen und ursprünglicher Funktion vgl. einerseits F. Crüsemann, Studien zur Formgeschichte von Hymnus und Danklied in Israel, 1969, 95ff., und andererseits J. L. Crenshaw, ZAW 81, 1969, 156ff. Zur Begrifflichkeit von Hos 12,6 vgl. W. Schottroff, „Gedenken" im Alten Orient und im AT, ²1967, 292ff., bes. 296f.

(nicht „flüchtig" wie in 6,4) soll es sein, wie bisher die Verwerfung Gottes „allezeit" (V. 2) geschah. Ausrichten soll es sich an jener Lebensordnung, in der das „Recht" der Gemeinschaft zur Geltung kommt, und zwar in der „Hingabe" aller an die Hilfsbedürftigen und Notleidenden (vgl. 2,21; 4,1; bes. 6,4.6). Die rechte Gottesgemeinschaft, die Hosea sonst mit „Gotteserkenntnis" bezeichnet, ist in den Begriff der „Hingabe" eingeschlossen (vgl. zu 6,6); sie soll sich in einem hoffnungsvoll-erwartenden Rechnen mit „deinem Gott" im Alltag realisieren (vgl. die wortgleiche priesterliche Zusprache von Hoffnung in Ps 27,14 sowie weiter Ps 37,34 und Spr 20,22), eben weil dieser „dein Gott" es ist, der nach V. 7a Jakob „zurückkehren" läßt (vgl. als Kontrast zu solchem Rechnen mit Gott etwa V. 1f. bzw. 5,12–14; 7,11f. u.ö.).

12,8–10: Efraim – zum Kanaanäer geworden. Aber „Jakob" hat die Einladung 8f. ausgeschlagen. Hosea hatte dies sogleich mit V. 13f. aufgewiesen (s.o.), die Tradenten führen hier zum gleichen Zweck zunächst andere Hoseaworte ein, die die unmittelbare Jakobserzählung verlassen. Dabei greifen die Verse 8f. das Thema „Betrug" aus V. 1.4a auf: Die Nachfahren Jakobs hielten sich nicht an „Recht" und „Hingabe", sondern hielten treulich am Bruderbetrug und am Gottesbetrug fest. Sie wurden, kaum ins verheißene Land gekommen, vom kanaanäischen Händlergeist und Geschäftsleben so sehr angesteckt, daß sie die eigene Identität verloren und selbst „Kanaanäer" wurden: im Handel fälschend („Kanaanäer" wird im späteren AT geradezu zur Bezeichnung des Händlers), das Geschick der Mitmenschen dabei rücksichtslos mißachtend, alle Schuld ('āwôn), die solchem unrechten Reichtum ('ôn wie V. 4b) wesenhaft eignet, in einsichtsloser Überheblichkeit leugnend[17]. Profitstreben bestimmt wie den Kult (etwa 9,1f.) so den Alltag. Auf diese Weise stehen mit V. 8f. zerstörte Gemeinschaft und Vertrauen auf (wie auch immer erworbenen) Gewinn dem Recht und dem Harren auf Gott aus V. 7 hart gegenüber. Auch zu V. 5 setzt V. 8f. einen Gegensatz: Gott „findet" Jakob (V. 5); Jakob „findet" Reichtum (V. 9a) und leugnet, daß man bei ihm Schuld „finden" könne (V. 9b).

Jetzt greift Jahwe gebieterisch ein. Nach V. 7 bestimmt ein zweites Mal die Got- 10 tesrede den Gedankengang. Die dem Dekalog-Eingang ähnliche feierliche Selbstvorstellung als "dein Gott vom Land Ägypten her" ist die kürzeste Definition Jahwes im ganzen Alten Testament, die doch im Sinne Hoseas letztlich alles Notwendige über Gott sagt (Näheres bietet die Auslegung zu 13,4, wo sie ein zweites Mal begegnet); sie prädiziert Jahwe als Israels Retter, dem es seine Existenz verdankt (vgl. 11,1), und dient im Kontext zunächst zum Aufweis dessen, wie absurd Vertrauen auf schuldhaften Reichtum statt auf Jahwes Zusage aus V. 7 ist, stärker aber noch zur Einschärfung der Wahrheit und Notwendigkeit der Ankündigung in V. 10b. Der alleinige Herr Israels verfügt, daß sein in kanaanäischen Händlergeist abgesunkenes Volk wieder in die Armut des Zeltlebens in der Wüste zurückkehrt. In dieser

---

[17] Dabei nennt der Prophet mit den Wendungen „betrügerische Waage" und „Unterdrückkung" bewußt Beispiele, deren Verbot einem jeden aus Rechts- wie Weisheitssätzen geläufig war (vgl. etwa Lev 19,13.36; Dtn 24,14; 25,13 bzw. Spr 11,1; 14,31; 20,23; 22,16 etc.).

Ansage liegen Gericht (vgl. 2,11–15) und Heil (vgl. 2,16f.) zugleich verborgen. Die Wüstenexistenz beendet Israels Kanaanäerleben im Wohlstand und ist insofern Strafe für den kontinuierlichen Abfall seit der Landnahme. Aber die Rückführung in die Wüste bedeutet nicht nur wie das „Zurück nach Ägypten" (8,13; 9,3; 11,5) die Revozierung der Heilsgeschichte, sondern sie ist zugleich ein neuer Beginn Jahwes mit Israel (vgl. das Wortspiel zwischen *tāšûb* „du darfst zurückkehren" V. 7 und *'ôšîb°kā* „ich lasse dich wohnen" V. 10), eine neue Möglichkeit der „Begegnung" wie in der idealen Zeit des Anfangs (vgl. 9,10; 10,11)[18]. Die Geschichte mit Israel im Kulturland tilgt Jahwe, weil sie von Israel pervertiert wurde; aber er tut es, um die Geschichte mit seinem Volk wieder dort beginnen zu lassen, wo sie anfing.

11f.   **12,11–15: Kultische oder prophetische Existenz.** V. 10 klingt wie ein Abschluß, erweist sich vom Ende des Kapitels her aber nur als Zwischenstation der Gedankenführung. Für das Verständnis der schwierigen folgenden Verse ist die Beobachtung entscheidend, daß sie zwei parallel verlaufende Antithesen bieten, die jeweils Israels Kult dem prophetischen Wort entgegensetzen. Sie sind chiastisch geordnet (Prophetie V. 11 – Altäre V. 12 – Sexualkult V. 13 – Prophetie V. 14), und die erste Antithese (V. 11f.) dient als vorangestellte Deutung der zweiten, die zur Jakobserzählung zurückführt. Da als Abschluß ein hartes Gerichtswort erscheint (V. 15), können V. 11–15 im Kontext nur so gedeutet werden, daß Israel nicht nur das Mahnwort von V. 7, sondern auch die Ankündigung eines Heils durch das Gericht hindurch (V. 10) von sich gewiesen hat. Erst damit werden Gericht und Untergang für es endgültig (V. 15). Denn das Angebot Jahwes an das längst rebellische und dennoch begnadete (V. 4f.), das nochmals angeredete und wieder ungehorsame (V. 7–9) Volk ergeht und erging (Imperf. neben Perf.) durch viele Propheten und auf vielerlei Weise (Hebr 1,1): in Wort („reden" wie in V. 5b), Gesicht und Vorabbildung der Zukunft in symbolischer Handlung. So lagen Gottes Wille und sein Plan mit Israel klar wie die Sonne (vgl. 6,5 zum Wirken der Propheten) vor allen. Aber statt an diesen Willen hielt man sich weiterhin an den Opferkult[19], der wie in 6,5f.; 8,11–13 als der genaue Gegensatz zum Willen Gottes erscheint und für den hier Gilgal (um des Wortspiels mit *gal* „Steinhaufen" willen) als Repräsentant steht. Ja, man fuhr damit selbst dann fort, als die bekannte und schon einmal erwähnte Verdorbenheit Gileads (vgl. 6,8; hier in V. 12 muß der Kult der Stadt gemeint sein) bereits ihre verdiente Strafe durch Tiglat-Pileser III. 733 erfahren hatte und das Geschick aller Altäre vorzeichnete: Geröllhaufen zu werden, wie sie der Bauer beim Sammeln der Steine auf dem Acker errichtet (vgl. 10,4 und 10,8).

13f.   Ein wenig hart schließt im gegenwärtigen Kontext die zweite Antithese an, die im Jakobswort Hoseas ursprünglich direkt auf V. 7 gefolgt war (s.o.). Sie ist voller

---

[18] Der Begriff *mô°ed* „Begegnung" (vgl. das „Zelt der Begegnung" in den Texten der Wüstenzeit im Pentateuch) wird wahrscheinlich zugleich wie in 2,13; 9,5 in der Bedeutung „Fest" gemeint sein und dann auf das Herbstfest weisen, bei dem man zur Erinnerung an die Wüstenzeit in Laubhütten wohnte. Die Wendung „wie in den Tagen …" weist allerdings bei Hosea sonst auf die Frühzeit; vgl. 2,5.17; 9,9 und Wolff z.St.

[19] Sollte ein bes. Ton auf die Darbringung von *Stieren* fallen, die mit einem eher ungewöhnlichen Begriff bezeichnet werden? Das vermutet D. Grimm, ZAW 85, 1973, 339–47.

verborgener, kaum auszulotender Anspielungen. Auch in ihr geht es um die Verwerfung der Propheten als Träger des Gotteswillens. Nur steht jetzt die Schuld voran: Jakob-Israel „floh" – nicht etwa vor Esau oder Laban wie in der Genesis, sondern vor Gott und seiner Forderung nach Bewahrung (*šāmar*) von „Recht" und „Hingabe" in V. 7. Damit schlug er nicht nur das Angebot der „Rückkehr" zu Gott aus, sondern entfernte sich vielmehr noch immer weiter von Gott. Die doppelte Betonung des Dienens und „Hütens" (*šāmar*) „um ein Weib" spielt nicht auf Jakobs Liebe an wie in Gen 29, sondern verdeutlicht, daß für Hosea die „Flucht" in Befolgung der Sexualriten im Kult (vgl. 4,13f.) bestand. Das gleiche Verb *šāmar* „hüten" steht auch in 4,10, wo es heißt, daß Israel „die Unzucht gehütet", d.h. „ihr die Treue gehalten" habe. „Jakob" als Ahnherr eines dem kanaanäischen Wesen verfallenen Israel – welche Freiheit des Propheten im Umgang mit der ehrwürdigen Vätertradition!

Dem zweimaligen „um (*bᵉ*) ein Weib" entspricht im Gotteshandeln das doppelte „durch (*bᵉ*) einen Propheten". So „hütet" Jakob (V.13), dem Gott das „Hüten" von Recht anempfahl (V.7), und *so wurde* Israel von Gott „*behütet*": in Befreiung aus Knechtschaft (und in Schutz in der Wüste [vgl. *šāmar* in Ex 23,20] bzw. in Verkündigung des Gotteswillens; vgl. Ex 20,18–21)! Darauf beruht Israels Existenz. Israel aber will sich selber die Maßstäbe des Glücks und des Lebens setzen, will selber sein Handeln bestimmen, wo doch in der ständigen Vergegenwärtigung der grundlegenden Heilstat Jahwes, im Trauen auf Gott als seinen alleinigen Helfer und im Hören auf seinen lebensspendenden Willen Israels „prophetischer" Weg bestanden hätte, der in die Freiheit Gottes führt. Aber um der Verlockung kanaanäischer Kultriten und kanaanäischen Handelsreichtums willen gibt es leichtfertig Gottes Willen preis und damit, wie es jüngst E. Zenger (Festschrift J. Schreiner, 1982, 192) formuliert hat, seine „Exodus-Identität" – um auf solcher „Flucht" vor Gott wieder „Diener", Abhängiger zu werden! Oder, um es mit dem Stichwort „Ägypten" auszudrücken: Jahwe ist „dein Gott vom Land Ägypten her" (V. 10); „durch einen Propheten führte er Israel aus Ägypten herauf" (V. 14); Israel aber geht den umgekehrten Weg und „liefert Öl nach Ägypten" (V. 2).

Mit dem Propheten, der Israel aus ägyptischer Bedrückung befreit und es (durch Kundgabe des Gotteswillens?) „behütet" hat, ist natürlich Mose gemeint. Wenn ihn Hosea hier (erstmalig) wie in seinem Gefolge die deuteronomischen Prediger (Dtn 18,15f.) explizit einen Propheten nennt, so nimmt er damit programmatisch die Traditionen der Frühzeit Israels als „prophetische" in Anspruch, d.h. als vom Propheten bewahrte und legitim ausgelegte Traditionen, und sieht sich selber in der *successio mosaica*, der Nachfolge des Mose, aber auch in seiner Autorität stehen. Für Hosea zeugen die mosaischen Traditionen ausnahmslos gegen das zeitgenössische Israel. Verwerfung des aktuellen Prophetenwortes (V. 11) und Verwerfung der göttlichen Heilsgeschichte samt dem Gotteswillen aus der Frühzeit (V. 14) liegen unlöslich ineinander.

Das abschließende Strafurteil setzt den Schlußpunkt unter Gottes Mühen um sein 15 Volk. Noch nicht das betrügerische und gegen Gott rebellische Jakob-Israel (V. 4–5a) wird nach Hosea verworfen, sondern erst das begnadete und neu angeredete (V. 5b.7), das diese Begnadigung und damit Gottes Geschichte mit seinem Volk zugunsten des kanaanäischen Kultes verstößt (V. 13 f.). Die Tradenten fügen unter Aufnahme weiterer Hoseaworte noch einen Schritt hinzu: Auch das nach der Begnadigung erneut ungehorsame Israel, das lieber dem unrecht erworbenen Reichtum lebt als dem Recht und dem Hoffen auf Gott (V. 7.8 f.), ist noch nicht verworfen – Gott eröffnet ihm unter Tilgung der Schuldgeschichte eine neue Heilsgeschichte (V. 10). Erst die Abweisung des prophetischen Wortes, das die Schuld Israels aufdeckt und mit Gottes heilvollem (!) Willen konfrontiert, und das beharrliche Festhalten am sündigen selbstgewählten Gottesdienst (V. 11–14) machen die Verwerfung endgültig.

Von hier aus ist es nicht zu verwundern, daß ein besonders persönlich gefärbtes Gotteswort das Kapitel so abschließt, wie es begonnen hatte. „Betrug" an Gott (V. 1 a), „bittere Kränkung"[20] und „Schmähung" Gottes (V. 15) ereignen sich im Abweisen seines *Heils* zugunsten von trügerischen Sicherungen in der Außenpolitik (V. 2), von Reichtum mittels Unterdrückung (V. 8 f.) und von selbstbefriedigendem Gottesdienst (V. 12 f.). Was der Verstoßene und Geschmähte verfügt, ist keine von außen kommende Strafe, sondern Entzug des Heils, d. h. Auswirkenlassen der Schuld (vgl. V. 3): Als todeswürdige „Blutschuld" (vgl. zu 4, 2) führt sie in den Tod (vgl. die kultrechtliche Formel in Lev 20, 9–27 „ihre Blutschuld bleibt auf ihnen"), als „Schmähung Gottes" in die „Schmach" des Untergangs.

In mancherlei Hinsicht läuft Hos 12 auffällig parallel zu Kap. 11; ich nenne nur das Wichtigste: Beide Kapitel kennen keine anfängliche ideale Anfangszeit des Gottesvolkes in der Wüste (9, 10; 10, 11 u. ö.), sondern verschärfen die Schuld Israels bis zum Extrem, indem sie sie als Undankbarkeit von allem Anfang an beschreiben (11, 2) bzw. als Bruderbetrug, den der das Volk verkörpernde Ahnherr schon im Mutterleib beging. Illusionsloser kann das Gottesvolk nicht mehr betrachtet werden. In anderer Hinsicht erscheint Hos 12 als die theologische Kehrseite von Hos 11. Argumentierte Hos 11 von Gott aus – er *kann* sein Volk gar nicht aufgeben, mag es noch so unverständlich undankbar und verstockt gegenüber seinen Heilserweisen sein –, so Hos 12 von Israel aus: Es gibt eine Grenze der Verschonung vor dem Gericht, die dort liegt, wo ein durch und durch schuldiges Israel, das unbegreiflicherweise dennoch von Gott immer wieder angenommen wird, diese Annahme von sich weist. Konkret heißt das für Hosea: Die Grenze liegt in der grundsätzlichen Abweisung des prophetischen Wortes; das Neue Testament präzisiert: in der grundsätzlichen Abweisung des Wortes, das Fleisch wurde.

13, 1–14, 1: Schuld, die in den Tod führt

1 Sooft Efraim redete, (entstand) Schrecken[1];
   ‚überragend'[2] war er in Israel.
   Da verschuldete er sich mit dem Baal und starb.

---

[20] Im Gefolge Hoseas ein häufig bei Jeremia, im Dtn und im DtrG begegnender Begriff.
[1] Im AT begegnet *rᵉtēt* nur hier; seine Bedeutung ist aber durch das Aram. und Syr. sowie bes. durch 1 QH IV 33 gesichert.   [2] S. BHS.

2 Nicht genug damit, sie fuhren fort zu sündigen:
  Sie fertigten sich ein Gußbild,
  aus ihrem Silber Götterbilder nach eigenem Geschmack[3],
  durch und durch Handwerkerarbeit.
  „Ihnen", fordern sie auf, „„opfert‘!" [4]
  Menschen küssen Kälber!

3 *Darum sollen sie sein wie Morgengewölk,*
  wie Tau, der früh verschwindet,
  wie Spreu, die von der Tenne verweht[2],
  wie Rauch aus der Luke.

4 Ich aber bin Jahwe, dein Gott,
  vom Land Ägypten her:
  Einen Gott neben mir kennst du nicht,
  einen Retter außer mir gibt es nicht.

5 Ich war es, der dich in der Wüste ‚weiden ließ‘[5],
  im ausgedorrten Land.

6 Je mehr sie weideten, desto satter wurden sie;
  satt geworden, erhob sich ihr Herz;
  so vergaßen sie mich.

7 Da wurde ich ihnen zum Löwen,
  wie ein Panther lauere ich am Weg auf;

8 ich falle sie an wie eine Bärin, die der Jungen beraubt ist,
  und zerreiße den Verschluß ihres Herzens;
  da ‚werden sie die Hunde‘[2] fressen,
  wilde Tiere sie in Stücke reißen.

9 Wenn ‚ich‘[6] dich vernichte, Israel,
  ‚wer‘[7] kann dir dann helfen?

10 Wo[8] ist denn nun dein König,
   daß er dich rette in all deinen Städten,
   und deine Richter, da du doch verlangtest:
   „Gib mir einen König und Beamte!"

11 Ich gab dir einen König in meinem Zorn
   und nahm ihn wieder in meinem Grimm.

12 Verschnürt ist Efraims Schuld,
   aufbewahrt seine Verfehlung.

---

[3] *t^ebûnām* ist ungewöhnliche (oder fehlerhafte) Schreibweise für *t^ebûnātām*; vgl. G-K[28] § 91 e.

[4] L. mit G, Σ (’A,Θ), V *zibḥû*. Von Menschenopfern (MT) ist im Hoseabuch sonst nie die Rede.

[5] L mit G und S (vgl. T) *r^eʿîtika*; vgl. V.6a. Die Verschreibung von *r* in *d* im MT ist unter Einfluß von V. 4b entstanden.

[6] Vokalisiere mit S *šihattikā*; auch die nominale Deutung (*šaḥt^ekā* „dein Verderben") von G ist möglich.

[7] L. *mî* mit G, aber unter Beibehaltung des emphatischen *kî* (gegen BHS).

[8] *’^ehî* kehrt in V.14 zweimal wieder und ist wohl eher dialektische Variante zu *’ajjê* „wo?" (G-K[28] § 150 l) als Schreibfehler. Vgl. im übrigen G, S, T, V.

13 Wann immer Geburtswehen für ihn eintraten,
    erwies er sich als unverständiges Kind,
    trat nicht zur rechten Zeit in den Muttermund.
14 Aus der Gewalt der Unterwelt sollte ich sie freikaufen,
    vom Tod sie auslösen?
    Her mit[8] deinen Pestilenzen, Tod!
    Her mit[8] deiner Seuche, Unterwelt!
    Rücksicht ist vor meinen Augen verborgen.
15 Selbst wenn er zwischen ‚Riedgras‘[9] blüht:
    Der Ostwind kommt,
    Jahwes Sturm,
    der aus der Wüste aufsteigt,
    daß sein Brunnen ‚versiegt‘[10],
    seine Quelle vertrocknet.
    Der plündert die Ansammlung
    allen wertvollen Besitzes.
14,1 Samaria muß die Schuld büßen,
     daß es sich gegen seinen Gott aufgelehnt hat:
     Durch das Schwert werden sie fallen,
     ihre Kleinkinder werden zerschmettert,
     ihre Schwangeren aufgeschlitzt[11].

Hos 13 besitzt Abschlußcharakter. Ein Geschichtsrückblick, wie er alle Einheiten seit 9,10 prägte, wird eingangs in V. 1a nur eben noch angedeutet, aber nicht mehr ausgeführt; die Schuld Israels wird in V. 1f. 4–6.9–11 auf den zentralen Sachverhalt beschränkt, den Bruch des ersten und zweiten Gebots; sonst beherrscht nur ein Thema den Gedankengang: der Tod des Gottesvolkes. Dabei haben 13,1 (Tod Efraims) und 14,1 (Tod der Hauptstadt Samaria) Rahmenfunktion, wie daran deutlich wird, daß beide Verse zusammenfassend die Ursache des Todes mit dem Verb ’āšam bezeichnen, nur daß dieses in 13,1 „sich verschulden" bedeutet, in 14,1 aber „die Schuld büßen", d.h. die Folgen der Schuld tragen müssen. Im Hauptteil des Kapitels sind die Bilder von Jahwes raubtierhaftem Überfall (V. 7f.) und vom verpaßten Geburtsvorgang (V. 12f.), die nahezu mythische Personifikation von Unterwelt und Tod (V. 14) und die Darstellung des Schwertes der Assyrer als „Sturm Jahwes, der aus der Wüste aufsteigt" (V. 15 + 14,1), immer neue Variationen ein und desselben Themas, die dazu dienen, die Grausamkeit und Unabwendbarkeit des Todesgeschickes einzuprägen. Eine Sonderstellung nehmen zwei Einzelstücke ein. Die Verse 4–6 halten dem absurden Bilderdienst (V. 2) ein letztes Mal den lebendigen Gott entgegen, freilich nicht, um neue Hoffnung zu wecken, sondern um aufzuweisen, was Israel ein für allemal verspielt hat; die Verse 9–11 bringen an *einem* Thema, dem Königtum, die Schuld der Abkehr von Gott und die schon gegenwärtige Erfahrung des tödlichen Gotteszornes gleichzeitig zum Ausdruck.

---

[9] L. *bên* (defektiv geschrieben) *āḫû maphrî’* (Wolff, Mays u.a.).
[10] L. *weʼibaš*; vgl. das Qumran-Fragment (Testuz, Sem. 1955, 38), G, S, V und den Parallelismus.   [11] Zu den Maskulinformen vgl. G-K[28] § 145 u.

Das Kapitel macht einen geschlossenen Eindruck und will als Einheit gedeutet werden. Es ist im zentralen Mittelteil (V. 4–14) ganz vom Ich Gottes geprägt, während die Rahmenverse 1f. und 15 + 14,1 distanzierter ergehen und auch als Prophetenrede deutbar sind. Auch sonst ist bewußte Strukturierung zu beobachten. Die Verse 9–11 etwa waren sehr wahrscheinlich einmal ein Einzelwort, wie der Übergang von der Rede über Israel in 3. Pers. pl. (V. 8) zur Anrede in 2. Pers. sg. (V. 9) nahelegt. Jedoch setzt V. 9 in der gegenwärtigen Gestalt die Vernichtungsaussage von V. 7f. voraus, wie sein Anfang zeigt, und da der Übergang von der singularischen Anrede zum pluralischen Berichtstil auch V. 5–6 prägt, ist V. 9–11 stilistisch und inhaltlich fest in seinen Kontext verwoben. Analoges gilt von V. 1f. 4–8. 12f. 14. 15; 14,1. Diese Verse können auf mündliche Einzelworte zurückgehen, sie sind aber aus ihrem Kontext nicht mehr ablösbar und schließen nahtlos aneinander an. So werden die Einzelteile des Kapitels, die zu einem geschlossenen Ganzen verbunden sind, wahrscheinlich auch aus etwa dem gleichen Zeitraum stammen. Die Verse 1f. und 12 zeigen, daß die Ereignisse von 733 schon um Jahre zurückliegen; die Verse 9–11 deuten darauf hin, daß der letzte König des Nordreichs, Hosea ben Ela, schon von den Assyrern gefangen wurde (2 Kön 17,4); insbesondere 14,1 zeigt, daß der Todeskampf Samarias (724–722) beginnt.

13,1–8: Baaldienst, Bilderdienst und der lebendige Gott. Kap. 13 setzt mit einem 1 kurzen Geschichtsrückblick ein, der auf den ersten Blick von allen anderen Rückblicken seit 9,10 unterschieden zu sein scheint; er nimmt nämlich nicht wie diese das Gottesvolk als ganzes in den Blick, sondern die hervorragende Stellung eines Teiles (Efraim) im Gesamtverband (Israel), wie sie im gebieterischen Wort, das Schrecken hervorruft (vgl. von Gott gesagt etwa Ps 2,5), zum Ausdruck kommt. Aber der genannte Unterschied ist nur ein äußerlicher, der darauf beruht, daß V. 1a den Segen, der auf Efraim lag, im Anschluß an traditionelle Sprache von Stammessprüchen beschreibt, die Segen eben als Vorzug vor anderen Stämmen ausdrückte (im Jakobs- und Mosesegen Gen 49,26; Dtn 33,16 heißt Josef „der Geweihte unter seinen Brüdern"; vgl. Jer 31,9: „Efraim mein Erstgeborener"; 31,20: „Efraim mein teurer Sohn, mein Lieblingskind"). V. 1b, der den Gegensatz zu V. 1a bildet, nennt nicht die geringe Stellung Efraims als Kontrast, sondern den Tod, und zwar aller Teile (vgl. V. 2: „Sie fuhren fort zu sündigen ..."). Der intendierte Gegensatz ist also: Leben in der Fülle göttlichen Segens sowie göttlicher Fürsorge und Tod durch Hinwendung zu Baal (ähnlich 9,10ff.). „Efraim" bezeichnet zugleich den Teil (Haus Josef) und das Ganze (des Nordreichs). Erst so wird deutlich, daß V. 1 Themasatz für alles folgende ist: Segen in überschäumender Fülle ist nur im Kontakt zum lebendigen Gott möglich (V. 4f.); Efraim „vergaß" ihn im Reichtum (V. 6), nach 9,10 und 11,2 von der ersten Berührung mit dem Kulturland ab – „und starb". Der Prophet redet zu bzw. von einem Volk, das schon in den Fängen des Todes ist (vgl. V. 14); dessen Macht reicht nach alttestamentlicher Vorstellung weit in das Leben hinein und zeigt sich in Lebensminderung und Segensentzug aller Art[12]. Konkret wird mit dem „Tod" Efraims vermutlich auf die Ereignisse des

---

[12] Vgl. die geläufige Aussage in den Dankliedern der Psalmen, Jahwe habe den Beter „aus der Grube", „aus dem Staub des Todes" gerettet und dazu Chr. Barth, Die Errettung vom Tode ..., 1947.

Jahres 733 zurückgeblickt: ²/₃ des Nordreichs sind als Folge des syrisch-efraimitischen Krieges zu assyrischen Provinzen umgestaltet worden (s. o. S. 17), übrigge-
blieben ist nur noch ein Rumpfstaat auf dem Gebirge, ein lebender Leichnam,
dessen endgültiges Ende bevorsteht. Gegenwärtigkeit (V. 7 a. 11. 14) und Zukünftig-
keit des Todes (V. 7 b. 8. 15; 14,1) liegen auch im folgenden ständig ineinander;
2 vgl. besonders den Übergang von V. 7 a zu 7 b. – Aber selbst in seiner Todesstunde
hat Efraim nichts begriffen (vgl. V. 13). „Sie fuhren fort zu sündigen", als sei nichts
geschehen, ja vertieften (*weʿattâ* „jetzt aber" im steigernden Sinne wie 2,12) den
Abfall zum Baal, der die Fruchtbarkeit des Landes repräsentiert, indem sie dem
Bruch des ersten Gebots den des zweiten Gebots folgen ließen. Auf das Bilderverbot
weist vor allem der Begriff *massēkâ* „Gußbild" (aus Bronze mit Gold- bzw. Silber-
überzug), der sonst bei Hosea fehlt, für jeden Hörer aber den Sachverhalt dieses
Gebots wachrief (Ex 34,17; Lev 19,4; Dtn 27,15)[13], zumal er sogleich durch das
Wort „Götterbilder" (vgl. 4,17; 8,4) aufgenommen wird. Ist mit „Gußbild" das
Stierbild in Bet-El bezeichnet, mit „Götterbildern" dessen Nachbildungen? Jedenfalls sind mit dem Begriff „Gußbild" die Stierbilder noch weiter als an den beiden
anderen Stellen, an denen sie bei Hosea ausdrücklich erwähnt werden (8,4–6;
10,5 f.), von Jahwe abgerückt; wie in der Endfassung des Dekalogs – aber kaum
seinem urtümlichen Sinn (Verbot von Jahwebildern) nach[14] – ist das Verbot der
Bilderverehrung dem Verbot der Fremdgötterverehrung inhaltlich untergeordnet.
Bilderglaube ist zu einer Spielart des Baalglaubens geworden; Jahwe wird in ihm
nicht nur entstellt, sondern abgewiesen. Im übrigen aber ist die Nähe von 13,2 zu
8,4 mit Händen zu fassen. Wie in 8,4b spielt Hosea auf die Herstellung von Sta-
tuetten und Plaketten für den öffentlichen und privaten Gebrauch in Analogie zum
Stierbild in Bet-El an, wie sie die Archäologie Palästinas vielfach in eisenzeitlichen
Schichten zutage förderte; wie in Kap. 8 hebt er die Eigenmächtigkeit des „Ferti-
gens" hervor, den Mißbrauch des geschenkten Reichtums („ihr Silber"), den Verlust des Kontaktes zu Gott („nach eigenem Geschmack") und den Verlust der
Sonderstellung („Götterbilder"). Wie dort wird am Ende das Entsetzen des Propheten über die unbegreifliche Verirrung Israels deutlich. Hieß es dort: „Wie lange
noch werden sie unfähig zur Reinheit sein?", so hier fast sarkastisch: „Menschen
küssen Kälber!" Israel verfehlt nicht nur seine Sonderstellung in der Völkerwelt,
sondern elementarer noch seine Humanität (H. Frey). Das Stierbild in Bet-El ist
dabei kaum im Blick; der kultische Kuß, nur noch 1 Kön 19,18 erwähnt, kann ihm
kaum gegolten haben, sondern nur den kleinen Nachbildungen, weil es vermutlich
– wie die Lade in Jerusalem – im Adyton den Laien unzugänglich war (daher der
Plural „Kälber").

3   Später haben wie auch in Kap. 8 Judäer im Anschluß an Deuterojesaja die göttliche Klage
theologisch vertieft und auf den grundsätzlichen Unterschied zwischen Gott und Bild hin

---

[13] Er bestimmt die polemische Erzählung vom Goldenen Kalb (Ex 32,4. 8; vgl. Dtn
9,16), die aber schon in ihrer literarischen Grundgestalt judäisch und nachhoseanisch ist;
vgl. zuletzt bes. E. Zenger, Die Sinaitheophanie, fzb 3, 1971, 164; H. Valentin, Aaron, OBO
18, 1978, 289; F.-L. Hoßfeld, Der Dekalog, OBO 45, 1982, 270 f.
[14] Vgl. etwa W. Zimmerli, Das zweite Gebot (1950), in: ders., Gottes Offenbarung, 1963,
234–48; O. Keel, Jahwe-Visionen und Siegelkunst, SBS 84/85, 1977, 37–45.

ausgeweitet und die Sinnlosigkeit der Opfer an Menschenwerk herausgestellt (V. 2 b). Nichtigkeit und Ver-nichtung solchen Verhaltens haben sie in V. 3 dargelegt, indem sie Hoseas bildhaftes Wort von der Flüchtigkeit des Besserungswillens in Israel (6,4) wörtlich aufgriffen, mit der geläufigen prophetischen Gerichtseinführung *lākēn* „darum" einleiteten (die bei Hosea nicht zufällig nur in seinem Prozeßwort Kap. 2 begegnet: V. 8.11.16) und in V. 3 b durch zwei analoge Bildworte auffüllten (die Luke im zweiten ist die Öffnung im Dach oder in der Hauswand, aus der der Rauch des Ofens abzieht). Hosea deutet den Tod als grausame Tat Jahwes selber (V. 7 f.), nicht als implizite Folge der Tat, weil Jahwe persönlich der Verworfene ist (V. 1 f.).

Der ältere Prophetentext hatte den „Kälbern" sogleich den lebendigen Gott 4f. entgegengestellt, um die Absurdität der Bilderverehrung zu verdeutlichen. Sowohl in V. 4 als auch in V. 5 tritt das Ich Jahwes betont an den Anfang. In V. 4 geschieht das in Gestalt einer geradezu klassisch zu nennenden Selbstdefinition Jahwes. Hos 13,4 ist (zusammen mit 12,10) das älteste datierbare Zeugnis im Alten Testament für die Verbindung von Selbstvorstellung Jahwes (Dekaloganfang) und erstem Gebot; ob diese Verbindung Hosea schon vorgegeben war, wie man meist annimmt [15], oder aber von ihm geschaffen wurde [16], ist nicht mehr nachweisbar. Viel wesentlicher für das Verständnis des Verses ist die Tatsache, daß der Inhalt des ersten Gebots nicht als Forderung erscheint, sondern in Gestalt einer Feststellung, die als logische Konsequenz der Selbstvorstellung gedacht ist. Während V. 5 und V. 6 Handlungen nennen, will der Nominalsatz in V. 4 grundsätzlicher verstanden werden: Daß Jahwe „dein Gott" ist, wird mit dem Hinweis auf „das Land Ägypten" begründet – also auf die Rettungstat am Schilfmeer, mit der das Alte Testament die Erwählung Israels verbindet –, und zwar im Sinne Hoseas durchaus ausreichend; V. 4b legt dar, daß die Bindung Jahwes an Israel, auf die die Formel „dein Gott" verweist, eine exklusive Bindung ist. Letzteres gilt nicht etwa deshalb, weil Israel, bevor es von Jahwe spricht, zuerst über die Grundsätze des Monotheismus lehrhaft aufgeklärt werden müßte (gäbe es die „anderen Götter" im ersten Gebot nicht, müßten sie nicht erst verboten werden), sondern weil es seit „dem Land Ägypten" weiß, daß nur von Jahwe *Rettung* zu erwarten ist. Die beiden Halbsätze in V. 4b interpretieren sich gegenseitig: Weil Jahwe der einzige Retter *ist, kennt* Israel keinen anderen Gott; von „Gott" spricht Hosea also im inhaltlich gefüllten Sinn des Retters, von „kennen" im ebenso gefüllten Sinn geschichtlicher Erfahrung [17] – das unbegreifliche „Vergessen" von V. 6 rückt in den Blickpunkt. Zuvor aber wird mit V. 5 im Erzählstil an die Bestätigung dieser Erfahrung erinnert, an die gütige Versorgung Israels in der Wüste, die für Hosea immer beides zugleich ist: wasser- und nahrungsloses Gebiet und damit Ort des Schreckens (vgl. etwa 2,5.11–15) und Ort der Freude Gottes an einem ihm ergebenen Gottesvolk (vgl. etwa 2,16f.; 9,10; 10,11).

---

[15] Nach der grundlegenden Analyse von W. Zimmerli, Ich bin Jahwe (1953), a.a.O. (Anm. 14) 11–40 hat die Selbstvorstellung Jahwes ihren Sitz im Leben in der gottesdienstlichen Rechtsproklamation durch den Priester.

[16] So zuletzt F.-L. Hoßfeld, a.a.O. (Anm. 13) 264.

[17] Dtn 32,17 nennt daher die Götter des Landes, die Israel „nicht gekannt" habe, „Neulinge", d.h. Heilsangebote ohne den Rückhalt der Erfahrung.

6   V. 6 steigert die Erfahrung solchen Versorgtseins; offensichtlich ist an den Reichtum des Landes gedacht, nicht an herausgehobene Wüstenerlebnisse (V. 6 a heißt wörtlich: „Entsprechend ihrem Weideplatz wurden sie satt"). Aber der Ton der Klage beherrscht den Vers (vgl. V. 1 f.), die Anrede ist verlassen und auch die Rede vom Volksganzen im Singular. Wie in 9,10; 10,11–13; 12,8–10 treten Wüste und Land im typologischen Vergleich in einen absoluten Gegensatz zueinander. In der ärmlichen Zeit der Wüste war Israel ganz auf Gottes Güte angewiesen, im Reichtum des geschenkten Landes brauchte es Gott nicht mehr. „Sattheit" – „Hochmut" – „Vergessen" heißt Israels Dreischritt im Land, wobei „Sattheit" für sorgloses Wohlergehen steht (vgl. 10,1 f.), „Hochmut" für das Bewußtsein, alles im Leben Wertvolle erreicht zu haben, und zwar aus eigener Kraft, „Vergessen" schließlich als negativer Höhepunkt und als Opposition zur „Gotteserkenntnis" (V. 4) für die faktische Auflösung des Gottesverhältnisses (vgl. 2,15) [18]. Theologisch aufregend an diesen Sätzen ist, daß Hosea hier den gleichen Sachverhalt der Undankbarkeit, den er sonst (etwa 2,7.10; 9,10) Abfall zum Baal nennt, mit rein anthropologischen Kategorien umschreibt. Deutlicher könnte nicht zum Ausdruck kommen, daß Baal für den Propheten nicht eigentlich ein Gegenspieler Gottes ist, sondern die Vergötzung von Wohlstand und menschlicher Leistung. Darin liegt Israels „Urschuld", die alle andere Schuld nach sich zog. Um mit 12,9 zu reden: Israel ist zum Kanaanäer geworden.

7 f.   Aber auch wenn Israel Jahwe „vergißt", so bleibt er doch der Handelnde; das Gottesvolk bekommt es so oder so mit ihm zu tun, ob als Retter oder als Raubtier. Wenn der hebräische Text die Tempora korrekt überliefert hat (G bietet durchgehend Zukunft), spricht der erste Satz von zurückliegender Todeserfahrung im Jahr 733/2 (vgl. V. 1 und zu Jahwe als Löwe das Wort des Propheten aus ebenjenem Jahr 733/2 in 5,14), während die folgenden noch ausstehendes Sterben ankündigen. Das Bild der Herde aus V. 5 f. scheint weiterzuwirken, wenn Löwe und Panther als Todfeinde erscheinen. Grauenhafter noch werden die Tierassoziationen in V. 8 – zartbesaitet ist dieser Prophet nicht, wenn es ihm um Gott und Volk geht. Hier kommen im Bild erstmals auch die Assyrer in den Blick (vgl. V. 15 und 14,1); aber sie führen nur Gottes Schlag zu Ende, im Bild: Als Aasfresser zerfleischen sie die Schafe, denen die wütende Bärin den Brustkorb zerriß. Furchtbar ist es, Gottes tödlichem Zorn zu begegnen; für den Propheten aber ist er die notwendige Kehrseite des Satzes „Einen Retter außer mir gibt es nicht" (V. 4 b).

9–10 a   **13,9–11: Der König – Jahwes Zornesgabe.** Noch einmal redet Jahwe wie in V. 4 f. das Volksganze in aufrüttelnder Anrede an. Das Thema Königtum überrascht auf den ersten Blick im Kontext, ist in ihm aber fest verankert. Im Königtum verbinden sich nämlich nach V. 9–11 Schuld und schon gegenwärtige Erfahrung des Gerichtes Gottes. Um mit letzterem zu beginnen: Die Erwartung von 10,3.7.15 ist offensichtlich schon zum wesentlichen Teil in Erfüllung gegangen, insofern der König 724 durch Salmanassar V. gefangengenommen wurde (2 Kön 17,4), für den Propheten ein untrügliches Zeichen des anbrechenden Endes (V. 9 a; das Perfekt

---

[18] Im Anschluß an Hosea nehmen ein Jahrhundert später levitische Prediger das Thema in die Warnrede auf: „Hüte dich, Jahwe, deinen Gott, zu vergessen!" (Dtn 8,11 ff.; 6,12 ff.).

drückt die Faktizität der Erfahrung aus). Gleichzeitig aber entlarvt Hosea noch eindeutiger als in Kap. 10 die Hoffnung, die Israel seinem König entgegenbrachte, als Bruch des ersten Gebots, als fehlgeleitetes Vertrauen, wie es Rechtens allein Gott zukommt. Darauf deutet nicht nur die Nebeneinanderstellung der beiden ironischen Fragen in V. 9 b. 10 a ("Wer kann dir dann helfen? Wo ist denn nun dein König ...?"), die impliziert, daß Israel für Hosea den König neben oder gar über Jahwe stellte, sondern vor allem die Beziehung des Verbs "retten" auf den König in V. 10 a, die bewußt in Opposition zu V. 4 steht ("Einen Retter außer mir gibt es nicht") und darüber hinaus möglicherweise höhnisch auf den Namen des letzten Königs anspielt, der wie der Prophet "Hosea" hieß ("Er [Jahwe] hat [aus Not] gerettet"). Dieser Gedankengang führt den Propheten zu einer grundsätzlichen Beurteilung des Königtums von seinen Anfängen her (vgl. 9,15). Das Königtum, 10b−11 das für Hosea stets die hohen Staatsbeamten (vgl. 8,4; die "Richter" nennt auch 7,7) mitumgreift, die in der Vollmacht des Königs handeln, geht auf Israels Verlangen zurück, nicht auf Jahwes Plan. Jahwe aber hat diesem gegen ihn selbst gerichteten Verlangen in höchst abgründiger Weise entsprochen. Er hat Israel immer neu (iteratives Imperfekt) Königswahlen und Königsmorde erfahren lassen, hat selber durch diese Königswahlen und Königsmorde hindurch an Israel gehandelt − aber nur, um Israel in Wahlen wie in Morden seinen Zorn erfahren zu lassen. Israel ist in den Fängen des Todes (vgl. zu V. 1) seit der Amtszeit seines ersten Königs, Saul; es hat in den knapp drei Jahrhunderten bis zu Hosea ben Ela in *allen* mit dem wesenhaft schuldigen Königtum verbundenen Erfahrungen nur Gottes Zorn zu spüren bekommen! Vernichtender hat kein anderer Prophet das Königtum beurteilt und kann man es gar nicht beurteilen. Die Frage nach dem König in V. 10 ("Wo ist denn nun dein König ...?") verweist schon voraus auf die Frage nach dem Tod in V. 14 ("Her mit deinen Pestilenzen, Tod!" wörtlich: "Wo sind denn deine Pestilenzen, Tod?"). Zumindest für den späten Hosea (vgl. den Exkurs zu 1,4) steht das Königtum nicht nur in seinen Ausartungen (vgl. 7,3−7) unter Gottes Gericht, sondern es ist, weil dem Sicherungsstreben Israels an Jahwe vorbei entsprungen, in sich Erfahrung des Gotteszornes [19]. Im Königtum wird der Untergang Israels vorweg erfahren. Allerdings bezeugen die Verben "geben" und "nehmen" in V. 11, daß Hosea bei aller Grundsätzlichkeit des Urteils das Königtum im Blick hat, wie es von seiner historischen Gestalt, d.h. besonders von den blutigen Revolutionen der letzten Jahrzehnte, unablösbar ist.

13,12−14,1: Es bleibt der Tod. Mit V.12 bricht wieder die göttliche Klage durch. 12f. Jahwe weiß längst, daß weder Schuldaufdeckung (V. 12) noch Züchtigungsstrafen (V. 13) Israel mehr zur Einsicht bringen können. So liegt vor ihm die große Schuld-

---

[19] Wenn nach dem deuteronomischen Gesetz die Entbehrlichkeit des Königs und die Gefahren des Königtums hervorgehoben werden (Dtn 17,14ff.) und im DtrG der Wunsch Israels nach einem König als Verwerfung Gottes (1 Sam 8,7f.; 10,19) und als Verlangen nach einer Existenz "wie alle Völker" (8,5) gedeutet wird, so stehen diese Sätze deutlich in der wirkungsgeschichtlichen Nachfolge von Hos 13,9−11, ohne die unüberbietbare Härte dieser Sätze doch festzuhalten; für das DtrG etwa gehört auch Gottes neue Heilseröffnung in David zum Thema Königtum; vgl. zum Ganzen zuletzt etwa T. Veijola, Das Königtum in der Beurteilung der deuteronomistischen Historiographie, 1977.

menge ('*āwôn* und *ḥaṭṭā't* zusammen wie in 4,8; 8,13; 9,9; vgl. 12,9) seit der
Landnahme (V. 1f.6), verschnürt wie sonst eine Kostbarkeit im Beutel oder ein
wichtiges Schriftstück in Stoffe (vgl. Jes 8,16), sorgsam verwahrt wie ein Schatz:
nie vermindert, stets gemehrt, als eine explosive Kraft, die, einmal entbunden (das
„Gedenken" von 8,13; 9,9), alle ins Verderben reißt. Viele Gelegenheiten zur
Einsicht hat Israel vertan, die letzte in den Jahren nach 733 bis jetzt, als es mit dem
Tod in Berührung trat (V. 1) und Jahwe als angreifenden Löwen erfuhr (V. 7a; vgl.
5,14). Es hat, wie das neue Bild sagt, wie stets zuvor die Geburtsstunde töricht
verpaßt (vgl. die ähnliche Betonung der rechten Zeit im Mahnwort 10,12), die
Möglichkeit zu neuer Existenz, so deutlich die schmerzenden Wehen zu spüren
waren, die hier noch nicht Zeichen der Endzeit sind wie in der späteren Apokalyp-
tik, sondern Zeichen des Zuwartens Gottes auf neue Hinwendung zu ihm in der
Stunde der Not und des Gerichts (vgl. 5,15; 11,7; 12,10f.).

14   An die Feststellung verweigerter Umkehr schließt sich die Aussage der Verlorenheit an, wie in 4,16 und 7,13 in Gestalt einer rhetorischen Frage, die die Möglichkeit rettenden Eingreifens Gottes verneint. Er kann nicht retten, da keinerlei
Schulderkenntnis, sondern nur ständige Schuldanhäufung stattfindet (V. 12f.); es
gibt für seinen Heilswillen eine Grenze. Aber keine der früheren Fragen hob die
Grausamkeit des Unterganges so stark hervor. Allen offenen oder verborgenen
Erwartungen kommenden Heils oder noch möglicher Bewahrung hält das Gotteswort illusionslos entgegen, daß Israel längst in den Fängen des Todes, in der
Macht des Totenreiches ist (vgl. zu V. 1); der allein sie aus diesem Machtbereich
befreien könnte, ruft statt dessen in schonungslosem Gericht nach den endgültig
vernichtenden Waffen des Todes (wie die Fortsetzung zeigt: den Assyrern). Keine
Zurückhaltung, kein Erbarmen, keine Rücksicht auf die voraussehbaren Konsequenzen qualvollen Sterbens hindern den göttlichen Strafwillen. Grauenhafter ist
der Tod des Gottesvolkes nie im Alten Testament beschrieben worden; das Wort
liest sich wie eine Antithese zum großen Heilswort in 11,8f.[20] und verstärkt zugleich die Vermutung, daß dieses Heilswort nicht zur öffentlichen Verkündigung
Hoseas gehörte, sondern im Kreis der Vertrauten Gottes innerstes Wesen enthüllen
wollte.
    Freilich ist andererseits nirgends im vorexilischen Israel deutlicher Gottes Macht
über Tod und Totenreich herausgestellt worden. Der über die Waffen des Todes
gebietet, kann auch aus der Macht des Todes befreien[21]. Es ist diese Aussage, die

---

[20] Vgl. die terminologische Berührung von *noḥam* „Rücksicht" (V. 14) mit *niḥûmîm*
„Reue" (11,8) und dazu J. Jeremias, Die Reue Gottes, 1975, 48f. 57f. Entsprechend wirkt
V. 9a („Ich verderbe dich") wie eine Antithese zu 11,9 (Jahwe „kann Efraim nicht wieder
verderben"), zumal das gleiche Verb gebraucht wird. − Daß V. 14 nicht als Heilswort gedeutet werden kann (Robinson, Weiser u. a.), hat zuletzt Rudolph 240f. erneut aufgewiesen. Die
ältere jüdische Exegese hatte ihn vom Kontext her mit Recht ausnahmslos als Gerichtswort
verstanden (Wünsche, Prophet Hosea, 1868, 569ff.), im Unterschied zu Paulus und Hieronymus.
[21] In V. 14a greift Hosea Gebetssprache auf. In den Psalmen finden sich solche Aussagen
häufig in Bitten und Vertrauensäußerungen (etwa Ps 26,11; 31,6; 34,23; 69,19; 71,23),
aber zumeist bezogen auf eigene Hilflosigkeit des Beters in jenem Tod, der in Gestalt von
Krankheit, Bedrängnis und Lebensminderung aller Art weit ins Leben reicht. Nur in wenigen

später Paulus aufgreift, wenn er, im Anschluß an die griechische Übersetzung unserer Stelle (und unter dem Einfluß von Jes 25,8, das er zuvor zitiert) unter der neuen
Erfahrung der Auferstehung Christi unseren Vers als Jubelruf zitiert, der zugleich
ein Hohnwort über die überwundene Macht des Todes ist (1 Kor 15,55).

Eine Steigerung des unerbittlichen Wortes in V. 14 ist nicht mehr möglich. V. 15,   15
vielleicht einmal ein selbständiges Einzelwort, dient dazu, a) Israels Heilsgewißheit
endgültig zu zerstören, b) die Gestalt der Todeswaffen näher auszumalen. Für den
erstgenannten Zweck benutzt der Prophet wieder (vgl. zu 8,9) ein Wortspiel mit
dem Namen Efraim. Mag es noch einmal kurz „blühen" (*pārāʾ*) und sich zwischen
„Riedgras" (ägyptisches Lehnwort; Anspielung auf letzte verzweifelte Hinwendung
an Ägypten; vgl. zu 12,2) im Wasserreichtum sicher fühlen: Der vernichtende
Ostwind, der heiße Glutwind aus der Wüste, im beschleunigten Zweierrhythmus
lautmalerisch dem Leser nahegebracht, beendet diese Blüte in erschreckender Kürze
(und diesem „Ostwind" war Efraim in tödlichem Irrtum „nachgejagt", 12,2!). Als
Jahwes Werkzeug bewirkt er Wasserlosigkeit und damit Verdorren und Tod. Erst
die letzten Aussagen verlassen das Bild: Der Glutwind ist der Sturm der Assyrer-
heere, die plündernd ins Rumpfland Efraim einfallen und keine Lebensgrundlage
belassen.

Mit dem Schlußvers kehrt die Komposition zum Anfang zurück. Das mit dem   14,1
Baal „verschuldete" Efraim muß diese „Schuld büßen" (beides besagt *ʾāšam*, weil
für hebräisches Denken Schuld eine sich auswirkende Macht ist). Aber nun ist es
schon nicht mehr Efraim, sondern nur noch die Hauptstadt Samaria, von der die
Rede ist (vgl. 10,7). Der Vers gehört vermutlich in die Zeit der schon begonnenen
dreijährigen Belagerung Samarias (2 Kön 17, 5) und ist vielleicht das späteste über-
kommene Wort Hoseas. Wie am Ende von Kap. 12 wird noch einmal die Schuld
Israels als persönliche Verwerfung Jahwes gefaßt (vgl. V. 1–6), als verstockter
Ungehorsam gegen ihn (*mārâ* nur hier beï Hosea; vgl. später Jer 4,17; 5,23;
Dtn 21,18.20; 1 Sam 12,15 u.ö.). Angesichts dessen erweist sich die Stärke der
Stadtmauern als trügerisch. Mit der Beschreibung mitleidlosen Hinmordens auch
der Hilflosen (die gleichen grausigen Praktiken nennen im Rückblick Am 1,13 und
2 Kön 15,16) durch die brutalen Belagerer endet Hoseas Botschaft. Nacht umgibt
den Boten, der von Jahwes rettender Macht wie am Anfang reden wollte (13,4),
aber statt dessen Jahwe als erbarmungslos reißendes Raubtier am Werk sieht
(V. 7 f.) bzw. als den, der nach den Waffen der Todeswelt ruft (V. 14), weil Israel
im Wohlstand den Geber der Gaben vergessen hat (V. 6). Die Assyrer vor den
Mauern der Hauptstadt sind ihm nichts, der verworfene Gott ist ihm alles.

---

späten Psalmen (Ps 49; 73; auch 16?) drücken einzelne – in einem Fall mit den gleichen
Termini wie Hos 13,14a (Ps 49,8.16) – die Gewißheit aus, daß Gott auch vom physischen
Tod „auslösen" wird. Vgl. zum Ganzen Chr. Barth, a. a. O. (Anm. 12).

Hos 14,2–9: Vergebung und Heilung

2 *Kehre zurück, Israel,*
  zu Jahwe, deinem Gott,
  denn über deine Schuld bist du zu Fall gekommen!
3 *Nehmt Worte mit euch,*
  und kehrt um zu Jahwe!
  Sprecht zu ihm:
  „Ganz [1] *vergib die Schuld!*
  Nimm guten (Willen) an,
  wenn wir die ‚Frucht' [2] *unserer Lippen darbringen:*
4 *‚Assur soll uns nicht (mehr) helfen,*
  Rosse wollen wir nicht (mehr) besteigen,
  wollen nicht mehr: „unser Gott" sagen
  zum Machwerk der eigenen Hände!
  [Denn allein bei dir finden Waisen Erbarmen]'."

5 *Ich will ihre Abtrünnigkeit heilen,*
  will sie aus freien Stücken lieben;
  denn mein Zorn ist von ihm gewichen.
6 *Ich will wie Tau für Israel sein,*
  daß es wie eine Lilie sprießt,
  seine Wurzeln treibt wie der Libanonwald.
7 *Seine Triebe sollen sich ausbreiten,*
  daß seine Pracht dem Ölbaum gleiche
  und sein Duft dem Libanonwald.
8 *Die in seinem Schatten wohnen,*
  werden wieder ‚aufleben wie ein Garten' [3]*,*
  werden sprießen wie ein Weinstock, dessen Ruhm
  wie der Wein des Libanon ist.
9 *Efraim — was hat ‚es'* [4] *(jetzt) noch mit den Götzenbildern zu schaffen*
  Ich bin es, der es erhört hat und anblickt.
  Ich bin wie ein üppiger Wacholder,
  an mir ist Frucht für dich zu finden.

Lit.: H.-P. Müller, Imperativ und Verheißung im Alten Testament, EvTh 28, 1968, 557–71; 561–64. 567–71; J. Jeremias, Zur Eschatologie des Hoseabuches, Fs H. W. Wolff, 1981, 218–20. 231–33.

---

[1] Vgl. G-K [28] §128 e; nach D. N. Freedman, Bib. 53, 1972, 534–36, handelt es sich um einen „broken" status constructus; so auch W. Kuhnigk, Hoseabuch 102.

[2] Vokalisiere *p^e rîm* (enklitisches *m*, R. T. O'Callaghan, VT 4, 1954, 107 f.; R. Gordis, VT 5, 1955, 88 f.) oder *p^e rî miśś^e phātênû* (vgl. G, S). MT: „Wir bringen dar als (d. h. anstatt von) Stiere unsere Lippen." Die beiden verschiedenen Auffassungen sind kaum Alternativen, sondern ergänzen sich im vermutlich doppelsinnigen Text.

[3] Vokalisiere *jiḥjû* (G, S) und l. *kaggān* (Duhm, Ehrlich u. a.); vgl. Jes 58,11. MT verläßt irrtümlich kurz die Bildrede: „Sie werden Getreide beleben".

[4] L. *lô* mit G.

14,2–9 beschließt als Heilswort sowohl die Teilsammlung spätester Hoseaworte in Hos 12–14 als auch das Hoseabuch im Ganzen. Deutlich heben sich zwei Abschnitte voneinander ab, der Aufruf an Israel zur Umkehr zu Gott (V. 2–4) und die Verheißung Gottes (V. 5–9). An der rechten Bestimmung des Verhältnisses dieser beiden Teile hängt Wesentliches zum Verständnis. Auf den ersten Blick liegt es nahe, an ein Bedingungsgefüge zu denken, so daß V. 5–9 als Antwort Gottes auf die befolgte Aufforderung zur Umkehr und insbesondere auf das Bekenntnis in V. 4 zu deuten wären. In der Tat bieten die Prophetenbücher für eine solche Abfolge häufige Belege, insbesondere in Gestalt sog. „prophetischer Liturgien", bei denen in einer kollektiven Notsituation auf das Gebet des Propheten oder des Volkes hin durch den Propheten die (heilvolle) göttliche Antwort verkündet wird (vgl. etwa Jer 3,22ff. mit 4,1ff. – in deutlich hoseanischer Tradition; Jer 14,1–15,4; Hab 1,2–2,3; Ps 85 u.ö.). Jedoch sprechen mehrere Beobachtungen gegen die Auffassung, daß V. 5–9 als Antwort Gottes auf das Gebet des Volkes zu verstehen sind. Zum einen redet das Gotteswort in V. 5ff. Israel nicht an, sondern spricht von ihm in 3.Person, ist also nicht Erhörungszusage für ein potentielles Bußgebet Israels, sondern dem Gebet vorauslaufender Gottesentscheid. Dem entspricht zweitens inhaltlich, daß V. 5 nicht von der Notwende spricht, sondern von der Heilung der „Abtrünnigkeit" (*mᵉšûbâ*) Israels, die eine „Rückkehr" (*šûb*), zu der V. 2–3a auffordert, überhaupt erst ermöglicht. Schließlich setzt drittens der Schlußvers des Gotteswortes die Situation *vor* dem Sprechen des Bußgebets voraus. Das zeigt einerseits die Frage Gottes in V. 9a, die eindeutig vor das gesprochene Bußgebet in V. 4 zurückführt, andererseits die Stilform der Inklusion, bei der Anfang und Ende eines Stückes einander entsprechen (vgl. 4,11–14; 5,3f.; 10,1–8); denn nur in V. 2 zu Beginn und am Abschluß in V. 9b wird Israel im Singular von Gott angeredet (in V. 3f. im Plural, in V. 5–9 sonst nicht). Die Inklusion soll verdeutlichen, daß das Stück als ganzes, von Anfang bis Ende, Einladung Gottes zur Umkehr ist, eine Einladung, die mit der Verheißung Gottes in V. 5–9 begründet wird. Sachlich und zeitlich geht also das Gotteswort V. 5–9 dem Bußgebet Israels voraus. Anders ausgedrückt: V. 5–9 sind nicht Verheißung Gottes für den Fall, daß Israel das Bußgebet spricht, sondern V. 5–9 beinhalten den festliegenden und bedingungslosen Heilswillen Gottes, aufgrund dessen Israel nun zur (vorher unmöglichen) Rückkehr zu Gott aufgefordert werden kann. Erst damit wird der jubelnde Ton, der das Stück besonders wegen V. 5 prägt, verständlich. – Im einzelnen sind beide Teilabschnitte in sich nochmals gegliedert. Während die singularische Aufforderung V. 2 in V. 3f. pluralisch entfaltet wird, enthält die Verheißung Gottes anfangs die Ansage der Heilung Israels (V. 5a Israel im Pl., V. 5b im Sg.), dann eine breite Heilsschilderung (V. 6f. Israel im Sg., V. 8 im Pl.), zuletzt (V. 9 Israel im Sg.) ein Wort, das Heilsschilderung mit indirekter Mahnung und neuer Einladung verbindet.

Der Einladung zur Rückkehr zu Jahwe wird nichts von ihrer Größe und Wahrheit genommen mit der Erkenntnis des Historikers, daß sie kein Wort Hoseas selber ist, sondern ein Aufruf, den die mit Hosea Lebenden und mit ihm an der Schuld Israels Leidenden im engsten Anschluß an seine Worte und in seiner Vollmacht (V. 5.9) nach dem Untergang des Nordreichs 722 (vgl. V. 2b.5b.9a) sprachen. Im Blick auf das erfahrene Gericht und im Blick auf die der Katastrophe Entronnenen konnte für sie Hoseas Gotteswort ebensowenig mit 14,1 enden wie die Namengebung seiner Kinder mit 1,9 (vgl. 2,18–25; 3,5). So ist es unwahrscheinlich, daß die mit Kap. 12 einsetzende Schlußsammlung der Hoseaworte je ohne Kap. 14 bestanden hat. Es sind weithin nur Nuancen, die diese Schüler, die in engstem Kontakt zu ihrem Meister gestanden haben müssen, von ihm selber unterscheiden. Hosea gebraucht das Thema „Umkehr" (V. 2) nie im Mahnwort[5], sondern konstatiert Israels Unfähigkeit (5,4.6f.) und – besonders nach den Ereignissen von 733 – seine Unwilligkeit zur Umkehr (6,4; 7,2.7.11.13ff.; 8,2f.; 11,[5.]7; 12,7ff.; 13,1f.13 u.ö.). Allerdings erhoffte auch er Israels Umkehrwillen, wenn es durch Gott von seiner Bindung an den Baal (2,9) und an alle anderen trügerischen Stützen (3,4) gelöst sein würde bzw. in äußerster Not Jahwe als einzige Hilfe erkennen würde (5,15; wie die dortige Fortsetzung zeigt, allerdings vergeblich) – hieran konnten die Schüler anknüpfen (V. 9). Die Wendung an Jahwe im vertrauensvollen Gebet aus der Not (V.3f.) hatten 6,1–6 und 8,2f. aber als trügerisch und unzureichend hingestellt, solange ihr nicht ein verändertes Verhalten in „Hingabe" und „Gotteserkenntnis" entsprach – davon ist in Kap. 14 in der Stunde nach der Katastrophe zumindest explizit nicht die Rede. Vielmehr tritt hier das Bekenntnis an die Stelle der Opfer (V. 3) wie häufig in den Psalmen (etwa Ps 50 und 51), aber nie bei Hosea. Das Abrenuntiationsbekenntnis selber nennt zudem Themen, die eher für die judäischen Leser gedacht waren (s. zu V. 4). – Demgegenüber ist das Gotteswort in V. 5–9 mehrschichtig. Während der zentrale V. 5 mit seiner unübersehbaren Nähe zu 11,8f. und auch V. 9 typisch hoseanische Sprache aufgreifen (aber auch umprägen; s.u.), ist das weit ausladende Heilswort V. 6–8 mit seinen immer neuen Vergleichen deutlich von den verhaltenen Heilserwartungen Hoseas in 11,11 oder 2,16f. (vgl. 12,10) geschieden, steht dagegen den späteren (Schüler-)Worten in 2,20.23f. nahe. Tradenten Hoseas haben offensichtlich in enger Anlehnung an (im Kreis der Vertrauten gesprochene) Heilserwartungen des Meisters (V. 5.9) die göttliche Einladung zur Rückkehr zu Jahwe an die Überlebenden der Katastrophe (sowie an Judäer in ihrer neuen Heimat) so dringlich und lockend wie möglich formulieren wollen.

2f.   **14,2–4: Einladung zur Umkehr.** Was Israel nach 5,4 und 11,7 nicht mehr kann, was es nach 7,10 und 11,5 verweigert, ebendazu wird es in 14,2 aufgefordert: „zu Jahwe zurückzukehren". Man muß die genannten Stellen im Ohr haben, um den frohen Ton der doppelten Einladung (V. 2 und V. 3 nur in der Präposition verschieden) zu vernehmen. Die Formulierung „zu Jahwe, deinem Gott" nimmt Bezug auf Hoseas späteste Worte, mit denen er Israel eingeprägt hatte, daß Jahwe sich seit dem Auszug aus Ägypten an Israel gebunden hat, daher sein alleiniger Halt und Retter ist und dies alles als „dein Gott" (13,4; 12,10). Die Aufforderung richtet sich an ein Israel, das schon „zu Fall gekommen" (wörtlich: „gestolpert") ist, was 4,5 und 5,5 Priester und Volk als Auswirkung ihrer Schuld (in 5,5 wörtlich gleich: „über die Schuld stolpern") erst ansagen. Offensichtlich hat Samaria das grausige Geschick, das 14,1 ankündigte, längst erreicht, ist nun das ganze Land

---

[5] Vgl. J.Jeremias, a.a.O. 217–20. Ebensowenig tun das Hoseas Zeitgenossen Amos und Jesaja; vgl. H.W. Wolff, Das Thema „Umkehr" in der atl. Prophetie (1951), Ges. St. 138 ff.

Israels von den Assyrern besetzt, haben die großen Deportationen stattgefunden. Jetzt, in der Stunde äußerster Not, da Israel alle illusionären Hoffnungen auf Ersatzgötter aus den Händen gerissen sind (V. 9), wird ihm das Warten seines ihm wieder nahen Gottes „aus freien Stücken" (V. 5) angesagt. Gottes Gericht wollte es nicht vertilgen, sondern war nötig, um es aus den falschen Bindungen zu lösen und ihm neu zuzuführen (vgl. 2,9.16; 3,4). Was muß Israel dazu tun? Keine versöhnenden Tieropfer werden von ihm, d.h. von jedem einzelnen (Plural) erwartet – 5,6 sagt ja, daß man mit Schafen Jahwe nicht „findet" –, sondern zweierlei, das zusammenfassend „Worte" bzw. „Frucht der Lippen" [6] heißt (jeweils hört man aus der Begrifflichkeit ein „statt Opfer" heraus): die Bitte um Vergebung und die Lossagung von fremden Mächten (V. 4). Auf letzterer liegt der Hauptton; sie ist Israels „Entgelt" (*šillēm*) für übergroße Schuld. „Entgelt" meint allerdings nicht Kompensation, sondern der Begriff ist gebraucht wie an Belegstellen, an denen Gelübde bzw. Dank das Objekt ist („abstatten", „darbringen"). Denn obwohl die Lossagung Israels „Gutes" ist (vgl. Spr 13,2), kann Gott sie nur aufgrund vorhergehender restloser Vergebung annehmen. Erst wenn die dinghaft vorgestellte, belastende Schuld von Gott „weggetragen" ist, kann Israel Gott mit seinen Gaben überhaupt wieder erreichen. So schlägt das Bußgebet Israels schon mit dem ersten Satz das Doppelthema des Kapitels an: Vergebung (V. 2–4) und Heilung (V. 5–9).

Als dargebrachte „Frucht der Lippen", die die „Umkehr" ausmacht, nicht nur eine Folge von ihr ist, nennt V. 4 die Absage an alle Kräfte, die Israel bislang von Jahwe fortgeführt haben, indem es von ihnen statt von Jahwe allein „Hilfe" und „Rettung" (vgl. zuletzt 13,4.9) erhoffte. Im Blick auf Hoseas Botschaft muß weniger auffallen, daß die Reihe mit „Assur" beginnt, obwohl Assur als Vertrauensgegenstand wesentlich in den Jahren des syrisch-efraimitischen Krieges (5,13; 7,11; 8,9; auch 12,2 ist dies gemeint) belegt ist, in der Spätzeit dagegen primär als tödliche Gefahr in den Blick kam; auffallen muß dagegen, daß in dieser Reihe neben „Assur" nicht Baal (vgl. 7,16; 9,10; 11,7; 13,1) oder der König (vgl. 13,9–11; 10,3.7.15) stehen. Dagegen sind Streitwagentruppen ein bei Hosea nur ganz am Rande begegnendes Thema (nur 10,13b), das für Jesaja charakteristisch ist (Jes 30,16; 31,1–3; 2,7 u.ö.) [7]; und „Machwerk der eigenen Hände" heißt die Problematik des Bilderdienstes in der Gestalt, wie sie spätere Tradenten Hoseas beschäftigte (vgl. zu 8,6 und 13,2) und wie sie in dtr Kreisen geläufig war. Die engste Parallele zu Hos 14,4 bildet mit der verwandten Reihe: Gold und Schätze – Rosse und Wagen – Götzen und Machwerk eigener Hände Jes 2,7f., dessen Wirkungsgeschichte in der Exilszeit die längere Reihe in Mi 5,9ff. belegt. Diese Beobachtungen sprechen am ehesten dafür, daß 14,2–9 von Hoseaschülern erst nach ihrer Teilnahme an der Fluchtbewegung ins Südreich (vgl. o.S. 18) und nach Kontakt mit

---

[6] Vgl. Spr 12,14; 18,20; Jes 57,19. In der Sektenschrift von Qumran heißt es, Hos 14,3 weiterführend: „Das Hebopfer (*t^erûmâ*) der Lippen nach der Ordnung (gemeint sind wohl Hymnen und Gebete) ist wie ein Opferduft der Gerechtigkeit, und vollkommener Wandel ist wie ein wohlgefälliges, freiwilliges Opfer" (1 QS 9,4f.; ebd. 10,8: „Frucht des Lobpreises"). Vgl. 1 QH 1,28f. und Hebr 13,15.

[7] Vgl. Wellhausen z.St.: „Verstehn kann das nur, wer Isa.30 kennt"; ähnlich I.Willi-Plein, Vorformen der Schriftexegese 231.

Kreisen um Jesaja formuliert wurde und auf Leser in Juda abzielt. Hos 14,4 bezeugt damit, daß jede Generation im Gottesvolk neu die konkrete Gestalt jener
Mächte aufdecken muß, die es vom alleinigen Vertrauen auf den einen wirklichen
Retter abhalten wollen, und sich von ihnen lossagen muß[8]. Die Gestalt der Mächte
wandelt sich, die Versuchung als solche bleibt konstant, aber auch der Grund wirk-
licher Hoffnung auf Rettung. Das besagt die abschließende Vertrauensaussage,
vielleicht wie 12,6 Zeichen der gottesdienstlichen Verlesung des Hoseabuches in
späterer Zeit; in ihr stehen die Waisen als Repräsentanten aller Hilfsbedürftigen,
aller, die wissen, daß sie ganz auf Gott angewiesen sind.

5   **14,5–9: Gottes Heilung und Gottes Heil.** Die Antwort Gottes greift sachlich
und logisch hinter das Bußgebet Israels zurück, indem sie den großen, im Schülerkreis gesprochenen Satz Hoseas vom Sieg des Rettungswillens Gottes über seinen
Zorn (11,7–9) auslegt. Gottes Liebe zu Israel ist ungebunden, frei und bedingungslos; sie findet selbst an der Widerspenstigkeit Israels, seiner immer neuen Weige-
rung zur Rückkehr ($m^e\check{s}\hat{u}b\hat{a}$ „Abfall“, „Abtrünnigkeit“ wie in 11,7), keine Grenze.
Im Gegenteil: Gott deckt Israels Umkehrunwilligkeit als die tödliche Krankheit der
Umkehrunfähigkeit (vgl. 5,3) auf, in der Israel hoffnungslos verloren ist und die
nur er als Arzt (vgl. 5,12–14) „heilen“ kann[9]. Erst durch diese Heilung wird die
Aufforderung zur Rückkehr zu Gott (V. 2f.) und damit zum Leben möglich und
sinnvoll. Voraussetzung ist – nicht etwa Israels Buße, sondern – einzig die „Abkehr“ Gottes vom vernichtenden Zorn, den Israel im Untergang Samarias als tödliche Macht erfuhr[10]. Selten ist eine Aussage des Alten Testaments dem Neuen
Testament näher gewesen als Hos 14,5; das hier erwartete Israel mit „geheilter
Abtrünnigkeit“ ist eine Neuschöpfung Gottes, ist ein im strengen Sinne eschatologi-
sches Israel wie das von Ezechiel erwartete Israel mit „neuem Herz“ (Ez 11,19;
36,26f.).

6–8   Für das Alte Testament gehören Heilung (V. 5) und Heil (V. 6–8) unlöslich zusammen; eines ist nicht ohne das andere denkbar. Dienten die grausigen Tierbilder
vom zerfleischenden Löwen und der reißenden Bärin (5,14; 13,7f.) der Verdeutli-
chung des Zornes und Strafwillens Jahwes, so jetzt das Bild vom lebensspendenden
Tau, der allein das Wachstum der Pflanzen in Palästina während der regenlosen
Zeit ermöglicht, für seinen Heilswillen (vgl. zur Fortwirkung des Gegensatzpaares
Löwe-Tau Mi 5,6f.). Als Folge wird ein herrliches Wiederaufleben Israels (V. 6f.)

---

   [8] Die dtn Bewegung spricht im Anschluß an Hos 14 von einem Abrenuntiationsritus des
„Ablegens der fremden Götter“ (Gen 35,2–4; Jos 24,14.23; Ri 10,16; 1 Sam 7,3f.); vgl.
L. Perlitt, Bundestheologie im AT, 1970, 239ff., bes. 257ff., und zum Ursprung der Vorstellung O. Keel, Das Vergraben der „fremden Götter“ in Genesis XXXV 4b, VT 23, 1973,
305ff., bes. 326ff.

   [9] Man beachte die theologische Umprägung hoseanischer Begrifflichkeit; bei Hosea meint
„heilen“ ($r\bar{a}ph\bar{a}^\flat$) immer Rettung aus bedrängender (politischer) Not (5,13; 6,1; 7,1; 11,3).

   [10] Auch in V. 5b wird Hoseas Aussage vom Kampf in Gott und von der Überwindung
des göttlichen Zornes (11,8f.) abgewandelt, vielleicht unter Einfluß des Kehrversgedichtes
von Jesaja (vgl. Jes 9,11.16.20; 10,4; 5,25). – Der Wechsel im Suffix im Vergleich mit
V. 5a ist inhaltsbedingt: Die Heilung gilt jedem einzelnen, den Zorn erfuhr Israel als ganzes;
vgl. auch im folgenden den Wechsel zwischen Sg. und Pl. von V. 6f. zu V. 8 und wieder zu
V. 9.

und jedes einzelnen Israeliten (V. 8) beschrieben in immer neuen Bildern aus dem
Pflanzenbereich, deren Topik ganz vom Liebeslied bestimmt ist; kaum eine Wendung begegnet, die nicht mehrere Parallelen im Hohenlied hat. Dreimal wird insbesondere der Libanon, und zwar jeweils in betonter Abschlußstellung, genannt: um
der Kraft und weiten Ausbreitung seines Zedernwaldes willen (V. 6; vgl. den Gegensatz der verdorrenden Wurzeln in 9,16), um des beglückenden Wohlgeruches
seiner Bäume und Sträucher willen (V. 7), um seines berühmten Weines an den
Berghängen willen (V. 8). Daneben stehen die üppige Schönheit der Lilie, die lang-
lebige Kraft des Ölbaums, dessen Schatten zugleich dem Menschen Schutz und
Sicherheit bietet [11], und schließlich als Höhepunkt der kostbare, Genuß und Wohl-
leben symbolisierende Weinstock (V. 8b, in bewußtem Rückbezug auf 10,1). Kurz:
wie die Liebe Jahwes (V. 5) wird das Heil Israels grenzenlos sein.

Unter Rückkehr in die Gegenwart, d.h. in die Situation vor dem Bußgebet, und   9
unter Aufnahme charakteristisch hoseanischer Begrifflichkeit (vgl. 8,4b.6; 4,17)
ruft V. 9a mit einer rhetorischen Frage erneut Israel vor Augen, wie sinnlos alles
Vertrauen auf unfähige Götzen ist. Während sie als „Machwerk der eigenen
Hände“ (V. 4) jetzt, in der Stunde der Not nach dem „Fall“ (V. 2), für jeden erkennbar nicht helfen können, ist Israels alleiniger Halt zur Hilfe bereit, „hört“
schon (Perfekt) sein Rufen (vgl. 2,23f.), „sieht“ es als Folge (Imperfekt) erbarmend
an [12]. Überaus ungewöhnlich ist die Fortsetzung. In einem gewagten, im Alten
Testament singulären Bild für Gott vergleicht er sich mit einem immergrünen
Baum, der offensichtlich den Lebensbaum symbolisiert, wie er in der Mythologie
des Alten Orients eine große Rolle spielt [13]. Wie in Hoseas Ehegleichnis wird kanaanäische Mythologie in der Polemik des Hoseabuches nicht nur scharf abgewiesen (vgl. 4,12f. zum kanaanäischen Baumkult), sondern zugleich überhöhend auf
Jahwe übertragen, der allein die in der Mythologie irregeleiteten Erwartungen
erfüllen kann: „Frucht“ (p\u0065rî wie in 9,16 um des Wortspiels mit Efraim willen),
d.h. vollgültiges Leben zu schenken. Israels erwartete „Frucht der Lippen“ wird
vielfältige Frucht ernten.

Zugleich geht V. 9 zur Anrede über. Hier wird ein letztes Mal im Hoseabuch um
Israels Einsicht gerungen, in der Stunde der Not und Entbehrung, da die Unfähigkeit aller Ersatzhilfen klar vor Augen steht (vgl. Hoseas eigene Erwartungen in 2,9;
3,4), Jahwe als alleinigen Grund der Hoffnung und des Vertrauens anzuerkennen.
Das Gottesvolk braucht letztlich nicht mehr zu tun, als sich dem Grund seines

---

[11] Vgl. wieder den Kontrast zwischen dieser Erwartung eines „Wohnens“ in Segen und
Sicherheit (V. 8a) mit Hoseas nüchterner Ansage eines erneuten „Wohnens in ihren Häusern“ (11,11). Die Formulierung von V. 8 lehnt sich antithetisch an Hos 4,13 an. – Die
Parallelen zu V. 6–8 im Hohenlied nennt ausführlich A. Feuillet, RB 78, 1971, 391–405.
[12] Die zweite Zeile in V. 9 wird allerdings von G (wohl in Anlehnung an 6,1) anders
gedeutet: „Ich habe ihn gedemütigt, ich werde ihn auch stärken.“ In der Forschungsgeschichte wirksam war auch die originelle Konjektur Wellhausens: "Ich bin seine Anat und
seine Aschera“ (zwei kanaanäische Göttinnen).
[13] Vgl. etwa das Gilgamesch-Epos (XI 266ff.; AOT² 182f.), den Adapa-Mythos (AOT²
143ff.) und die Fülle der mythologischen Szenen mit Lebensbaum auf mesopotamischen,
kleinasiatischen und syrischen Siegelzylindern sowie im Alten Testament Gen 3,22 und das
Sprüchebuch (Spr 3,18; 11,30; 13,12; 15,4 u.ö.).

Lebens zu überlassen („dein Gott", V. 2). Der Text reizt und lockt, so gut er kann, mit Beschreibungen reichen Heils und erfüllten Lebens. Aber er ist durch Hoseas Schule gegangen und weiß genügend von menschlicher Schuld und Schuldverstrikkung, von der Angewiesenheit auf Vergebung (V. 3), ja mehr noch: von der Angewiesenheit auf „Heilung der Abtrünnigkeit" (V. 5). Das ist letztlich nichts anderes als die Hoffnung auf den neuen Gehorsam des neuen Menschen im neuen Bund (Jer 31,31ff.), wenn dieser Mensch durch die Einpflanzung eines „fleischernen Herzens" wieder ansprechbar wird (Ez 36,26f.). Noch näher steht Hosea jenes herrliche Gotteswort aus dem Umkreis des bedeutendsten Hoseaschülers, Jeremia, das nichts anderes ist als eine knappe Zusammenfassung von Hos 14: „Kehrt um, widerspenstige Söhne; ich heile eure Abtrünnigkeit!" (Jer 3,22). Ein Israel ohne Abtrünnigkeit wird ein Israel Gottes sein.

14,10: Der Schlußsatz eines Lehrers

Wer ist so weise, daß er dieses versteht,
wer so klug, daß er es begreift?
Ja, gerade sind die Wege Jahwes;
die Rechtschaffenen gehen auf ihnen,
aber die Frevler kommen auf ihnen zu Fall.

Lit.: G. T. Sheppard, Wisdom as a Hermeneutical Construct, BZAW 151, 1980, 129–36.

Der durch und durch weisheitlich geprägte Schlußsatz[1] aus nachexilischer Zeit setzt schon das vorliegende Hoseabuch voraus, auf das er sich mit „dieses" bezieht. Die einleitende Doppelfrage will nicht die Unmöglichkeit des Verstehens herausstellen – allenfalls mag auf die Schwierigkeiten der Deutung verwiesen sein –, sondern ist eine Form der Aufforderung (möglich ist auch die Übersetzung: „Wer weise ist, verstehe dieses ..."; vgl. die Parallelen Jer 9,11 und Ps 107,43); sie ermutigt dazu, sich der Weisheit und des Verstandes zu bedienen, um im prophetischen Wort „die Wege Jahwes" zu erkennen, d. h. den göttlichen Willen im Leben des einzelnen und, nicht davon zu trennen: das göttliche Handeln in der Geschichte und das Lenken des individuellen Lebensweges. Es geht beim Lesen des Prophetenwortes um nicht weniger als um Lebensgewinn oder Lebensverfehlung. Aber die „Wege Jahwes" sind „gerade": gut und wahr und darum vom Menschen, der sich um sie bei der Lektüre des Hoseabuches bemüht, begreifbar und einsichtig.

Unter dem Aufruf dieses Lehrers wird die Aktualität des Hoseawortes auch für die späteren Generationen gewahrt und auf den Alltag jedes einzelnen bezogen.

---

[1] Er greift allerdings bewußt hoseanische Sprache auf, am deutlichsten am Ende im Verb „zu Fall kommen" (zuletzt in 14,2, allerdings bei Hosea stets mit anderer Präposition), vielleicht aber auch im Begriff „weise"; denn 13,13 hieß es, daß der „nicht-weise Sohn" die Zeit verfehlt und so zu Tode kommt.

Palästina
Historisch-archäologische Karte

Zwei vierzehnfarbige Kartenblätter (1:300 000) mit Einführung und Register. Sonderdruck aus: „Biblisch-historisches Handwörterbuch". Hrsg. von Bo Reicke und Leonhard Rost. Redaktion: Ernst Höhne. Karthographie: Hermann Wahle. XVI, 110 Seiten, Kartenband

Diese Karte faßt die Forschungsarbeit der letzten fünfzig Jahre zusammen. Sie erschließt erstmals das z.T. weit verstreute, bisher kaum dem Spezialisten überschaubare Material. Sie enthält rd. 8.000 Ortsnamen aus allen Epochen der Geschichte. Das Begleitheft mit über 12.600 Stichwörtern bietet zusätzliche Informationen über die historischen und modernen Bezeichnungen der einzelnen Orte. Neun Nebenkarten erfassen den gesamten syrisch-palästinensischen Kulturraum.

„......ein ungemein aufschlußreiches Hilfsmittel."   *Jörg Zink*

Ein Hilfsmittel, das Reisende zu den biblischen Stätten bisher vermißten. – Ein Arbeitsmittel für jeden, der sich gründlich mit der Bibel beschäftigt:

Othmar Keel / Max Küchler
Orte und Landschaften der Bibel

Ein Handbuch und Studienreiseführer zum Heiligen Land. 3 Bände.
Band 2: Der Süden. XXII, 997 Seiten, 645 Textabb. und Teilpläne, Format 12,5 × 20,0 cm, geb. Bd. 1 (Einführung; Jerusalem) wird im Frühjahr 1984, Bd. 3 (Der Norden) 1985 erscheinen. (Vandenhoeck/Benziger)

Dieses Handbuch und zugleich Reiseführer will möglichst umfassende geographische, historische und archäologische Informationen über Landschaft, Städte und Dörfer, wichtige Stätten, Berge etc. geben. Es will zudem Lebensbedingungen und Lebensweise, Kultur und Religion jener Menschen veranschaulichen, die vor 2000 und mehr Jahren das biblische Land bewohnten.

Die einzelnen Orte werden nicht in alphabetischer Reihenfolge vorgestellt, sondern anhand von großen Routen, um so den heutigen Reisenden darauf hinzuweisen, was er am Weg biblisch Relevantes sehen kann. Zahlreiche Orts- und Landschaftspläne sowie Sachillustrationen erläutern den Text. Alle Angaben beruhen auf den neuesten Forschungen und wurden zu einem großen Teil an Ort und Stelle verifiziert.

Vandenhoeck & Ruprecht · Göttingen und Zürich

Grundrisse zum Alten Testament

(Ergänzungsreihe zum Alten Testament Deutsch). Hrsg. von Walter Beyerlin

Diese Grundrißreihe soll die Welt des Alten Testaments in allgemeinverständlichen themen-orientierten Darstellungen erschließen.

---

1 Religionsgeschichtliches Textbuch zum Alten Testament

In Zusammenarbeit mit Hellmut Brunner, Hartmut Schmökel, Cord Kühne, Karl-Heinz Bernhardt und Edward Lipiński hrsg. von Walter Beyerlin.
310 Seiten, mit 18 Zeichnungen und 4 Tafeln sowie ausführlichen Begriffs- und Bibelstellen-Registern, kartoniert

„Sorgfältig zusammengestellte Sach- und Bibelstellenregister erleichtern die Benutzung des Buches, das einen vorzüglichen Überblick über die z. Z. verfügbaren Texte zur altorientalischen Religionsgeschichte unter dem Blickwinkel des Alten Testaments vermittelt."   Die Welt des Orients

5 A.H.J.Gunneweg · Vom Verstehen des Alten Testaments

Eine Hermeneutik. 220 Seiten, kartoniert

„In einer eindrucksvollen Stofffülle erstattet der Verfasser Bericht über in der Christenheit praktiziertes Verstehen des Alten Testaments und setzt solche Verstehensmöglichkeiten in eine Beziehung zu den gegenwärtigen wissenschaftlichen Bemühungen um das Alte Testament. …ein wertvolles und dankenswert knappes Werk, dessen hermeneutische Vorschläge für die Praxis verwendbar und hilfreich sind."   Theologische Beiträge

6 Claus Westermann · Theologie des Alten Testaments in Grundzügen

222 Seiten, kartoniert

„Westermann versteht die Aufgabe der alttestamentlichen Theologie als Zusammenschau dessen, was das AT als Ganzes von Gott sagt. Er hat in selbständiger und weitführend fördernder Weise auf allen drei Gebieten des Kanons gearbeitet. Mit der ‚Theologie des AT in Grundzügen' legt Westermann die Summe seines theologischen Lebenswerkes vor."   Kirchenblatt f.d.ref. Schweiz

Sonderband:

Helmer Ringgren · Die Religionen des Alten Orients im Umkreis Israels

255 Seiten, kartoniert

„Die einschlägigen Erkenntnisse der Forschung hier mit Sorgfalt und Sachkenntnis zusammengetragen zu haben, ist das Verdienst des schwedischen Alttestamentlers Helmer Ringgren. Es ist ihm gelungen, sowohl die Religionen des Vorderen Orients in ihrem Zusammenhang darzustellen als auch zugleich bestimmte Elemente hervorzuheben, die für das Studium des Alten Testaments von besonderem Interesse sind."   Theolog. Literaturanzeiger

Geplant sind außerdem:

2 Othmar Keel · Religionsgeschichtlicher Bildband zum Alten Testament
3 NN · Die Lebenswelt des Alten Testaments
4 Herbert Donner · Geschichte Israels und seiner Nachbarn in Grundzügen

---

Vandenhoeck & Ruprecht · Göttingen und Zürich